Das Mittelalter

Kay Peter Jankrift

DAS MITTELALTER
EIN JAHRTAUSEND IN 12 KAPITELN

 THORBECKE

A la mémoire de Jeannine
(1936–2003)

INHALTSVERZEICHNIS

7   Vorwort

9   Einführung:
    **Ariadnes Faden oder die Entwirrung des Gordischen Knotens.
    Annäherungsversuche an das Mittelalter**

21 Prolog:
    Das spätantike römische Reich im 4. Jahrhundert

45 Auf dem Weg ins frühe Mittelalter.
    Die Völkerwanderung im 5. Jahrhundert

77 Kulturen im Übergang.
    Einblicke in das 6. Jahrhundert

97 Halbmond und Kreuz.
    Die Ausbreitung des Islam und die Christianisierung im 7. Jahrhundert

113 Karl der Große und seine Nachfolger.
    Das karolingische Frankenreich im 8. und 9. Jahrhundert

133 Ottonische Renaissance und Reform im Kloster.
    Neuordnungen im 10. Jahrhundert

149 Wer hat die Macht?
    Von Gottesfrieden und Investiturstreit im 11. Jahrhundert

181 Auf dem Weg nach Jerusalem.
    Die Kreuzzüge im 12. Jahrhundert

201 Grenzen des Glaubens, Grenzen der Welt.
    Häretiker und Hanseaten im 13. Jahrhundert

213 Dunkle Schatten über Europa.
Die großen Krisen des 14. Jahrhunderts

241 Aufbruchstimmung im Herbst des Mittelalters.
Das 15. Jahrhundert zwischen höfischem Glanz und städtischem Alltag

257 Epilog:
Neue Welten

265 Anmerkungen

271 Bibliographie

284 Register

Als ik kan
Jan van Eyck (1385/90–1441)

VORWORT

Als ich mich leichtsinnigerweise zu dem Versuch verleiten ließ, dieses Buch zu schreiben, ahnte ich noch wenig von den Risiken eines solchen Unterfangens. Doch schon dem ersten vergleichenden Blick in die von namhaften Historikerinnen und Historikern verfaßten Handbücher und Standardwerke folgte Ernüchterung: Informationen zu Daten, Zahlen und sogar Ereignisse unterscheiden sich mitunter erheblich. Nur allzu rasch bestätigten sich die Worte der amerikanischen Historikerin Barbara Tuchman: »Man kann also getrost davon ausgehen, daß jede Feststellung über das Mittelalter mit einer gegenteiligen oder zumindest andersartigen Behauptung einhergeht.«[1] Es ist wichtig, dies bei der Lektüre des Buches nicht aus den Augen zu verlieren, um sich der Möglichkeiten und Grenzen einer solchen Darstellung stets bewußt zu bleiben.

Das Werk versteht sich zuallererst als ein Lesebuch, das eine lange und bunte Geschichte, die des Mittelalters, in einer Form erzählt, die ein größeres Publikum anspricht. Es will informieren, es will aber ebenso unterhalten und zum Stöbern einladen. Dabei ist es ein sehr eigenwilliges Buch geworden – eben mein Buch vom Mittelalter. Die einzelnen Kapitel haben alle einen unterschiedlichen Charakter. Dies ist kein Zufall, sondern das gewollte Resultat meiner persönlichen Auswahl der behandelten Themen, Ereignisse und Personen, in der sich zumindest vage die Vielfalt und Widersprüchlichkeit der mittelalterlichen Lebenswelt widerspiegeln soll.

Danken möchte ich meinen Freunden, hilfsbereiten Kolleginnen und Kollegen unterschiedlicher Disziplinen, insbesondere Prof. Dr. Robert Jütte und Martin Uhrmacher, ohne deren fachlichen Rat und kritische Prüfung das Manuskript dieses Buch nicht hätte entstehen können. Allen voran gilt mein Dank meinem langjährigen Freund Gernot Kirchner, der dieses Buch auf liebevolle Weise von Beginn an auch zu »seiner Sache« gemacht und durch seine wertvolle Kritik wie seine große Kenntnis unendlich bereichert hat. Fehler, die das Werk dennoch enthalten mag, liegen ausschließlich in meiner Verantwortung. Schließlich danke ich meiner Frau Isabelle meinen Kindern Neele und Raphael sowie meinem Schwiegervater Amand, die mir mit ihrem Verständnis, ihrer Unterstützung, Aufmunterung und Heiterkeit die nötige Kraft und Inspiration gegeben haben, dieses Werk zu verfassen.

Stadtbergen, im Januar 2004

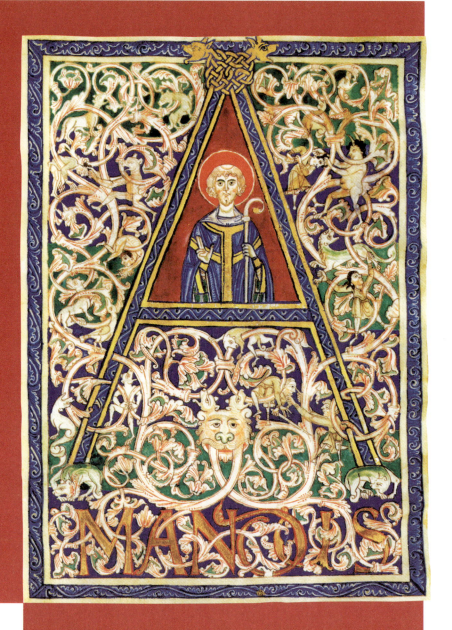

»Leben und Wunder des heiligen Amandus«, eine kunstvolle Buchmalerei aus dem 12. Jahrhundert.

EINFÜHRUNG:
ARIADNES FADEN ODER DIE ENTWIRRUNG DES GORDISCHEN KNOTENS. ANNÄHERUNGSVERSUCHE AN DAS MITTELALTER

Das Gewirr der kunstvoll verknoteten Stricke am Wagen des sagenhaften phrygischen Königs Gordios schien weder Anfang noch Ende zu haben. Niemand vermochte den Knoten mit den Fertigkeiten seines Verstandes zu lösen. Auch Alexander der Große, der im Winter 334 vor Christus in der Stadt der Phrygerkönige sein Quartier aufgeschlagen hatte, besaß gemäß der Überlieferung nicht die nötige Fingerfertigkeit. Daraufhin durchtrennte er den Gordischen Knoten kurzerhand mit einem Schwerthieb und erfüllte damit auf seine Weise die Verheißung eines Orakels, daß dem Löser des Knotens die Herrschaft über Asien zuteil werden sollte.[2] Wie das Gewirr des Gordischen Knotens erscheint das Mittelalter manch heutigem Betrachter. Auf mittelalterlichen Märkten und bei Ritterspektakeln verschmelzen zur Belustigung des Publikums elf Jahrhunderte in einem Nachmittag zum bunten Sammelsurium. Darsteller in mehr oder weniger zeitgenössischen Gewändern treffen zusammen, auch wenn sie sich vor mehreren hundert Jahren nie in dieser Form begegnet wären. Das Mittelalter, um auf das Geschäft zu kommen, hat Konjunktur. Derzeit leider vor allem außerhalb von Schule und Universität. Dort, wo es Raum und Bedarf für Träume, Phantasien und Sehnsüchte gibt. Sehnsüchte nach längst vergangen Zeiten mit gütigen Herrschern, die wie Sean Connery im Gewand des Richard Löwenherz in letzter Minute Robin Hood alias Kevin Costner beispringen. Die historischen Fakten zerstören solche Hollywood-Idyllen. Nur ihre Kenntnis aber hilft, zum besseren Verständnis unserer eigenen, aus mittelalterlichen Wurzeln entstandenen Lebenswelt ein wirklichkeitsnäheres Bild des Mittelalters zu gewinnen.
Dieses Werk versteht sich als ein Versuch, historisch Interessierten, die bisher kaum mit diesem »fremden« Mittelalter in Berührung gekommen sind, in Form eines überblicksartigen Lesebuchs eine erste Annäherung zu vermitteln und weiterführende Möglichkeiten zur Wissensvertiefung aufzuzeigen. Es bemüht sich, ein wenig Licht in die Finsternis des Wissens über eine Epoche zu bringen, die nicht zuletzt aufgrund schulischer Lehrpläne allmählich zu einem Schwarzen Loch wurde. Daß dieses nicht wie in der Astrophysik das gesamte noch vorhandene historische Wissen in absehbarer Zeit »verschlingen« möge, bleibt zu hoffen. Mit seinem auf

Überschaubarkeit und Vereinfachung ausgerichteten Rahmen ersetzt das Buch keineswegs eines der großen Nachschlagewerke oder Handbücher und erst recht keine Einzelstudien zu speziellen Themenfeldern der mittelalterlichen Geschichte. Es soll der Leserschaft erlauben, die einzelnen Herrscherdynastien auf ihren chronologischen Platz innerhalb der mittelalterlichen Geschichte einzuordnen, bietet jedoch keinen Raum, die einzelnen Zwistigkeiten, Bruderkämpfe und Machtspiele nachzuzeichnen. Hierfür steht eine lange Reihe ausgezeichneter Handbücher zur Verfügung. Ebensowenig kann dieses Buch einen Beitrag zu aktuellen Forschungsdiskussionen beisteuern. Kennern der Materie mag es hoffentlich dennoch eine unterhaltsame Lektüre bieten.

Zum Verständnis der uns so fernen mittelalterlichen Welt braucht man »Methode«, wie Horst Fuhrmann im Rahmen seiner vielgerühmten Einladung ins Mittelalter so treffend formulierte.[3] Ein Schwerthieb führt in diesem Falle nicht zum gewünschten Erfolg. Vielmehr muß der Gordische Wissensknoten mit »Methode« geduldig zum feinen Faden der Ariadne entwirrt werden, der ja gemäß der Sage schon Theseus und seine Gefährten ihren Weg aus dem Labyrinth des Minotaurus finden ließ. Der folgende Streifzug durch das Mittelalter bedient sich zur Orientierung des offenbar nächstliegenden roten Fadens: der Chronologie. Erscheint diese Vorgehensweise auf den ersten Blick sehr bequem, so birgt sie dennoch unübersehbare Tücken. Komplexere Sachverhalte, insbesondere solche mit dauerhaften Auswirkungen – beispielsweise die Entfaltung der Bettelorden oder die Hintergründe des ersten Kreuzzuges – werden durch eine rein chronologische Aneinanderreihung verschiedenartiger, miteinander unverbundener Ereignisse allein kaum verständlich. Das Bemühen um eine möglichst konzise Darstellung darf also nicht den Blick auf die Zusammenhänge verstellen und gar zum Fallstrick geraten. In diesem Sinne sind bisweilen ausführlichere Erläuterungen unvermeidbar, die den chronologischen Rahmen durchbrechen. Nicht zuletzt deshalb versteht sich die Untergliederung der Darstellung nach den markantesten, sich bisweilen über mehr als ein Jahrhundert erstreckenden Phänomenen lediglich als eine von verschiedenen möglichen Behelfskonstruktionen mit einem tragfähigen, aber durchlässigen Gerüst. Mit ihrer Hilfe wird versucht, eine grobe Übersicht der wesentlichsten politischen Entwicklungen, Ereignisse und Gestalten des Mittelalters zu liefern. Dabei finden vor allem kultur- und sozialgeschichtliche Aspekte Berücksichtigung. Der große Zeitraum von mehr als zehn ereignisreichen Jahrhunderten, den es dabei zu behandeln gilt, zwingt gleich mehrfach zur Beschränkung der Perspektive und zur stark verkürzten Darstellung wesentlicher Ereignisabläufe wie ihrer Hintergründe. Natürlich dürfen solch allbekannte Gestalten wie Karl der Große, Konflikte wie der Investiturstreit oder Großereignisse wie die Kreuzzüge in keinem Überblick zur Geschichte des Mittelalters fehlen. Ihre Behandlung als »wesentlich« zur Beschreibung der Epoche anzusehen, scheint objektiv betrachtet über alle Zweifel erhaben. Jenseits solch unumgänglicher Marksteine, ist die Auswahl des behandelten Stoffes subjektiv geprägt. Diese Subjektivität, die sich auch auf den Charakter der einzelnen Kapitel in unterschiedlicher Weise niedergeschlagen hat, gilt es mit Nachdruck zu unterstreichen. Kritiker werden mit spitzer Feder notieren, daß bald dieser Name unerwähnt blieb, bald jenes Ereignis oder jener Aspekt keine Aufnahme fand. Doch Vollständigkeit ist angesichts der Konzeption des Werkes, seiner Leserschaft eine leichtlesbare Orientierungshilfe an die Hand zu geben, weder angestrebt, noch zu leisten. Dieses Buch ist lediglich eine von unendlich vielen Möglichkeiten einer ersten Begegnung mit dem Mittelalter. Ein anderer Autor hätte es mit anderen Auswahlkriterien und anderer Akzentuierung anders geschrieben.

Im Mittelpunkt der vorliegenden Betrachtung stehen nach den Ereignissen der Völkerwanderungszeit vor allem das Frankenreich und dann jene zwei Reiche, die sich seit dem 9. Jahrhundert allmählich aus diesem entwickelten – das »Deutsche« Reich als Nachfolgerin des Imperium Romanum und das Königreich Frankreich. Zum Verständnis und zur Einordnung des Geschehens in den Gesamtrahmen der Entwicklungen auf dem europäischen Kontinent werden aber immer wieder Blicke über deren geographische Grenzen hinaus geworfen. Mehr als nur ein grober Überblick, der einzelne Schlaglichter auf die politischen, kulturellen und geistigen Entwicklungen wirft, dabei jedoch einige weltliche und geistliche Herrscher, Denker und Visionäre sowie wesentliche Quellenzeugnisse und ihre Urheber in aller Kürze vorstellt, ist bei allem Bemühen nicht zu leisten. Dennoch möchte dieser Überblick mehr sein, als eine weitere Einführung in die politische Ereignisgeschichte des Mittelalters, von denen gerade in jüngster Zeit gleich mehrere erschienen sind. Vielmehr sollen jenseits der Geschichte von Herrschaft, Verfassung und Macht sozial- und kulturgeschichtliche Aspekte eine besondere Berücksichtigung erfahren. Gesellschaften der Vergangenheit waren auf ihre spezifische Weise ebenso komplex wie unsere heutige. Dies gilt es zu einer ersten Annäherung an ihre Lebenswelt entsprechend zu berücksichtigen. Nicht allein auf die weltlichen und geistlichen Herrscher, auch auf ihre zahllosen Untertanen sollen die hier gebotenen Schlaglichter deshalb fallen. Jenseits der schriftlichen

FRÜHES MITTELALTER:
PORTRAIT DER KAISERIN
THEODORA (527–548),
MOSAIK IN DER KIRCHE
S. VITALE IN RAVENNA.

HOHES MITTELALTER:
HERZOG HEINRICH »DER
LÖWE« KEHRT NACH SEINER
ABENTEUERLICHEN REISE
NACH BRAUNSCHWEIG HEIM.
SPÄTERE BILDLICHE DAR-
STELLUNG IN EINER HAND-
SCHRIFT UM 1470.

Quellen, die aus der Sicht zumeist geistlicher Autoren vor allem über das Umfeld weltlicher und geistlicher Herrscher berichten, erlaubt die medizinische Auswertung von Skeletten aus mittelalterlichen Gräberfeldern Eindrücke vom Leben und Sterben der einfachen Menschen, von deren gesundheitlichen Belastungen und Ernährungsweisen. Die Vielzahl der im Mittelalter geschilderten Heilungswunder und die bedeutende Rolle der damit in engem Zusammenhang stehenden Heiligenverehrung zeigen, welch zentrale Bedeutung Gesundheit und Krankheit in vergangenen Gesellschaften besaßen. Aus sozialgeschichtlichem Blickwinkel soll in den Ausführungen auch dieses Thema entsprechende Berücksichtigung finden. Auf dieser Grundlage bietet die beigegebene systematische Auswahlbibliographie reiche Möglichkeiten zu einer Vertiefung der gewonnenen Einblicke.

EIN ZWERG AUF DEN SCHULTERN VON RIESEN. ÜBERBLICKE ZUR GESCHICHTE DES MITTELALTERS

Wer immer sich heute daran versucht, einen knappen Überblick über das Mittelalter zu verfassen, erinnert sich unweigerlich an das berühmte Bild des Frühscholastikers Bernhard von Chartres († um 1126) vom Zwerg, der auf den Schultern der Riesen steht.[4] Ebenso lang wie die Handbücher ist inzwischen die Liste der Historikerinnen und Historiker, die aus den unterschiedlichsten Blickwinkeln mehr oder weniger kompakte Übersichtswerke über die gesamte Spanne der mittelalterlichen Jahrhunderte oder einen Teil derselben vorgelegt haben.[5] Manche avancierten zu Klassikern ihres Genres. So etwa, um aus dem Kreis nur eines der herausragendsten Beispiele gewissermaßen stellvertretend zu nennen – jenes sprachgewaltige, 1941 erstmals erschienene und noch heute als unverzichtbare Grundlagenliteratur zur Kultur- und Geistesgeschichte der nordischen Spätgotik zählende Werk des niederländischen Historikers Johan Huizinga unter dem bezeichnenden Titel »Herbst des Mittelalters«.[6] Sichtweisen und Interpretationen des Mittelalters als Epoche erfuhren in den vergangenen fünfzig Jahren zahlreiche Wandlungen.[7] Besonders kreative Impulse zu einer neuen Betrachtung jener mehr als eintausend Jahre, die das Gesicht Europas formten, gingen dabei schon früh von dem französischen Historiker Marc Bloch (geb. 1886), dem Mitbegründer der 1929 erstmals erschienen *Annales d'histoire économique et sociale,* und seiner Schrift *La Société féodale* (dt.: Die Feudalgesellschaft) aus.[8] Die Annales waren weit mehr als eine historische Fachzeitschrift. Sie waren Ausdruck einer weitreichenden »historiographischen Bewegung«, die künftig eine

eigene Schule bilden sollte.[9] Die geistigen Nachfolger des 1944 von den deutschen Besatzern erschossenen Bloch, allen voran Fernand Braudel, Emmanuel Le Roy Ladurie, Jacques Le Goff und Jean-Claude Schmitt, eröffneten einen neuen Blick auf das Mittelalter.[10] So betonte Jacques Le Goff, dieser wissenschaftlichen Tradition verhaftet, unlängst erneut, ein anderes Mittelalter sei ein vollständiges Mittelalter.[11] Es erwachse sowohl aus literarischen, archäologischen, künstlerischen und rechtlichen Zeugnissen als auch aus jenen Dokumenten, die der »reine« Mediävist von jeher nutze. Dieses Zeitalter erlaubt uns nach Le Goff am besten, unsere Wurzeln und Brüche aufzuspühren. Und dies alles im Bedürfnis, die Wandlungsprozesse zu verstehen, die die Basis der Geschichte sowohl als Wissenschaft als auch als erlebte Erfahrung darstellten. Es sei diese Vergangenheit, so unterstreicht er, in der unsere kollektive Identität einige ihrer essentiellen Charakterzüge erhalten habe. In einer Reihe bahnbrechender Schriften von *Pour un autre Moyen Age* (1977) bis hin zum *Imaginaire médiéval* (1985) zeigt Le Goff auf, worum es ihm geht: Das Mittelalter und seine Menschen ebenso komplex zu verstehen, wie moderne Gesellschaften.[12] Nicht reduziert auf politische Fakten, sondern umfassend. Ideen, Gefühle, Träume der Herrscher wie der Beherrschten und ihre kaum zu fassenden Vorstellungswelten bekommen endgültig ihren Platz. Rechnung trägt dieser umfassenden Sicht auch Georges Duby, nicht zuletzt in seinen vielbeachteten Standardwerken *Die Zeit der Kathedralen. Kunst und Gesellschaft 980–1420* und *Die drei Ordnungen. Das Weltbild des Feudalismus*.[13] Bis in die jüngste Zeit hinein haben sich auch deutschsprachige Historiker immer wieder an Überblicken zum gesamten Mittelalter oder einer seiner drei Perioden versucht. Entstanden sind dabei konzise Überblicke, wie – um stellvertretend nur einige der jüngeren Werke zu nennen – jene von, Hans-Werner Goetz, Heinz-Dieter Heimann oder Ulrich Knefelkamp, religionswissenschaftliche Aspekte betonende Werke wie das zum Frühmittelalter von Arnold Angenendt oder Einführungen wie von Hartmut Boockmann, Gert Althoff, Johannes Fried oder Horst Fuhrmann.[14] In der weiteren Unterteilung und unter Berücksichtigung lediglich der neueren Forschungen in Europa und den Vereinigten Staaten läßt sich diese Aufzählung zweifelsfrei um ein vielfaches verlängern. Ihre Nennung sei zweckdienlicherweise jedoch der Auswahlbibliographie am Ende dieses Bandes vorbehalten.
Schon diese wenigen Streiflichter genügen, um darauf hinzuweisen, daß das vorliegende Buch mit seiner subjektiven Betrachtung gleich dem »Zwerg« des Bernhard von Chartres gewinnbringend auf der mühevollen Arbeit der vor ihm wirkenden »Riesen« aufbauen kann. Daß das

Mittelalter alles andere als in jeder Beziehung finster war, haben jüngere Forschungen, nicht zuletzt jene von Gert Althoff, Alain Bourreau, Aaron Gurjewitsch, Horst Fuhrmann, Jacques Le Goff, Gert Melville oder Ernst Schubert, um hier wiederum nur einige zu nennen, nachdrücklich gezeigt.[15] Konflikte hatten ihre Regeln. Das Recht der ersten Nacht, in der der Feudalherr in all seiner Willkür die Frischangetraute eines Unfreien beschläft, ist überzeugend als Phantasie der jüngeren Vergangenheit entlarvt worden. Das Entstehen moderner demokratischer Verfahren im mittelalterlichen Klosterwesen und den städtischen Schwurgemeinschaften ebenso wie die Entwicklung einer nahezu modernen Verwaltung sind erläutert und die soziale Fürsorge für die schwächsten Glieder der Gesellschaft diskutiert worden. Die Macht des weltlichen Herrschers hatte Grenzen ebenso wie die des Papstes. Vor dem Hintergrund solcher Erkenntnisse läßt sich gewiß darüber diskutieren, ob Jacob Burckhardts letzthin von Horst Fuhrmann in seinem vielgelesenen Buch »Einladung ins Mittelalter« aufgegriffene Feststellung tatsächlich zutrifft, wonach unser Leben ein Geschäft ist, das damalige aber ein Dasein war.[16] Denn, so wird die Darstellung zeigen, auch vor tausend Jahren war das Leben weit mehr als ein schicksalsergebenes, fremdbestimmtes Dasein. Heute ist es, zumindest steht dies noch immer zu hoffen, mehr als eine Reduzierung auf den eigenbestimmten Blick hinsichtlich der Entwicklung des Deutschen Aktienindex oder der Wall Street und dem Canossa-Gang eines gescheiterten Managers. Ach ja, Canossa... Und schon sind wir wieder beim Mittelalter, bei dessen Aktualität und bei geflügelten Worten. Überall ist Mittelalter, heißt überaus treffend ein anderes, vielgelesenes Werk von Horst Fuhrmann.[17] Was aber ist das »Mittelalter« eigentlich? Wann begann und wann endete es?

DAS LANGE UND DAS KURZE »MITTELALTER«.
EINE EPOCHE WIRD ERFUNDEN

Das Mittelalter ist ein Kunstprodukt. Seine endgültige Festlegung im Rahmen einer Einteilung der Geschichte in Perioden entsprach vor allem den Notwendigkeiten zur Strukturierung schulischen und universitären Unterrichts, der aus didaktischen Gründen fixe Daten und Orientierungshilfen benötigte.[18] Als größtes Problem schien dabei weniger, das Ende der Spätantike und den Beginn des Mittelalters festzulegen, denn vielmehr dessen Ende und den Aufbruch in die Moderne mit der Renaissance zu bestimmen.[19] Das sogenannte europäische »Mittelalter« umfaßt mehr als ein bewegtes Jahrtausend. Es erlebte die Christianisierung, die Entstehung der Klöster als Zentren von Einfluß und Bildung, die stetigen Machtkämpfe weltlicher und geistliche Herrscher, Gottesfrieden und Krieg im Namen des Herren, den Schwarzen Tod und zahlreiche Hungersnöte, das Aufblühen von Städtewesen und Handel wie auch wissenschaftlich-technischen Fortschritt und verschiedenste geistig-philosophische Strömungen. Anfang und Ende des sogenannten Mittelalters lassen sich in keinem Fall eindeutig festmachen.[20] Allgemeiner Konsens in der historischen Forschung, gewissermaßen der kleinste gemeinsame Nenner, ist heute, daß sich das Mittelalter auf den Zeitraum von etwa 500 bis 1500 erstreckt. Diese Einteilung gilt wohlgemerkt im Hinblick auf Europa, denn in anderen Teilen der Welt läßt sich kaum mit gleichem Maßstab dieselbe Periodisierung vornehmen.

Je nach dem Blickwinkel des Betrachters lassen sich als Fixpunkte für den Beginn und den Ausklang unterschiedliche Ereignisse vereinnahmen. Wer die ungeteilte Christlichkeit des Abendlandes als wesentlichen Bezugspunkt für die Festlegung der zeitlichen Epochenausdehnung festlegen möchte, bestimmt hierfür als Ausgangsbasis in der Regel das Toleranzedikt Kaiser Konstantins I. von 313, mit dem der Weg zur Entfaltung des Christentums im Imperium Romanum bereitet wurde, als Endpunkt das Reformationsjahr 1517. Ausgehend von politischen Ereignissen liegt es aber ebenso nahe, das Mittelalter auf die Zeit zwischen dem Beginn der Völkerwanderung, angestoßen durch das plötzliche Auftreten der Hunnen 375, oder dem Ende des Weströmischen Kaiserreichs 476 und dem Zug König Karls VIII. von Frankreich nach Italien 1494, der das neuzeitliche Staaten- und Gleichgewichtssystem bedingte, einzugrenzen. Schließlich mag man als zeitliche Fixpunkte des Mittelalters den Vorstoß der Araber zwischen 635 und 650, der die mediterrane Ökumene zerschnitt, und das Betreten der sogenannten Neuen Welt im Jahre 1492 setzen. Nicht zuletzt aber bleibt die Einordnung abhängig vom Forschungsgegenstand. Die europäische Entdeckung Amerikas machte keine Straße sauberer und keinen Menschen gesünder. Das medizinische Mittelalter endete erst im 17. Jahrhundert mit der Entdeckung des geschlossenen Blutkreislaufs durch den Londoner Mediziner William Harvey († 1657). Gleiches gilt es für die Naturwissenschaften anzumerken, deren Aufbruch im 16. Jahrhundert mit Gelehrten wie dem polnischen Astronomen Nikolaus Kopernikus († 1543), dem dänischen Astronomen Tycho Brahe († 1601) oder dem Arzt und Naturforscher Theophrastus Bombastus von Hohenheim, genannt Paracelsus († 1541) begann. Mit dem 17. Jahrhundert verhalfen Persönlichkeiten wie der französische Philosoph und Mathematiker René Descartes († 1630), der deutsche Astronom und

Mathematiker Johannes Kepler († 1630), der englische Physiker Isaac Newton († 1726) oder der deutsche Naturforscher und Philosoph Gottfried Wilhelm von Leibniz († 1716) den Naturwissenschaften mit ihren »revolutionären« Erkenntnissen endgültig zum Durchbruch. Das Zeitalter der neuen Kommunikationsformen indes begann schon mit der bahnbrechenden Entwicklung beweglicher Drucklettern durch Johannes Gensfleisch, genannt Gutenberg, im 15. Jahrhundert.

Das Mittelalter, von dem dieses Buch berichtet, orientiert sich an zwei Wendepunkten: Der Etablierung des Christentums als Staatsreligion und dem Zerfall dieser erwachsenen Einheit durch die Reformation am Beginn des 16. Jahrhunderts. Sicherlich hätten die Zeitschranken auch anders gewählt werden können. Aus konzeptionellen Gründen erschien die getroffene Wahl jedoch am sinnvollsten. Am Anfang steht der allmähliche Zerfall des Imperium Romanum, am Ende der allmähliche Zerfall eines geeinten Christentums.

»MITTELALTER« – VOM URSPRUNG EINES BEGRIFFS

Nach diesen Erläuterungen nun zum Begriff »Mittelalter«. Als die Geschichtswissenschaft im 19. Jahrhundert das Mittelalter endgültig als Periode festlegte, blickte das Konstrukt bereits auf eine längere Tradition zurück. »In einem besonderen Sinne«, so Horst Fuhrmann, »hat die Zeit, die wir heute Mittelalter nennen, selbst behauptet, sie sei die mittlere Zeit innerhalb der Heils- und Weltgeschichte, die nach Gottes festgefügtem Plan abrolle.«[21] Der kalabresische Abt Joachim von Fiore schrieb bereits um das Jahr 1200, daß auf das Zeitalter des Vaters, das des Sohnes und schließlich das des Heiligen Geistes folge. Joachim zufolge befand man sich zu seiner eigenen Lebenszeit in der »media aetas« des Gottessohnes, in der mittleren Zeit zwischen der Menschwerdung Gottes und seiner Wiederkehr am Jüngsten Tag. Die Ausführungen des Abtes machen bereits einen wesentlichen Unterschied in der Betrachtung des Zeitablaufs durch die Zeitgenossen deutlich. Man selbst sah das gegenwärtige Geschehen vor dem Hintergrund eines endzeitlichen, heilsgeschichtlichen Gottesplanes. Der heutige Mittelalterbegriff wurzelt indes nicht auf den gelehrten Diskursen eines Joachim von Fiore, sondern auf der eher negativen Bewertung humanistischer Denker des 15. Jahrhunderts.[22] Diese nannten die Zeit zwischen dem Ende der Antike und ihrer eigenen zur Lebenswelt, die sich zur vermeintlichen Reinheit der Antike zurücksehnte »medium tempus« – die »mittlere Zeit«. Erst im 17. und 18. Jahrhundert jedoch erfuhr die Bezeichnung »Mittelalter« ihren Durchbruch. Der 1707 gestorbene Hallenser Professor der »Beredsamkeit und Geschichte« Christoph Cellarius bezeichnete in seinem 1688 erschienenen Werk die Jahrhunderte zwischen Konstantin dem Großen († 337) und der Eroberung Konstantinopels durch die Türken 1453 erstmals als das »Mittelalter«. Ein Begriff, der sich durchsetzte, auch wenn das »Mittelalter« in der Folge mehrere Unterteilungen erfahren sollte. Hierbei gilt es nationale Unterschiede zu beachten. Die deutsche historische Forschung setzt die erste dieser Unterteilungen, das Frühmittelalter, auf die Zeit zwischen der Wende der Spätantike und etwa 900, noch vor dem endgültigen Ende der Karolingerherrschaft und dem Dynastiewechsel zu den Kapetingern 987. Die französische Geschichtsforschung legt ihr *haut moyen âge* bis zum Beginn der Kapetingerherrschaft fest. Auch das italienische *Alto Medioevo* folgt einem ähnlichen Schema, während die englischen *Early Middle Ages* bis zur normannischen Eroberung Englands im Jahre 1066 reichen.[23]

Entsprechend ziehen sich die Unterschiede fort. Das anschließende Hochmittelalter endet in der Periodisierung der deutschen Forschung um das Jahr 1250. Am Schluß steht schließlich das Spätmittelalter, dessen Ende sich freilich aufgrund der geschilderten Grundüberlegungen nur schwerlich bestimmen läßt. Folgt man den Ausführungen mancher französischer Historiker, wie etwa Jacques Le Goff, die für ein langes Mittelalter plädieren, endet das bewegte Zeitalter erst mit der Abschaffung des absolutistischen Königtums und der Einführung neuer Produktionsmethoden im Zuge der Französischen Revolution 1789.[24] Doch von Frankreich und Königen ohne Kopf führt unser Weg zunächst zurück zu kopflosen Cäsaren und zu ihrer Stadt Rom, die nicht an einem Tag erbaut wurde und die nicht an einem Tag verging.

BRONZEKOPF KAISER KONSTANTINS DES GROSSEN.

PROLOG:
DAS SPÄTANTIKE RÖMISCHE REICH IM 4. JAHRHUNDERT

312	Sieg Konstantins I., genannt der Große in der Schlacht an der Milvischen Brücke. Konstantin der Große wird unangefochtener Kaiser im weströmischen Reich
313	Toleranzedikt von Mailand: Das Christentum wird als legitime Religion im römischen Reich anerkannt
324	Konstantin I. erringt die Alleinherrschaft als Kaiser im gesamten römischen Reich
324	Konstantinopel wird neue Reichshauptstadt
325	Konzil von Nicaea unter Vorsitz des Kaisers Konstantin I. Verwerfung der »arianischen« Glaubenslehre über das Wesen des Gottessohnes
356	Tod des »Begründers« des eremitischen Mönchtums Antonius
363	Tod Kaiser Julian, genannt »Apostata«. Neffe Konstantins I. und letzter heidnischer Kaiser
375	Beginn der »Völkerwanderung« mit dem Einfall der Hunnen in den nördlichen Schwarzmeerraum
378	Niederlage und Tod Kaiser Valens in der Schlacht bei Adrianopel. Beginn gotischer Raubzüge im römischen Reichsgebiet
380	Kaiser Theodosius I., genannt der Große befiehlt allen Christen die Annahme des katholischen Glaubensbekenntnisses von Nicaea. Alle häretischen Glaubensgemeinschaften verlieren jegliche Privilegierung
381	Das Konzil von Konstantinopel bestätigt die Beschlüsse des Konzils von Nicaea
391/92	Theodosius I. verbietet alle heidnischen Kulte. Das Christentum wird zur verpflichtenden Staatsreligion
394	Theodosius I. wird Alleinherrscher im römischen Reich
395	Teilung des römischen Reiches nach dem Tod Theodosius I. unter dessen Söhnen Arcadius (Osten) und Honorius (Westen). Die Teilung hatte Bestand bis zur Herrschaftsübernahme des gotischen Königs Theoderich des Großen in Italien im Jahre 493
402	Ravenna wird Hauptstadt des Weströmischen Reiches

Rom, so sagt ein geflügeltes Wort, wurde nicht an einem Tag erbaut. So wie Jahrhunderte vergingen, um die Stadt am Tiber zur mächtigen Herrin eines gewaltigen Imperiums werden zu lassen, war auch dessen Zerfall das Resultat eines langen Prozesses. Die sogenannte Spätantike endete ebensowenig abrupt, wie das Frühmittelalter abrupt begann.[25] In jedem Fall erscheint der allmähliche Übergang untrennbar verknüpft mit dem Niedergang des weströmischen Reiches und der Entfaltung des Christentums. Dieser Zusammenhang spiegelt sich nicht zuletzt in allen Versuchen der traditionellen historischen Forschung wider, den Beginn des Mittelalters mit konkreten Daten festzulegen.

Als frühesten dieser Fixpunkte bietet sich das Jahr 313 an, in welchem der selbst noch ungetaufte Kaiser Konstantin I., der Große († 337) der Entfaltung des Christentums im römischen Imperium mit dem Toleranzedikt von Mailand den Boden bereitete. Des weiteren, um bei der Orientierung an der Durchsetzung des Christentums zu bleiben, käme 391 in Betracht. In diesem Jahr verbot Kaiser Theodosius I. († 395) alle heidnischen Kulte und machte so die »neue« Religion allseits als Staatsreligion verbindlich. Seine Bemühungen um den christlichen Glauben brachten ihm posthum von kirchlicher Seite den Ehrentitel »der Große« ein. Wer sich indes an sozialpolitischen Ereignissen orientieren will, mag den Beginn des Mittelalters auf das Jahr 375 datieren, in dem die Hunnen in den Schwarzmeerraum einfielen und die Welle der großen, rund zwei Jahrhunderte andauernden Völkerwanderung anstießen. Ebensogut mag man für das Jahr 476 plädieren, das mit der Absetzung des weströmischen Kaisers Romulus Augustulus durch den germanischen Heerführer in römischen Diensten und Patricius Italiens Odoaker († 493) für Ende des Weströmischen Reiches steht.[26] Der gewaltige Haken an diesen Modellen ist der, daß sie allesamt historischen Wirklichkeiten nicht gerecht werden. Der Hunneneinfall wirkte in einer Art Dominoprinzip langfristig. Eine Völkerschaft nach der anderen begab sich auf die Wanderschaft. Die Invasion aus der Steppe führte also nicht augenblicklich zum kompletten Zusammenbruch eines jahrhundertealten Mächte- und Ordnungssystems. Ebensowenig bedeutete die Absetzung des anscheinend letzen weströmischen Kaisers ein gleichzeitiges Verschwinden aller römischen Strukturen und kulturellen Prägungen. Mit Julius Nepos († 480) beispielsweise, der aufgrund innerrömischer Konflikte einst aus Rom geflüchtet war, gab es vorerst noch einen legitimen weströmischen Kaiser, wenn dieser auch in Dalmatien residierte. Ebensowenig zog die Erhebung des Christentums zur Staatsreligion ein kurzfristiges Verschwinden anderer Religionsgemeinschaften nach sich, sondern öffnete vielmehr die Tür zu Jahrhunderten voller Konflikte um neuer Ordnungsmuster in Europa. Daten eignen sich also nicht, um die Phase des Wandels in all ihrer Komplexität zu fassen, die den gesellschaftlichen, politischen und kulturellen Übergang von der Spätantike zum frühen Mittelalter darstellt. Der Zerfall des römischen Imperiums und die Entstehung einer neuen, frühmittelalterlichen Ordnung in vormals römisch dominierten Gebieten und ihren Peripherien waren Resultate eines vielschichtigen Wandlungsprozesses. Um diese in ihrer Tragweite zu verstehen, bedarf es zunächst eines Rückblicks.

DIOKLETIAN

Mit der Regierungsübernahme Kaiser Diokletians (gest. 316) im Jahre 284 begann jene Zeitenwende, die von der historischen Forschung gemeinhin als Spätantike bezeichnet wird. Für die Nachwelt ist der Name Diokletian vor allem mit den großen Christenverfolgungen des 4. Jahrhunderts verknüpft. Doch seine Herrschaft kennzeichnet mehr als dieses unrühmliche Kapitel. Unter Diokletian erfuhr das spätantike Imperium eine grundlegende Reform der Herrschaftsstrukturen.

Im 3. Jahrhundert hatte das römische Reich eine schwere Krise erlebt. Das Herrschaftsgebiet erstreckte sich mittlerweile von Britannien bis an den Euphrat. Die gewaltige Größe bedingte innere wie äußere Probleme. An den Grenzen von Rhein, Donau und Euphrat kam es häufig zu kriegerischen Auseinandersetzungen mit verschiedenen Völkern. Der Kaiser als Garant und Identifikationsfigur des Reiches konnte aber nicht an allen Krisenorten persönlich anwesend sein. So erhoben römische Truppen regelmäßig ihre Befehlshaber zu Kaisern, welche so die akute Bedrohung durch anstürmende Feinde abwenden sollten. Einen Kaiser umgab nicht zuletzt eine gewissermaßen göttliche Aura als Schutz- und Heilbringer. So war das 3. Jahrhundert das Zeitalter der »Soldatenkaiser«. Sein Krisencharakter wird deutlich durch die hohe Anzahl von Kaisern in dieser Zeit. In den Jahren 235 bis 285 »herrschten« rund 70 Kaiser oder Personen, die beanspruchten, Kaiser zu sein. Denn ein von seinem Heer erhobener Kaiser, musste nach der Abwehr äußerer Feinde seinen Anspruch gegen andere Kaiser durchsetzen. Wer »legitimer« Kaiser war, entschieden letztendlich der Zufall und das Kriegsglück.²⁷ Die inneren Kämpfe ermöglichten äußeren Gegnern, sich an römischen Gebieten und Gütern zu bereichern. Zum einen lag während der inneren Kämpfe die Verteidigungsfähigkeit des Reiches danieder. So konnten in dieser Zeit alemannische, fränkische und gotische Gruppen bis weit nach Gallien und Italien hinein ihre Raubzüge durchführen. Kaiser Aurelian (gest. 275) sah sich genötigt, selbst die Stadt Rom mit einer später nach ihm benannten Mauer zu umgeben. Zum anderen aber bedienten sich die Soldatenkaiser gerne fremder Völker als Verbündeter im Kampf gegen Rivalen. Nicht selten verselbständigten sich diese Verbündeten aber und handelten auf eigene Rechnung. Wollte man eingedrungene oder herbeigerufene Barbarenheere wieder loswerden, boten sich zwei Wege. Teilweise wurde versucht, das Problem militärisch zu lösen, doch dies war mit großen Risiken behaftet. Kaiser Decius verlor 251 bei Abritus im heutigen Bulgarien im Kampf gegen Goten Schlacht und Leben. So verwendete man häufiger die seit langem bewährte Methode, den Abzug durch Geldzahlungen, Abschlüsse von Bündnisverträgen (foedera) und Übernahme kleinerer Gruppen in das römische Heer zu erkaufen.²⁸ Damit aber wurden diese Barbaren, vielfach Germanen, zu neuen Elementen im römischen Reich.

EIN DER RÖMISCHEN SIEGESGÖTTIN VICTORIA GEWEIHTER ALTARSTEIN WURDE 1992 BEI ARCHÄOLOGISCHEN GRABUNGEN BEI AUGSBURG GEFUNDEN. ER ERINNERT AN DEN SIEG ÜBER »DIE BARBAREN DES STAMMES DER SEMNONEN ODER JUTHUNGEN« IM JAHRE 260.

FIGURENGRUPPE DER SOGENANNTEN TETRARCHEN.

In dieser Situation wurde Diokletian im Jahre 284 zum Kaiser erhoben. Sehr talentiert und bereits länger im Umfeld von Kaisern tätig, erkannte er schnell, das grundsätzliche Reformen nötig waren. Eine seiner ersten Verfügungen als Kaiser war im Jahre 286 seinen bewährten General Maximian (gest. 310) als Mitkaiser für die westliche Reichshälfte einzusetzen, während Diokletian selbst sich hauptsächlich um die östliche Reichshälfte kümmerte. Durch die Aufteilung der kaiserlichen Macht konnte schneller auf Gefahren an verschiedenen Orten reagiert werden. Auch Erhebungen gegen die Kaiser wurden so erschwert. Diokletian verlegte außerdem das Zentrum seiner Herrschaft gen Osten. Sein Hauptsitz wurde

Nikomedia, unweit des späteren Konstantinopel, in Kleinasien. Maximian sollte hingegen von Mailand aus den Westen des Imperiums beherrschen. Diesem Schritt lagen pragmatische Erwägungen zugrunde. Zu einer effektiven Herrschaft gehörte zwangsweise eine Verkürzung der Nachrichtenwege. Der Kaiser mußte per Eilstafetten erreichbar sein, um auf Bedrohungen rasch reagieren zu können. Rom lag von den gefährdeten Grenzgebieten zu weit entfernt. In Nikomedia war man jedoch näher am Geschehen, zumindest was die von jenseits der Donau oder aus Persien kommenden Gefahren anging. Und mit dem Marmarameer im Rücken war die Stadt auch leichter zu verteidigen. Auch Mailand lag im Gegensatz zu Rom erheblich näher an den potentiellen Konfliktherden, aber immer noch hinter dem schützenden Alpengürtel.

DIE GETEILTE MACHT

Sechs Jahre später wurde das Kaisertum noch weiter verändert. Die *Augusti* Diokletian und Maximian kamen überein, jeweils einen Unterregenten mit dem Titel Caesar einzusetzen und durch Adoption zum Nachfolger zu nominieren. So sollte die Herrschaft der Kaiser weiter gefestigt werden. Die sogenannte Tetrarchie war damit begründet.

Diokletian und Maximian adoptierten ihre Gardepräfekten Galerius (gest. 311) und Constantius Chlorus (gest. 306), den Vater Konstantins des Großen. Während sich Diokletian und Maximian allgemein um ihre Reichsteile kümmerten, oblagen den Caesaren Galerius und Constantius vor allem die besonders gefährdeten Gebiete. Constantius war hauptsächlich in Gallien und Britannien aktiv, während sich Galerius vor allem um die Donauprovinzen kümmerte. Entsprechend wählten die Caesari ihre Residenzen: Constantius das gallische Trier (von der spätantiken Großstadt an der Mosel hatte er einen guten Überblick über die Bewegung der germanischen Stämme und konnte die römische Abwehr gegebenenfalls rasch organisieren), Galerius hingegen das pannonische Sirmium an der Save.

Diokletians Gründe zur Teilung der Herrschaft waren durch innere und äußere Gefahren begründet. Einer Zersplitterung der kaiserlichen Macht suchte er dennoch vorzubeugen. Er stand in der Hierarchie der *Augusti* als *senior augustus* über seinem Mitkaiser Maximian, was er nicht zuletzt durch die Wahl seines Beinamens Jovius, in Anspielung auf seine Auserwähltheit durch den höchsten römischen Gott Jupiter, deutlich machte. Die Herrschaft Diokletians und Maximians sollte eine Herrschaft auf Zeit sein. Sie verpflichteten sich, nach zwanzigjähriger Regierungszeit zugunsten ihrer eingesetzten Nachfolger zurückzutreten. Dies sollte Konflikte zwischen den Tetrarchen verhindern.

Neben dem Kaisertum reformierte Diokletian auch grundsätzlich die Verwaltung und Struktur des Reiches. Das Reich sollte kontrollierbarer und effizienter werden. Ebenso bemühte er sich um die geschwächte Wirtschaft durch einschneidende Reformen. Die Wirtschaft des Reiches sollte als Basis für seine gestiegenen Verteidigungskosten dienen. Mit der Neuordnung des Staatsapparates waren aber keineswegs alle Probleme beseitigt. Das Reich war zunehmend mit einem neuen inneren Problem konfrontiert. Eine wachsende Anzahl von Bürgern verweigerte sich aus religiösen Gründen in vielen Bereichen Kaiser und Reich: Die Christen.

DIE DIOKLETIANISCHEN CHRISTENVERFOLGUNGEN

Religiöse Freiheit gehörte seit jeher zu den Grundprinzipien der römischen Politik. Sie war eine unabdingbare Voraussetzung für den Zusammenhalt des polyethnischen und auch kultisch bunt gemischten Imperium Romanum gewesen. Allerdings unterstanden die Priesterschaften aller Kulte der Oberaufsicht des römischen *Pontifex Maximus*. Dies war seit langem der Kaiser, der somit zugleich höchster Priester war. Auch dem Kaiser war religiöse Verehrung zu bezeigen. Die Christen taten sich wie schon zuvor die Juden schwer, den staatstragenden Kaiserkult mit ihren Glaubenssätzen zu vereinbaren. Die Juden hatten in der Vergangenheit bereits einen hohen Preis für das Festhalten an ihrem Glauben gezahlt. Nun waren die Christen an der Reihe. Mittlerweile gab es Christen im Heer, in der römischen Verwaltung, ja sogar in unmittelbarer Nähe des Kaisers. Ihre Weigerung, bei offiziellen Zeremonien des Kaiserkultes dem Kaiser die nötige kultische Ehrerbietung zu bezeigen, konnte gravierende Folgen haben.

Hierokles, der Statthalter von Bithynien, machte in einem christenfeindlichen Pamphlet keinen Hehl aus seiner Verachtung für die Anhänger des Christengottes und fand bei Diokletian Gehör. Als das Apollo-Heiligtum im kleinasiatischen Milet das von anti-christlichen Eiferern bestellte Orakel prophezeien ließ, schweres Unheil würde sich ereignen, wenn der Kaiser nicht gegen die Christen vorginge, war der Punkt erreicht, an dem es kein Halten mehr gab. Im Jahre 303 begannen Diokletians antichristliche Dekrete mit der Aberkennung der Bürgerrechte. Kein Christ sollte künftig ein öffentliches Amt bekleiden oder aus der

Staatskasse fließende Einkünfte beziehen. Versammlungen von Christen wurden verboten, Kirchen und Kulträume zerstört. Der Gemeindebesitz wurde ebenso beschlagnahmt wie der private, christliche Bücher und sonstige Schriftzeugnisse des Gemeindelebens ein Raub der Flammen. Widerstand gegen dieses Vorgehen leisteten vor allem die Christen in Nordafrika, wo die neue Religion bereits fest und gut organisiert Fuß gefaßt hatte. Bald mußten die Christen nicht nur materielle Verluste sondern auch zahlreiche Tote beklagen. Die junge christliche Kirche bekam neue Märtyrer.

Die Erinnerung an die diokletianische Christenverfolgung war bis zu den Geschichtsschreibern des frühen Mittelalters noch sehr lebendig. Der Bischof Gregor von Tours († 593) betont in seinem Geschichtswerk, daß während der vier Jahre der Verfolgung sehr viele Christen getötet worden seien. Exemplarisch schildert er das Schicksal des Märtyrers Quirinus, der den Worten Gregors zufolge von seinen Peinigern mit einem Mühlstein um den Hals in den Fluß geworfen wurde. Da ihn die Schwere der Schuld nicht gedrückt habe, so fährt der Bericht fort, sei Quirinus nicht von den Wassern verschlungen worden. Als die Menge dieses Wunder sah und ihm zur Hilfe eilen wollte, habe der Gepeinigte Gott angefleht, ihn nicht seines Martyriums zu entreißen.[29] In der »Krone des Martyriums« sahen strenggläubige Christen lange Zeit die unmittelbarste Form der Nachfolge Christi und hielten deshalb dieses Lebensende für erstrebenswert.

STREIT UM DIE MACHT – GALERIUS UND CONSTANTIUS CHLORUS

Nach zwanzigjähriger Herrschaft zogen sich Diokletian und Maximian im Jahre 305 offiziell von den Regierungsgeschäften zurück. Diokletian ließ sich in seinem großzügigen Palast in Split nieder, nahm jedoch bis zu seinem Tod 316 auf seine Weise Anteil an den weiteren Geschicken des Reiches. Die innere Gestalt des römischen Imperiums hatte sich unter seiner Herrschaft verändert. Er hatte jedoch die Probleme nicht wirklich beseitigen können. Auch die äußere Bedrohung des Reiches war nicht gebannt, sondern erforderte in der Folgezeit weiterhin große militärische Anstrengungen. Doch zunächst legte der Führungswechsel Zwietracht und Begehrlichkeiten offen. Galerius und Constantius Chlorus waren nun die neuen *Augusti*. Schwierigkeiten ergaben sich bei der Ernennung der neuen Cäsaren. Zwar verständigten sich Galerius und Constantius zunächst gemäß dem tetrarchischen Prinzip, welches die Besten und nicht die kaiserlichen Söhne fördern sollte, auf eine Ernennung zweier bewährter Generäle. Doch dieser Plan gelangte nie zur Ausführung. Sowohl der Sohn Maximians, Maxentius (gest. 312), als auch der Sohn des Constantius Chlorus, Konstantin, wollten sich mit der Aufgabe des alten dynastischen Prinzips, nach dem sie zu Caesaren geworden wären, nicht abfinden. Ihnen kam dabei entgegen, das auch die Truppen als traditionelle Machtbasis der Kaiser eine starke familiäre Bindung an ihren jeweiligen Kaiser besaßen. Vor dem Hintergrund der Annahme eines erbbaren Heils, vergleichbar der frühmittelalterlichen Vorstellung vom Königsheil, bevorzugten die Soldaten dass dynastische Prinzip. Den ersten Schritt in dieser Situation tat der um 280 im serbischen Niš geborene Konstantin. Er wirkte bereits im römischen Heer unter seinem Vater als General und hatte dabei viele Erfolge und Popularität erreicht. Als Constantius Chlorus nach einem gemeinsamen Feldzug 306 in York starb, proklamierten seine Gefolgsleute Konstantin zum neuen Augustus. Der im römischen Heerdienst stehende Alemannenkönig Crocus soll dabei eine wichtige Rolle gespielt haben.

DER PALAST KAISER DIOKLETIANS IN SPLIT.

REKONSTRUKTION EINES
HÖLZERNEN WACHTURMS
BEI LORCH.

Dem Beispiel Konstantins folgte umgehend Maxentius, der Sohn des Maximian. Er ließ sich in Rom von den Truppen zum Kaiser ausrufen. Kurz darauf wurde in Afrika ein weiterer Kaiser erhoben. In den nun folgenden Wirren – die »legitimen« Kaiser versuchten ihre Stellung gegen die Aufrührer zu verteidigen – ging das tetrarchische System bereits wieder unter. Konstantin verstand es in den folgenden Jahren geschickt, seine Position zu sichern und Konkurrenten auszuschalten. Im Herbst 312 stand er dann vor den Toren Roms, um mit dem letzten verbliebenen Rivalen Maxentius um die Herrschaft im westlichen Reichsteil zu kämpfen. Am Abend des 26. Oktober 312, dem Vorabend der entscheidenden Schlacht gegen Maxentius, hatte Konstantin dem Bericht seines Biographen, des Bischofs Eusebius von Caesarea († 340) zufolge ein Traumgesicht.[30] Bei seiner Darstellung stützte sich der Bischof angeblich auf die eigene Erzählung Konstantins. Dieser zufolge sah Konstantin am Himmel plötzlich ein flammendes Kreuz mit den griechischen Worten »in diesem Zeichen siege«. Am Ende der Nacht, so fährt der Bericht fort, habe eine Stimme Konstantin auferlegt, die Schilde seiner Soldaten mit einem Zeichen zu bemalen. Der griechische Buchstabe Chi für Christus solle sich darin mit einem Kreuz verbinden. Konstantin folgte dem himmlischen Befehl. Das Zeichen prangte auch auf seinem eigenen Banner. Ähnliches berichtet auch der aus Nordafrika stammende christliche Rhetor Lucius Firmianus Lactantius (gest. um 325), ohne allerdings auf Konstantin selbst als Gewährsmann zu verweisen.[31]

Die Schlacht an der Milvischen Brücke am 27. Oktober 312 wurde zur ersten Entscheidungsschlacht Konstantins. Seine Truppen warfen die zahlenmäßig weit überlegenen Gegner über den Tiber zurück. Maxentius und seine Gefolgschaft suchten ihr Heil in der Flucht und ertranken dabei in den Fluten des Tiber. Damit wurde Konstantin als Konstantin I., genannt der Große, zum neuen legitimen Augustus in der westlichen Reichshälfte.

DAS TOLERANZEDIKT VON MAILAND

Konstantin hatte unter dem Zeichen des Kreuzes gesiegt. Dennoch führte ihn sein Sieg an der Milvischen Brücke nicht unmittelbar zum Christentum. Auch wenn Konstantin bei seinem Einzug in Rom auf den üblichen Opfergang zum Tempel des Jupiter Capitolinus verzichtete und damit den überwiegend mit Angehörigen der Gentilreligionen, Anhängern heidnischer Kulte, besetzten Senat brüskierte, war er noch kein Bekenner Christi. Vielmehr zog er als Verkörperung des unbesiegten Sonnengottes, des Sol Invictus, in die Stadt am Tiber ein.[32] Ganz nebenbei bemerkt: Bis in den heutigen christlichen Festkalender ist dieser Einfluß spürbar geblieben. Das Datum des Weihnachtsfestes, der 25. Dezember, leitet sich vom Kult des Sol Invictus her.

Der Sieg über seinen Rivalen Maxentius bescherte Konstantin unbestreitbar die Kaiserwürde im Westen. Im Osten herrschte derweil Licinius (gest. 325) als Kaiser, der sich auf die diokletianische Tradition der Tetrarchie berufen konnte. Kaum vier Monate nach seinem Sieg an der Milvischen Brücke traf sich Konstantin 313 mit Licinius in Mailand. Im Mittelpunkt des Treffens stand die formale Einigung über die Verteilung der

Reichsverwaltung. Zugleich aber wurde ein wichtiger Grundstein für die weitere Entfaltung des Christentums im Imperium Romanum gelegt – das Toleranzedikt. Es bestätigte im Kern die religiöse Toleranz gegenüber allen Kulten, einschließlich des christlichen. Darüber hinaus sollten Christen für Verlust oder Zerstörung ihres Besitzes im Zuge der diokletianischen Verfolgungen entschädigt werden.

DAS BILD KONSTANTINS IN GESCHICHTSSCHREIBUNG UND LEGENDE

Vor allem der Bischof Eusebius von Caesarea, ein enger Vertrauter Konstantins, verlieh dem Kaiser als eifrigem Förderer des Christentums nahezu heilige Züge. Diese Darstellung blieb nicht ohne Wirkung. Sie prägte maßgeblich die mittelalterliche Idealisierung Konstantins zum »ersten christlichen Kaiser«. Hinter diesem Bild ging zunehmend die Tatsache unter, daß Konstantin trotz aller Förderung des Christentums sich selbst nur langsam der neuen Religion zugewandt hatte und seine Taufe erst an seinem Lebensabend im Mai 337 erfolgt war, was allerdings zu dieser Zeit bei Christen durchaus üblich war, um sich als durch die Taufe reingewaschener Christ zu Lebzeiten nicht erneut mit Sünde zu beflecken. Die Bekehrung Konstantins war ein Erzählstoff, der auch in der hagiographischen Tradition der Silvester-Legende weiterlebte und im 8. Jahrhundert gar in der fingierten »Konstantinischen Schenkung« zur Untermauerung päpstlicher Besitz- und Herrschaftsansprüche herangezogen wurde. Der Legende zufolge, die basierend auf den *Actus Silvestri* in zahlreichen Texten Verbreitung fand und der man in ganz Europa jahrhundertelang Glauben schenkte, litten die Christen Roms 326 wieder einmal unter einer Verfolgung. Silvester, der Bischof der Stadt, und sein Klerus flohen in die Höhlen des Soracte-Berges. Konstantin aber wurde vom Aussatz befallen. Vergeblich versuchten Ärzte und Zauberer den Kaiser zu heilen. Die kapitolinischen Priester rieten ihm daraufhin, im Blut von Kindern zu baden. Unter großem Wehklagen brachten die Mütter ihre Kinder zum Kapitol. Doch Konstantin verzichtet auf das Blutbad, das er in einer Rede an das Volk eines Soldaten für unwürdig erklärt. Nachdem er die Jungen und Mädchen ihren verzweifelten Müttern zurückgegeben hatte, schaute der Kaiser ein nächtliches Traumgesicht. Petrus und Paulus teilten ihm darin mit, Christus werde den Bischof Silvester zu ihm senden. Durch die Taufe werde Konstantin von seiner Krankheit geheilt. Silvester wurde daraufhin zum Palast geführt, wo ihm der Kaiser von seiner Vision erzählte. Der Bischof erklärte dem Unwissenden daraufhin, daß Petrus und Paulus keine Götter,

KONSTANTIN DER GROSSE MIT SEINER MUTTER HELENA, SEINER GEMAHLIN FAUSTA UND SEINEN SÖHNEN CONSTANTIUS II. UND CRISPUS.

sondern Apostel seien. Zur Vorbereitung auf die Taufe trug Silvester dem kaiserlichen Täufling Buße und Fasten auf. Im Lateranpalast wurde Konstantin anschließend getauft und vom Aussatz geheilt. In der Folge gewann Konstantin durch Predigten viele Anhänger für den neuen Glauben, förderte das Christentum mit vorteilhaften Gesetzen und ermahnte den Senat, keinen Widerstand zu üben. Eigenhändig half Konstantin schließlich, die Fundamente der Petersbasilika zu graben. Bischof Gregor von Tours, der im 6. Jahrhundert einige Versatzstücke der Silvester-Legende in seine Beschreibung der Taufe des Merowingerkönigs Chlodwig einsetzt, spricht von der Reinigung und vom Abwaschen des alten Aussatzes mit frischem Wassers.[33] Formulierung und Kontext deuten darauf hin, daß Gregor den »alten Aussatz« als eine Metapher für das Heidentum benutzte und nicht auf ein physisches Leiden bezog. Die Textpassage ist mithin zugleich ein frühes Zeugnis für den in der hoch- und spätmittelalterlichen Literatur häufig anzutreffenden Begriff des »Aussatzes der Seele« als Symbol für Irrglauben und Ketzerei.[34]

Dem strahlenden Idealbild Konstantins in der christlichen Geschichtsschreibung und Legendentradition steht das des mordenden Tyrannen in der nicht-christlichen Historiographie gegenüber. Zosimos, der gestützt auf ältere Vorlagen um das Jahr 500 über die Herrschaft Konstantins berichtete, bringt die Hinwendung des Kaisers zum Christentum in unmittelbaren Zusammenhang mit den Exekution seines Sohnes Crispus und der Kaisergattin Fausta im Jahre 326. Nach diesen Morden an seiner Familie habe sich Konstantin zu entsühnen gesucht. Allerdings hätten ihm die kapitolinischen Priester eine Entsühnung verweigert. Als Konstantin daraufhin versichert wurde, daß der christliche Glaube von alle Untaten reinigen könne, habe er sich dem Christentum zugewandt.

DAS TREFFEN VON MAILAND UND SEINE FOLGEN

Das Treffen 313 in Mailand war also in vielerlei Hinsicht von großer Tragweite gewesen und erlebte noch einen weiteren politischen Akt. Konstantin bot Licinus die Hand seiner Schwester Konstantia. Die Ehe wurde geschlossen. Doch so schnell die Regelung der Machtverhältnisse und die Stellung der Christen geordnet werden sollten, so schnell kam es zum Bruch. Licentius war mindestens ebenso begierig wie Konstantin, die Kaiserwürde für sich allein zu erringen. Im Jahre 314 brach der Konflikt offen aus. In seinem Verlauf wurde auch die Religionspolitik instrumentalisiert. Während Konstantin sich als Schutzherr auch der Christen im Reichsteil des Licentius darstellte, ließ dieser umgekehrt alle Christen als mögliche Anhänger Konstantins verfolgen. Erst in dieser Zeit wurde Konstantin wirklich zu einem »christlichen« Kaiser Roms.[35] Im Jahr 324 konnte Konstantin mit den Schlachten von Adrianopel und Chrysopolis schließlich den Sieg für sich erringen. Licentius wurde in Thessalonike eingekerkert und ein Jahr später ermordet. Konstantin der Große war nun alleiniger Kaiser Roms. Doch bei seinem Tod im Jahre 337 sollte das Reich unter seinen drei Söhnen wieder aufgeteilt werden. Eine Folge der diokletianischen Reformen sollte sein, dass es nun immer mindestens zwei römische Kaiser gab. Sieht man den mittelalterlichen Kaiser als Nachfolger der spätantiken weströmischen Kaiser, so blieb dies de facto so bis zum Ende (Ost-) Roms nach der türkischen Eroberung Konstantinopels 1453.

Konstantin ging nach dem Sieg über seinen letzten Rivalen nun daran, die Probleme des Reiches zu lösen. Der äußeren Sicherung des Reiches, die der Kaiser etwa um die gleiche Zeit gegen die anstürmenden Sarmaten und Goten vorerst erreicht hatte, folgte die innere.[36] Er setzte die Reformen Diokletians fort, indem er die Verwaltung des Reiches sowie die kaiserlichen Kontrollmöglichkeiten weiter optimierte. Auch in der Frage der kaiserlichen Hauptresidenz ging Konstantin über Diokletians Ansätze weit hinaus. Im Jahre 324 erkor Konstantin die griechische Provinzstadt Byzantion am Bosporus zu seinem neuen, dem zweiten Rom. Konstantins Rom wurde in »Konstantinopel« umbenannt und 330 geweiht. Die Wahl geschah sowohl aus innenpolitischen Erwägungen wie aus strategischen Gründen. Die Ostgrenze des Reiches sah sich der Bedrohung durch die Perser ausgesetzt, während Barbaren dem Imperium von Norden zusetzten. Byzantion lag am Meer und war von der Landseite leicht zu sichern. Die Marschrouten zu den Unruheherden waren im Bedarfsfall kurz. Konstantin siedelte um und mit ihm nicht wenige Kunstwerke, die er aus dem alten Rom in seine neue Residenzstadt überführte.

Die neue Rolle der Kirche

Je weiter die Macht Konstantins wuchs, um so mehr festigte sich auch die Stellung der Kirche. Christen wurden zu allen öffentlichen Ämtern zugelassen. Wehrdienstverweigerern drohte seit dem Beschluß der Synode von Arles 314 die Exkommunizierung. Die Kirche durfte nun Erbschaften annehmen und stieg damit automatisch zu einem bedeutenden Faktor des Wirtschaftslebens auf. Der wachsende Reichtum manifestierte sich unter anderem im Bau prächtiger Gotteshäuser. Wenige Jahre später wurde durch große Stiftungen Konstantins die aufgewertete Stellung der römischen Christen vor aller Augen sichtbar. So entstand innerhalb von fünf Jahren »der erste christliche Großbau«, die Basilica Constantiana.[37] Erbaut mit Mitteln aus dem Fiskalbesitz des Lateran, war sie zur Bischofskirche von Rom und als Sitz des Papstes zur »Hauptkirche der christlichen Kirche« (*mater et caput omnium ecclesiarum*) bestimmt.

Weit unverfänglicher war in den Augen der Gläubigen die Verwendung akkumulierten Geldes zur Einrichtung von Hospitälern, die entgegen früherer Praktiken einer lediglich offenen Fürsorge Bedürftiger auch Beherbergung und Pflege boten.[38] Irgendwann zwischen 330 und 340 schlug die Geburtsstunde des christlichen Hospitals, das in vielerlei Gestalt fester institutioneller Bestandteil mittelalterlicher Klöster und Städte werden sollte. Das bekannteste der frühen Hospitäler, um das sich eine reiche Legendentradition rankt, wurde in den 370er Jahren in Caesarea (Kayseri) durch den Kirchenvater Basilios den Großen († 379) gegründet. Dieses sogenannte *Xenodochium*, nach der ursprünglichen Wortbedeutung eine Herberge für Fremde, soll aus unterschiedlichen Häusern zur Versorgung Kranker, Pilger und sonstiger Bedürftiger bestanden haben. Außerdem verfügte es über separate Beherbergungsmöglichkeiten für Leprakranke und hatte Unterkünfte für Ärzte und Dienstpersonal. Wieweit das in späteren Zeiten verklärte Idealbild dieses Großhospitals realen Verhältnis-

EIN ELFENBEIN-DIPTYCHON AUS DEM 5. JAHRHUNDERT MIT DEM BILDNIS DER RHEA, DER STADTGÖTTIN VON KONSTANTINOPEL.

sen entsprach, bleibt fraglich. Doch daß die Einsiedler-Gemeinschaft sich in herausragendem Maß um die Fürsorge bemühte, ist unbestreitbar. Zugleich wuchs unter der Herrschaft Konstantins die Macht der Bischöfe. In Zivilsachen wurden nun bischöfliche Gerichte als Schlichtungsinstanzen anerkannt. Die Oberhirten durften sogar Sklaven freilassen oder ihnen zum Bürgerrecht verhelfen. Sie selbst blieben der weltlichen Gerichtsbarkeit entzogen und erfuhren selbst bei ansonsten todeswürdigen Vergehen wie der Grabschändung nur milde Strafen. Besserte sich damit die äußere Situation der Kirche deutlich, so war sie hinsichtlich der Auslegung ihrer Glaubensinhalte ebenso uneins wie die weltlichen Machthaber. Hatten sich schon 314 auf dem Konzil von Arles im sogenannten Donatistenstreit, in dessen Kern die individuelle Würdigkeit von Priestern zur Spende des Sakraments stand, länger anhaltende Konflikte aufgetan, so tat sich schon kurz darauf in der Auseinandersetzung um die Lehren des Priesters Arius († 336) erneut eine tiefe Kluft in der Christengemeinschaft auf.

KONFLIKT UM DIE LEHREN DES ARIUS. DAS KONZIL VON NICAEA (325) UND DIE FOLGEN

Arius wirkte als Presbyter der Kaukalis-Kirche im ägyptischen Alexandria. Der Streit entzündete sich an seiner Auffassung der göttlichen Natur. Arius erschien vor dem Hintergrund hellenistischer Philosophie ein Gott in drei Personen als ein monotheistisches Absurdum. Wenn nämlich, so seine Argumentation, der Vater den Sohn gezeugt hatte, war demnach der Vater vor dem Sohn. Demnach konnten beide also nicht ewig gleich sein. Wenn der Sohn aber vom Vater geschaffen war, konnte er nicht mit dem Wesen des Vaters identisch, sondern mußte unterschiedlich sein. Dem zufolge wären aber beide nicht wesensgleich, sondern nur wesensähnlich (Homoiusie). Weiterhin schloß Arius, daß der Heilige Geist noch viel weiter vom Vater entfernt sei als der Sohn und vom Sohn hervorgegangen sei. Immerhin besaß der Sohn die Macht, den Heiligen Geist zu senden. Die Heilige Dreifaltigkeit löste sich nach den Lehren des Arius in einer Generationenfolge von Vater, Sohn und Heiligem Geist auf.

Zur Beilegung der Streitigkeiten zwischen den Anhängern und Gegnern des Arius berief Konstantin im Mai 325 ein Konzil in seinen Palast nach Nicaea ein. Konstantin, selbst noch ungetauft, spielte also nicht nur die wichtigste Rolle als weltlicher Machthaber, sondern wirkte in der altrömischen Tradition des *Pontifex Maximus* gleichsam als Herr der Kirche. Die Wurzeln dieses »Caesaropapismus«, der Doppelherrschaft über Staat und Kirche, die später ihre Institutionalisierung im byzantinischen Kaisertum erfuhr, reichen auf Konstantin zurück.[39] Sein propagandistischer Wegbereiter war nicht zuletzt der bereits mehrfach erwähnte Bischof Eusebius von Caesarea, der Konstantin gar zum »Stellvertreter Christi auf Erden« stilisierte. Grundlage war dabei die alte Tradition römische Kaiser schon zu Lebzeiten zu vergöttlichen. Mehr als 300 Theologen und Bischöfe, in der überwältigen Mehrzahl aus dem Osten des Reiches, fanden sich in Nicaea ein. Ergebnis der Zusammenkunft war unter anderem die Annahme der nicäischen Trinitätsformel, die die Wesensgleichheit des Sohnes mit dem Vater (Homousie) zugrunde legte, durch die Mehrheit der anwesenden Bischöfe. Die arianischen Lehren wurden verworfen. Am 19. Juni 325 wurde Arius exkommuniziert und verbannt. Damit war der Streit indes nicht aus der Welt geschafft. Zwei Jahre später holte der in der Streitfrage selbst unschlüssige Kaiser Arius aus der Verbannung zurück. Durch synodalen Beschluß sollte der exkommunizierte Arius wieder in die Kirche aufgenommen werden. Der Kirchenvater und seit 328 als Bischof von Alexandria wirkende Athanasius († 373), sperrte sich als namhaftester Vertreter der Anti-Arianer gegen diesen Schritt. Dennoch konnte er die Rückkehr des Arius nicht verhindern. Vielmehr bestrafte Konstantin den Bischof von Alexandria 335 mit der Verbannung nach Trier.

Athanasius durchlief in den folgenden Jahren seines Exils noch mehrere Stationenen, so etwa Rom, Oberitalien und Illyrien. Schließlich führte sein Weg in die Einsamkeit der Mönchsgemeinschaften der thebaischen Wüste. Dort widmete er sich der Abfassung einer Vita des 356 verstorbenen Eremiten Antonius, die als erstes großes Zeugnis hagiographischer Literatur gilt. Den Triumph über seinen Widersacher Arius sollte Athanasius nicht mehr erleben. Er starb 373, sieben Jahre bevor Theodosius I. († 395) 380 das Christentum in seiner athanasischen Ausrichtung zur verbindlichen katholischen Glaubenslehre erklärte und dieser damit letztendlich zum Durchbruch verhalf. Das Konzil von Konstantinopel bestätigte dann 381 die Beschlüsse von Nicaea wie die Entscheidung des Kaisers. Theodosius großes Engagement für die Kirche brachte ihm von Seiten der Kirchenschriftstellern des 5. Jahrhunderts das Attribut »der Große« ein.

Vor Theodosius war aber unter Constantius II. († 361), einem Sohn Konstantins des Großen und zeitweilig alleinigem Kaiser im Reich, die arianische Glaubensauslegung für die Gesamtkirche verbindlich erklärt worden. Dies sollte langfristige Wirkungen erzielen, da in der Zeit des Constantius II. die ostgermanischen Völker christlich bekehrt wurden. Burgunder, Langobarden, Ost- wie Westgoten und Vandalen nahmen zunächst das arianische Glaubensbekenntnis an. Dies sollte ihre folgende Auseinandersetzung mit dem römischen Reich erheblich belasten, wie noch zu zeigen sein wird.

Während dem Athanasius durch die langfristige Entwicklung ein ebenso dauer- wie ehrenhaftes Andenken zuteil geworden ist, rücken selbst spätere katholische Geschichtsschreiber Arius trotz seiner zeitweiligen Rehabilitierung in ein schlechtes Licht. Der beredte Eusebius von Caesarea erzählt, Arius sei auf dem Abort gestorben. Alle Eingeweide seien ihm dort aus dem Unterleib abgegangen. Das Motiv dieses seitdem klassischen Ketzertodes griff noch im 6. Jahrhundert Gregor von Tours auf.[40]

Nach der Klärung des christologischen Streites unter Theodosius dem Großen konnte als nächstes die Stellung der Kirche im römischen Reich gefestigt werden. Denn auch diese war alles andere als gesichert. Noch der Kaiser Julian (gest. 363), ein Neffe Konstantins des Großen, war aus persönlicher Überzeugung wieder vom Christentum abgefallen und wollte die alten Kulte wieder fördern, was ihm von kirchlicher Seite den Beinamen »Apostata«, der Abtrünnige eintrug. Wäre Julian nicht so früh gestorben, die Geschichte der christlichen Kirche hätte wahrscheinlich einen anderen Verlauf genommen. Denn noch hatten die alten Kulte viele Anhänger, besonders unter der römischen Oberschicht.

Für die Durchsetzung des Christentums erhielt Theodosius der Große maßgebliche Unterstützung von kirchlichen Würdenträgern. Im Westen des Reiches war dies vor allem der Mailänder Bischof Ambrosius († 397), der selbst der römischen Oberschicht entstammte. Als die Gruppe heidnischer Senatoren sich darum bemühte, den traditionell wichtigen Viktoriaaltar im Senat zu erhalten, verhinderte Ambrosius dies durch seine Stellungsnahmen, welche den christlichen Charakter des römischen Reiches betonten. Das Bild des christlichen Imperium Romanum wurde vom Kirchenvater Augustin († 430) und vom christlichen Historiker Orosius († nach 418) weiter ausgebaut und so zu einem Grundelement der mittelalterlichen Geisteswelt. Zehn Jahre nach dem Orthodoxiedekret des Theodosius folgte der endgültige Bruch mit den alten römischen Kulten. Die noch unter Konstantin geübte Toleranz wich dem Verbot; nun zu Gunsten des Christentums. Im Jahre 391 und 392 untersagte Theodosius jedwedem das Betreten der Tempel und den Vollzug von Opfern.

GEFÄHRDETE GRENZEN

Der lange Weg von der Spätantike ins frühe Mittelalter führt nicht allein über die Auseinandersetzungen um den religiösen Wandel im Imperium, die inneren Kämpfe um die Vormachtstellung im Reich und die Abkehr des Kaisers von Rom. Er führt nicht zuletzt über die Vorgänge an den Grenzen des riesigen Reiches. So zentral Fragen des Kaisertums und der Religion für die innere Gestalt des Reiches auch sein mochten, sie waren keineswegs die einzigen Probleme, die die Nachfolger Konstantins zu bewältigen hatten.

Die Reorganisation der Herrschaft über das Großreich unter Diokletian und Konstantin hatte dazu geführt, daß die im ganzen auf defensive Grenzsicherung ausgerichtete Außenpolitik bis ins letzte Drittel des 4. Jahrhunderts ihr Ziel erreichte. Zumindest aber ließen sich die Grenzen leidlich halten. Im Osten kam es allerdings immer wieder zu verlustreichen Kriegen mit dem Persischen Reich. Erst 384 beruhigte sich die angespannte Situation merklich, nachdem es Theodosius gelungen war, sich mit den Sasaniden-Herrschern auf eine Teilung Armeniens in eine

DER SOGENANNTE CODEX ARGENTEUS, DAS »SILBERBUCH« AUS DEM FRÜHEN 6. JAHRHUNDERT, GESCHRIEBEN IN SILBER- UND GOLDSCHRIFT AUF PURPURGEFÄRBTEN PERGAMENT, MIT DER ÄLTESTEN BEKANNTEN ABSCHRIFT DER GOTISCHEN BIBELÜBERSETZUNG DES WULFILA.

römische und eine persische Einflußsphäre zu verständigen. Damit war das Reich im Osten erst einmal entlastet.

Auch im Westen brodelte es. Im Jahre 350 war Constans, Sohn Konstantins und Kaiser im Westen, der Usurpation des fränkischen Heermeisters in römischen Diensten Magnus Magnentius (gest. 353) zum Opfer gefallen. Nun herrschte zum ersten Mal in der langen Geschichte des römischen Reiches ein »Franke« über Italien und Gallien, wenn auch noch ganz im Selbstverständnis römischer Soldatenkaiser. Erst drei Jahre später gelang es Constantius II., den Ursupator zu besiegen, bezeichnenderweise mit Hilfe germanischer Stämme. Insbesondere am Rhein und an der Donaugrenze wuchs aber die Gefahr durch Germanen, die nicht an das römische Reich gebunden waren. Denn die innerrömischen Konflikte eröffneten diesen Völkern wie schon im 3. Jahrhundert zahlreiche Gelegenheiten, sich an römischen Gebieten wie Gütern zu bereichern.

Der obergermanisch-rätische Limes, hinter dem sich die Römer so lange in Sicherheit vor dem Zugriff der Germanen gewähnt hatten, war bereits verloren gegangen. Immerhin hatte man die Flußgrenzen halten können. Doch im Zuge der bürgerkriegsähnlichen Kämpfe in der Mitte des 4. Jahrhunderts konnten fränkische, sächsische und alemannische Gruppen bis weit nach Gallien hinein vorstoßen. Im Kampf gegen Magnentius zur Hilfe gerufene Franken und Alemannen besetzten zahlreiche Städte und Kastelle, darunter Köln, Mainz und Straßburg. Erst im Jahre 357 konnte der Caesar Julian, der spätere Kaiser in einer großen Schlacht bei Straßburg die Alemannen entscheidend besiegen, ihre Könige gefangen nehmen und sie zum Abzug aus dem Reichsgebiet bewegen. Der römische Geschichtsschreiber Ammianus Marcellinus (gest. 395) berichtet wohl als Augenzeuge der Schlacht, die Streitmacht der Alemannen hätte 35.000 durch Sold oder Vertrag angeworbene Bewaffnete gezählt.[41] Damit war eine neue Dimension der Auseinandersetzungen mit den andrängenden Germanen erreicht. Hatte man bisher hauptsächlich kleinere Gruppen bekämpft, die auf Plünderungen aus waren, befand man sich nun in einem Abwehrkrieg gegen organisierte Großgruppen, welche eine gemeinsame Identität besaßen. Sie folgten einem König und strebten nach Eroberung und Gründung eigener Reiche. Mit dem Sieg bei Straßburg war die größte Gefahr im Westen des Reiches zunächst gebannt, wenn auch weiterhin immer wieder kleinere Angriffe abgewehrt werden mussten. Dafür nahm die Situation an der Donaugrenze eine katastrophale Wende.

Am 9. August 376 schlugen die Westgoten bei Adrianopel das Heer des Ostkaisers Valens, der selbst in der Schlacht den Tod fand. Nun begann die eigentliche Völkerwanderung mit dem unaufhörlichen Eindringen germanischer Völker in das Reichsgebiet, in welchem nun eigene, wenn auch zunächst noch formal unter römischer Herrschaft stehende Reiche gegründet wurden.[42]

Die Schlacht von Adrianopel kam insofern für die Römer überraschend, als die Westgoten seit einer Niederlage gegen Konstantin den Großen im Jahre 332 zu Föderaten der Römer geworden waren. Der Vertrag sah im Tausch gegen jährliche Geldzahlungen und den Handelsverkehr auf der Donau die Leistung militärischer Dienste vor, darunter gerade den Schutz der Donaugrenze vor anderen Völkern. Als Verbündete des römischen Staates ging von ihnen – bis dahin – keine direkte Gefahr aus. Zudem hatte das Christentum auch bei den Goten bereits begonnen, Fuß zu fassen. Von ihren Raubzügen in die stark christianisierten Regionen des Balkans und Kleinasiens hatten sie nicht nur Beute, sondern auch Gefangene in ihre Heimat mitgebracht.

WULFILA, BISCHOF DER GOTEN

Nachfahre einer solchen Familie von Gefangenen war der 311 geborene Wulfila († 383). Er sollte maßgeblich zur Verbreitung des Christentums unter den Goten beitragen. Wahrscheinlich wurde Wulfila bereits unmittelbar nach seiner Geburt getauft. Man ließ ihm eine gute rhetorische und auch wohl fremdsprachliche Erziehung angedeihen, die ihn befähigte, theologische und exegetische Schriften sowohl in Latein als auch in Griechisch abzufassen. Seine zweifelsfrei größte Leistung bestand aber in der Übersetzung der Bibel aus dem Griechischen ins Gotische. Nicht genug damit, daß Wulfila die komplizierten Texte aus der Fremdsprache übertragen mußte. Er mußte hierzu auch ein eigenes Alphabet entwickeln, denn die Goten hatten keine eigene Schrift. Als Vorlagen dienten ihm dabei das griechische und lateinische Alphabet sowie die germanische Runenschrift. Eine Abschrift dieser gotischen Bibelübersetzung, der sogenannte *Codex Argenteus*, von dem noch 187 von ehedem 336 Seiten existieren, wird heute in der Universitätsbibliothek des schwedischen Uppsala aufbewahrt.

Dieses »Silberbuch«, entstanden im frühen 6. Jahrhundert, geschrieben in Silber- und Goldschrift auf purpurgefärbtem Pergament, zählt zu den ältesten und kostbarsten Handschriften der Welt. Die Wulfila-Bibel war mehr als ein Buch mit heiligem Text. Sie stellt vielmehr das »früheste und wichtigste germanische Sprachdenkmal« dar und bildete die Grundlage des Arianismus gotischer Prägung nebst einer germanischen politischen Identität.[43]

Im Jahre 336, spätestens aber 341 war Wulfila in Antiochia durch Eusebius von Caesarea zum »Bischof der Christen im Land der Goten« geweiht worden.[44] Er wurde nun mithin zum Vertreter des Christentums, wenngleich in der vorherrschenden arianischen Ausrichtung, und zum Diplomaten im Umgang mit Rom. Die Wirkungszeit Wulfilas blieb jedoch von innergotischen Konflikten nicht unverschont. Die Oberschicht beäugte das Treiben des Missionars mit Argwohn. Wahrscheinlich erkannte sie es auch als Gefahr für die bestehenden religiösen und sozialen Ordnungsstrukturen. Die Situation scheint 348 in einer Christenverfolgung und der bewaffneten Auseinandersetzung mit Rom eskaliert zu sein, in deren Verlauf Wulfila und seine Anhänger ihr angestammtes Gebiet verlassen mußten. Kaiser Constantius II. nahm die Flüchtlinge auf und siedelte sie nahe Nikopolis, im Norden des heutigen Bulgarien, an. Wulfila erlebte noch die gewaltigen Umwälzungen, die über das Imperium mit dem Beginn der Völkerwanderung infolge des Hunneneinfalls 375 hereinbrechen sollten, bevor er im Jahre 383 starb.

HIERONYMUS UND SEINE BIBELÜBERSETZUNG

Im gleichen Jahr, als Wulfila starb, schloß der Kirchenvater Hieronymus († 419/20) seine Revision der altlateinischen Übersetzung des Neuen Testamentes ab, mit der ihn Papst Damasus († 384) beauftragt hatte. Von Rom reiste er ins Heilige Land nach Bethlehem, wo er bis zu seinem Tod mit seinen außergewöhnlichen Sprachkenntnissen im Dienste der Kirche und der Verbreitung des Glaubens wirkte. Neben seinen durch die Werke des Origines († um 254) beeinflussten Kommentaren zu fast allen Büchern der Bibel übersetzte er das Alte Testament aus dem Hebräischen ins Lateinische. Unter dem Namen *Vulgata* setzte sich seine Übersetzung durch die Vermittlung des angelsächsischen Gelehrten Alkuin († 804), der in enger Verbindung mit dem fränkischen König und ersten mittelalterlichen Kaiser Karl dem Großen († 814) stand, im Westen durch. Doch zu Hieronymus Lebenszeit richtete sich der Blick der Zeitgenossen zunächst aus weltlichen Gründen angstvoll gen Osten.

DER SCHRECKEN AUS DER STEPPE

Der Schrecken kam aus den Steppen Asiens. Rund achtzig Jahre – zwischen 375 und der Schicksalsschlacht auf den Katalaunischen Feldern 451 – versetzten die Hunnen Europa in Angst, die Völkerschaften in Bewegung und die Zeiteinteilung ins Mittelalter. Die Schlagkraft der Hunnen lag nicht in ihrer zweifelsfrei großen Zahl, sondern in ihrem Geschick auf dem Rücken ihrer kleinen Pferde und der meisterlichen Beherrschung ihrer Reflexbögen. Schon das erste Auftauchen der fremdartigen Krieger löste schieres Entsetzen aus, das zeitgenössische Historiographen in ihren Beschreibungen festgehalten haben. Der römische Geschichtsschreiber Ammianus Marcellinus schildert sie als muskulös, gedrungen und so entsetzlich entstellt, daß man sie für zweibeinige Bestien ansehen könne. Er ist es auch, der dem weitverbreiteten Mythos vom zartgerittenen, aber noch rohen Fleisch, das die Hunnen verspeisten, zum Durchbruch verhalf. In Amminanus' Bericht sind die Krieger aus der Steppe todesmutig und kaum menschengleich. Ein ähnliches Urteil fällte später der Historiograph Jordanes († 551) in seiner »Gotengeschichte«. Auch er stellt die Grausamkeit und Roheit der Hunnen in den Vordergrund seiner Beschreibung. In menschlicher Gestalt lebten sie in tierischer Wildheit, betonte Jordanes.

Durch die Kaspische Senke waren die Hunnen kurz vor 375 nach Westen vorgedrungen, zunächst auf die Alanen gestoßen und hatten dann das Reich der Ostgoten in Südrußland und der Ukraine überrannt. Ein Dominostein war angestoßen worden und gefallen. Die große Völkerwanderung sollte nahezu zwei Jahrhunderte, bis zur Seßhaftwerdung der Langobarden in Italien 568, andauern.

406/7	Vandalen, Alanen und Sueben dringen über den Rhein in römisches Reichsgebiet ein
409	Zug der Vandalen, Alanen und Sueben nach Spanien.
	Der westgotische König Alarich I. erhebt einen Gegenkaiser zu Kaiser Honorius
410	Abzug römischer Truppen aus Britannien um das restliche Reichsgebiet vor den eingefallenen Barbarengruppen schützen zu können.
	Einnahme und Plünderung der Stadt Rom durch die Westgoten.
	Entführung der Gallia Placidia, Schwester des römischen Kaisers Honorius
414	Athaulf, Nachfolger des westgotischen Königs Alarich I., heiratet die Kaiserschwester Gallia Placidia
413–436	Burgunderreich in der Gegend von Worms
429	Beginn der vandalischen Eroberung Nordafrikas unter König Geiserich
um 430	Siegreiche Schlacht der römischen Briten unter Leitung des gallischen Bischofs Germanus gegen eingefallene Picten und Scoten (»Halleluja-Schlacht«)
431	Konzil von Ephesus. Betonung Mariens als Gottesgebärerin
443	Ansiedlung der Burgunder durch den römischen Heermeister Aëtius an der Rhône in Südgallien
451	Römische und westgotische Truppen unter dem Kommando des römischen Heermeisters Aëtius stoppen die hunnische Expansion in der Schlacht auf den Katalaunischen Feldern (bei Châlons-sur-Marne, Frankreich)
451	Konzil von Chalcedon
	Betonung der Zweiheit der Naturen (Mensch und Gott) in der Einheit der Person Christi auf Grundlage eines Briefes des römischen Bischofs Leo I., genannt der Große, was die Autorität des frühen Papsttums erheblich steigerte

AUF DEM WEG INS FRÜHE MITTELALTER.
DIE VÖLKERWANDERUNG IM 5. JAHRHUNDERT

454	Durch die Erhebung der tributpflichtigen Germanenstämme nach dem Tode des Hunnenkönigs Attila (453) zerfällt als Folge der Schlacht am Nedao dessen Großreiche in viele gentile Kleinreiche
454	Ermordung des mächtigen römischen Heermeisters Aetius durch Kaiser Valentinians III.
455	Ermordung Kaiser Valentinians III. durch ehemalige Gefolgsleute des Aetius
	Beginn des Niederganges des weströmischen Kaisertums in den folgenden Wirren
	Die Vandalen erobern und plündern als erste Folge systematisch Rom
	Neben zahlreichen Kunstschätzen werden auch die Witwe sowie Töchter Valentinians III. geraubt
	Der westgotische König Theoderich II. unterstützt den daraufhin in Gallien zum Kaiser erhobenen Avitus, welcher vom oströmischen Kaiser Marcian jedoch nicht anerkannt wird
456	Tod des Avitus im Rahmen der Auseinandersetzungen um das weströmische Kaisertum
	Im Folgenden herrschen oströmische Marionettenkaiser und selbstherrliche Heermeister im Westen des Reiches
ca. 459–461	Erste Kodifizierung des westgotischen Rechtes unter dem westgotischen König Theoderich II. (453–466) in Gallien
462	Der vandalische König Geiserich verheiratet seinen Sohn und zukünftigen Nachfolger Hunerich mit der 455 gefangengenommenen Kaisertochter Eudocia
474	Erhebung Theoderichs des Großen zum ostgotischen König
476	Absetzung des letzten weströmischen Kaisers Romulus Augustulus durch den Heermeister und rex Odoaker, der das weströmische Reich nun regiert
488	Der oströmische Kaiser Zeno schickt Theoderich den Großen mit seinen Ostgoten nach Italien, damit diese Odoakers Herrschaft beenden
486/487	Sieg des fränkischen Königs Chlodwig über den weströmischen Heermeister Syagrius in Nordgallien
	Eroberung des letzten weströmischen Reichsteiles durch einen germanischen König
493	Einnahme Ravennas durch die Ostgoten
	Ermordung des Odoaker durch Theoderich den Großen
497	Entscheidender Sieg Chlodwigs über die Alamannen
	Katholische Taufe des fränkischen Königs Chlodwig

NEUE VÖLKER ENTSTEHEN

Das 5. und das 6. Jahrhundert sind geprägt durch die Völkerwanderung und die anschließende Entstehung neuer Reiche auf den Ruinen des römischen Imperiums. Kaiser Theodosius der Große hatte 394 das Reich noch einmal kurzzeitig unter seiner Herrschaft geeint. Als Theodosius 395 starb, wurde das Reich wie schon nach dem Tode Konstantins des Großen unter den Söhnen geteilt. Der ältere Sohn, Arcadius († 408), erhielt den Ostteil, was eine Verschiebung des Reichsschwerpunktes nach Osten erstmalig erkennen läßt. Der jüngere, Honorius († 423), erhielt den Westteil. Und dieses Mal sollte die Teilung endgültig bleiben.

Kaum ein Geschehen der Geschichte mag dem unbedarften Betrachter verworrener erscheinen als eben jene große Völkerwanderung. Sie steht gleichermaßen synonym für eine Vielzahl von Namen wandernder Völkerschaften, hauptsächlich germanischer Kultur, verknüpft mit mehr oder weniger einprägsamen Herkunftsorten, Routenplänen und schließlich den späteren Ansiedlungsgebieten. Alamannen, Goten, Franken, Vandalen oder Burgunder scheinen dabei in aller Regel noch bekannt. Aber wer vermag schon Gepiden, Eruler oder Alanen treffend in den bunten Flickenteppich einzuordnen? Hinzu kommt häufig genug noch die Vorgeschichte vorangegangener Migrationen, ehe sich die Landkarte mit dem Vordringen der Hunnen im späten 4. Jahrhundert ein weiteres Mal grundlegend verändern sollte. Der Hauptstrom der Völkerwanderung verlief von Nord nach Süd sowie von Ost nach West und letztendlich immer in Richtung des römischen Reichsgebietes. Doch der Zeitpunkt, zu dem die einzelnen Völkerschaften ihren Zug in das Reichsgebiet begannen, die Länge ihres Weges und die Entwicklung ihrer Reiche auf römischem Gebiet waren höchst unterschiedlich. Während die Westgoten sich schon unter dem Druck des hunnischen Vormarsches im letzten Viertel des 4. Jahrhunderts auf Reichsgebiet begaben, brachen die Langobarden als letzte der wandernden Völkerschaften erst 568 nach Italien auf. Schließlich war es zwar vor allem, aber eben doch nicht allein der Vorstoß der Hunnen, der die neuerliche und letzte große Völkerwanderung anstieß. Klimatische Bedingungen und ein Anwachsen der Bevölkerung hatten ihren Teil dazu beigetragen.[45]

Der Schlüsselbegriff der Völkerwanderungszeit heißt Ethnogenese. Er bezeichnet im Hinblick auf das Frühmittelalter das im 3. Jahrhundert einsetzende Verschmelzen kleiner Gruppen zu historisch faßbaren Großstämmen mit gemeinsamer Identität wie etwa den Vandalen oder Goten.[46] Bis heute liegen viele Aspekte dieser Ethnogenese im Dunkeln. Nicht zuletzt deshalb erfreut sich die Völkerwanderung gerade in jüngster Zeit wieder eines zunehmenden Interesses seitens der Forschung. Dabei vermögen Historiker nur in begrenztem Maße zu neuem Erkenntnisgewinn beizutragen. Denn die Völkerwanderungszeit ist insgesamt vergleichsweise arm an Schriftzeugnissen, dem Hauptquellenmaterial des Geschichtswissenschaftlers. Sie bietet vielmehr ein Beispiel für Möglichkeiten der Zusammenarbeit von Wissenschaftlern aus verschiedenen Disziplinen. Vor allem Archäologen, Paläopathologen und Kunsthistoriker sind es, die in Verbindung mit Historikern neue Erkenntnisse liefern. Dabei wird gerade im zusammenwachsenden Europa zusätzlich die politische Dimension solcher Forschungen zur Ethnogenese der Völkerwanderungszeit sichtbar, die vor allem im 19. und frühen 20. Jahrhundert für allerlei mehr oder weniger fiktive nationalistische Konstruktionen mißbraucht wurden.[47]

Herkunft und Bezeichnung der Völkerschaften, der *gentes*, sind indes vor gänzlich anderem Interessenshintergrund und aus anderen Perspektiven nicht erst in jüngerer Vergangenheit konstruiert worden. So griff schon die antike Ethnographie zur Systematisierung auf Sammelnamen zurück, die eine erste Orientierung im Wirrwarr der Barbaren erlaubte. Es waren zumeist Beobachter von Außen, die die Namen prägten. Der lateinische Name *Germani*, den der Universalgelehrte Poseidonios (gest. 51 v. Chr.) um 80 v. Chr. erstmals benutzte und den später auch Gaius Iulius Caesar (gest. 44 v. Chr.) aufgriff, bezog sich ursprünglich nur auf eine Gruppe kleinerer Stämme, der Tungerer im Gebiet des heutigen Belgien, die den Rhein von Osten her überquert haben sollen. Gallier und Römer verwendeten die Bezeichnung *Germani* in der Folgezeit für alle rechtsrheinischen Stämme. Die Begrifflichkeiten waren keineswegs statisch. Der römische Geschichtsschreiber Cornelius Tacitus (gest. nach 115) nennt in seiner *Germania* drei germanische Stammesgruppen – Hermionen, Ingwäonen und Istwäonen. In diesen Namen spiegeln sich wahrscheinlich politisch-religiöse Kultverbände wieder. Die Möglichkeit, germanische Stämme in verschiedenen Regionen Europas verorten zu können, führte in der Forschung zu einer groben Unterteilung in Nord-, West- und Ostgermanen, geographisch exakter in Nordsee- (Friesen, Chauken, Sachsen), Ostsee- (kleinere Stämme im Süden Skandinaviens), Elb- (Lango-

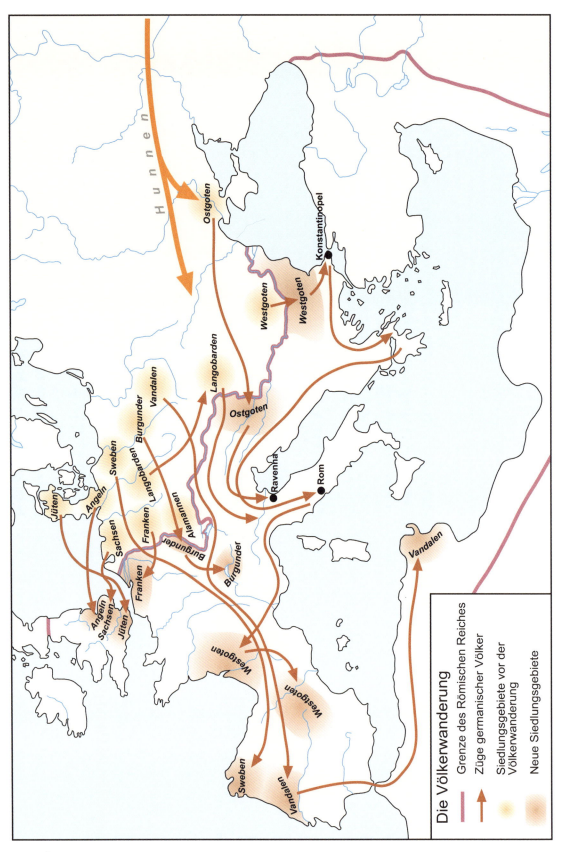

GRABBEIGABEN DER VÖLKER-
WANDERUNGSZEIT AUS DEM
GRÄBERFELD VON LAUCH-
HEIM. IN DER GRABSTÄTTE
FANDEN SICH LANGOBAR-
DISCHE, THÜRINGISCHE,
OSTGOTISCHE UND WEST-
FRÄNKISCHE BÜGELFIBELN.

barden, Semnonen, Hermunduren, Markomannen, Quaden), Oder-Warthe- (Lugier, Vandalen), Weichsel- (Rugier, Burgunder, Goten) und schließlich Rhein-Weser-Germanen (Tenkterer, Sugambrer, Brukterer, Cherusker, Chatten). Die »Germanen« selbst hatten keinen Sammelnamen für die Vielzahl ihrer einzelnen Stämme, geschweige denn ein Zusammengehörigkeitsgefühl.

Als die Zeit der großen Völkerwanderung sich ihrem allmählichen Ende neigte, zeigten die seßhaft gewordenen Völkerschaften schließlich politisches Interesse an ihren Ursprüngen.[48] So beauftragte Theoderich der Große († 526) in Ravenna seinen Kanzler Cassiodor († 580) mit der Abfassung einer Herkunftsgeschichte der Goten. Dieser Flavius Magnus Aurelius Cassiodorus, kurz Cassiodor, von dem in anderem Zusammenhang noch die Rede sein wird, entstammte einer Familie von senatorischem Rang und zeichnete sich nicht zuletzt durch seine Bildung aus.[49] Erst 533, sieben Jahre nach dem Tod Theoderichs war das Werk fertiggestellt. Jordanes († um 552), ein romanisierter und im Gegensatz zur Mehrheit seines Volkes katholischer Gote, unterzog die Volkschronik unter dem Titel *Origo actusque Getarum*, kurz *Getica* genannt, einer weiteren Redaktion. Diese Version ist bis heute überliefert, während das ursprüngliche Werk des Cassiodor verloren ging.[50] Für die Franken gibt der galloromanische Bischof Gregor von Tours in seinem kirchlich orientierten Geschichtswerk zumindest einige Auskünfte über ihre vermeintliche Herkunft, allerdings aus deutlich christlicher Sicht.[51] Paulus Diaconus († 799) verwendete in seiner *Historia Langobardorum* Teile einer langobardischen Origo, welche wohl im späten 7. Jahrhundert entstanden war.[52] Es gilt vor diesem Hintergrund zu unterstreichen, daß die ersten dieser nicht ganz treffend auch *origines gentium* genannten Chroniken noch nicht von Angehörigen der germanischen Völkerschaften selbst verfaßt wurden und im Falle von Ostgoten und Langobarden vor dem Hintergrund einer Gefährdung ihrer Reiche entstanden.[53] Die Ostgoten stützten sich auf den Römer Cassiodor, die Franken auf den Romanen Gregor. Paulus Diaconus indes war selbst Langobarde. Während manche Stämme danach trachteten, ihre Ursprünge mythisch zu verklären und den Glanz ihrer weitere Geschichte herauszustellen,[54] fiel ihr Bild aus der Perspektive anderer bisweilen einer gezielten Propaganda zum Opfer. Wie nachhaltig solche Urteile sich auswirken können, zeigt besonders deutlich das Beispiel der Vandalen. Ihr Name steht bis heute synonym für Verwüstung und Chaos. Wenngleich die historische Wirklichkeit eine andere gewesen sein mag, wofür nicht zuletzt archäologische Befunde in Nordafrika sprechen.

Bevor nun im weiteren die Geschicke einzelner Völkerschaften zwischen Wanderschaft und Seßhaftwerdung skizziert werden, erscheint ein kurzer Blick auf deren gesellschaftliche Strukturen angebracht.

KÖNIG, RICHTER UND KRIEGER. EIN KURZER BLICK AUF DIE GERMANISCHE GESELLSCHAFT

Kerne des germanischen Stammes, gewissermaßen seine kleinsten Glieder, waren die Hausgemeinschaften, die Familien. Alle Zweige einer Familie bildeten die Sippe. Allen Sippenangehörigen war Frieden, Schutz und Recht gewährt. Dies bedeutete konkret, daß die Sippe im Falle eines Überfalls auf eines ihrer Mitglieder zu dessen Unterstützung bei folgender Fehde oder Blutrache verpflichtet war. Die Gesamtheit aller Sippen eines kultischen oder herrschaftlichen Verbandes war der Stamm. An der Spitze der Gesellschaft standen bei jenen Stämmen, bei denen ein Königtum existierte, zumindest bis zum Beginn der Völkerwanderung, Könige aus Geschlechtern, die ihre Herkunft von den Göttern ableiteten und die sich als Nachkommen göttlich-königlicher Vorfahren betrachteten. Sie übten eine zentrale Stellung im sakralen Bereich aus, fungierten zugleich als Richter und Befehlshaber der Krieger. Mit der Völkerwanderung veränderte sich der Charakter der Herrschaft. Die westgermanischen Stämme, so die königlosen Westgoten, wählten nun Heerkönige auch Herzöge genannt zu ihren Heerführern, die sich durch Tapferkeit und militärisches Geschick ausgezeichnet hatten (*dux ex virtute*). Der *dux* regierte über einen Stammesverband, der aus vielen gemischten Gruppen hervorgegangen und im Zusammenwachsen begriffen war. Die germanische Gesellschaft bestand neben den Freien, die am Kriegsdienst teilhatten und volle politische Mitbestimmung genossen, aus sogenannten Halbfreien – nämlich den Freigelassenen (*Liberti*) und Unterworfenen eines verwandten Stammes (*Liten*) – sowie aus Unfreien. Bei den Unfreien, oder Sklaven, handelte es sich sowohl um Kriegsgefangene und unfrei Geborene als auch um unfrei gewordene Angehörige des eigenen Stammes. Letztere hatten ihre Freiheit in aller Regel durch finanzielle Schulden eingebüßt.

Die Unterschiede zwischen diesen Gliedern der germanischen Gesellschaft waren nicht allein politischer Natur. Anthropologische und paläopathologische Untersuchungen alamannischer Gräberfelder aus der Zeit des 6. bis 8. Jahrhunderts beispielsweise haben ergeben, daß die durchschnittliche Körpergröße von Angehörigen der führenden Familien und der Freien die der Halbfreien in der Regel um mehrere Zentimeter übertraf.[55] Ein männlicher Angehöriger der Führungsschicht aus Weingarten beispielsweise maß im Durchschnitt 174 cm, ein Freier 171 und ein Halbfreier 170 cm. Frauen aus der Führungsschicht maßen in Kirchheim mit 167 cm rund 13 cm mehr als freie Frauen. Solche Befunde sind allerdings nicht an allen Fundorten gleich. Auch die Schädelformen variierten stark zwischen Angehörigen der Führungsschicht und den Unfreien. Diese zeigen sich besonders deutlich an jenen Schädeln von Personen, die ihren hochgestellten Rang durch die von den Hunnen übernommene Mode der Schädeldeformierung deutlich zu machen suchten. Schon im Säuglingsalter, wenn die Knochen noch weich waren, wurde zu diesem Zweck der Schädel bandagiert, wie etwa bei einer 30 bis 40 Jahre alten Frau aus Grab 676 im Gräberfeld von Weingarten zu sehen.[56] Durch die Bandagierung des Kopfes über Stirn- und Hinterhaupt vom Säuglings- bis zum Erwachsenenalter ist der obere Stirnbereich stark abgeflacht, der Scheitelbereich aufgewölbt und der untere Teil des Hinterhauptes eingedrückt. Da das Gehirn anpassungsfähig an die Schädelform ist, führte die Praxis der Schädelbandagierung aber wohl nur selten zu Hirnstörungen. Während 40 % der Angehörigen der Führungsschicht im Alter zwischen 20 und 30 Jahren starben, lag die Sterblichkeit bei den Halbfreien der gleichen Altersstufe lediglich bei 20 %. Die höchste Sterblichkeit unter den Freien ereignete sich hingegen zwischen dem 40. und dem 50. Lebensjahr. Die Auswertung der Skelettfunde aus bisher untersuchten württembergischen Gräberfeldern ergab dabei für das 6. bis 8. Jahrhundert eine durch-

BEIGABEN AUS DEM GRAB DES SOGENANNTEN »FÜRSTEN VON GÜLTINGEN«, DER ZWISCHEN 460 UND 480 BEIGESETZT WURDE.

SKELETTE DREIER IN EINEM HOLZSARG BEIGESETZTER MÄNNER AUS DEM GRÄBERFELD VON NIEDERSTOTZINGEN.

UNTEN: NACH HUNNISCHER MODE KÜNSTLICH VERFORMTER SCHÄDEL EINER ERWACHSENEN FRAU AUS EINEM GRAB BEI NERESHEIM.

UNTEN RECHTS: SCHÄDEL EINES ÜBER 60JÄHRIGEN MANNES AUS EINEM GRAB BEI DITZINGEN-SCHÖCKINGEN MIT SPUREN ZWEIER SCHWERTVERLETZUNGEN. DIE SCHWEREN WUNDEN WAREN NICHT TÖDLICH UND SIND LANGE VOR DEM TOD DES MANNES VERHEILT.

schnittliche Lebenserwartung von 31 Jahren bezogen auf die Gesamtbevölkerung. Nach Geschlechtern getrennt, lag die der Männer mit 38 Jahren deutlich über der der Frauen mit nur 30 Jahren. Dabei resultiert die hohe Sterblichkeit unter den jungen Frauen vor allem aus den Folgen von Schwangerschaft und Geburt sowie der großen körperlichen Belastung des Organismus in dieser Lebensphase. Dennoch ist nach Einschätzung der Paläopathologen keiner dieser Befunde hinreichend, die überaus hohe Sterblichkeit im frühen Erwachsenenalter zu klären. Nur 4 % der über 2000 untersuchten Personen waren älter als 60 Jahre geworden. Die schweren, nicht selten tödlichen durch Hieb- und Stichwaffen verursachten Schädelverletzungen sind Zeugnis einer Zeit, die geprägt war von kriegerischen Auseinandersetzungen. Der größte Schrecken brach dabei 375 mit den Hunnen über Europa herein.

DAS MITTELALTERLICHE BILD DER HUNNEN

Viele offene Fragen sind mit der Herkunft der Hunnen und mit dem Grund ihres Eroberungszuges gen Westen verbunden.[57] Obwohl sie nicht einmal ein Jahrhundert lang in die politischen Geschicke Europas eingriffen, wirkte ihr Vorstoß in der Erinnerung des Mittelalters lange nach. Isidor von Sevilla († 636) prägte das noch heute bekannte Bild Attilas als der »Geißel Gottes«, der Verkörperung des Antichristen. Das um 1200 entstandene Nibelungenlied tat sein Übriges zur der Stilisierung des Hunnenkönigs. Seit dem 15. Jahrhundert, immerhin schon ein Jahrtausend nach den Ereignissen, erscheint Attila teufelsgleich mit Hörnen, Hundskopf oder Bocksgesicht dargestellt. Die Hunnen, und insbesondere ihr späterer König Attila, standen in der Nachwelt des mittelalterlichen Europa stellvertretend für bedrohliche Fremdartigkeit und die Gefahr aus dem Osten, die in den kommenden Jahrhunderten in Gestalt etwa der Ungarn, der Mongolen und der Türken stets zurückkehren sollte.

Der Name der Hunnen geht möglicherweise auf das Volk der Xiung-Nu zurück, das in chinesischen Schriftzeugnissen auftaucht.[58] Angeblich waren es die ständigen Überfälle dieser Reiternomaden, die im 3. vorchristlichen Jahrhundert die Chinesen zum Bau der Großen Mauer veranlaßten. Wahrscheinlich stammten die Hunnen aus Nordchina oder der Mongolei. Von dort könnten sie sich südlich des Ural und nördlich des Kaspischen Meeres westwärts bewegt haben, bis sie schließlich den Süden Rußlands erreichten. Als Gründe für ihre Wanderung nach Westen werden sowohl eine Verschlechterung der klimatischen Bedingungen als auch materieller Mangel in Betracht gezogen. Was aber letztlich den Ausschlag gab, bleibt unbekannt. Fest steht, daß die fremdartigen Reiterkrieger in jenen Gebieten, in denen sie um 375 plötzlich massenhaft auftauchten, zuvor vollkommen unbekannt waren.

Die Ostgoten gehörten zu den ersten Völkerschaften, die von den Hunnen überrannt wurden. Will man dem Bericht des griechischen Historiographen Zosimos glauben, so richtete der Hagel hunnischer Pfeile, der auf die Ostgoten niederprasselte, ein wahres Blutbad unter ihnen an. Angesichts der ausweglosen Situation soll sich der Überlieferung zufolge der greise König Ermanerich mit eigener Hand das Leben genommen haben. Der größte Teil der Ostgoten unterwarf sich den kampfesüberlegenen Hunnen.

Während der rund achtzigjährigen Herrschaft der Hunnen entwickelten die Ostgoten ein »höchst zwiespältiges Verhältnis zu ihren Herren«.[59] Die *Getica* berichtet, daß viele Große unter den Hunnen, allen voran ihr König Attila und dessen Bruder Bleda, gotische Namen trugen. Die Goten ihrerseits führten hunnische Namen. Doch nicht nur diese übernahm die unterworfene Völkerschaft. Wie etwa die Burgunder und Alamannen, so pflegten manche Goten nunmehr auch den Brauch, ihre Schädel künstlich zu deformieren, wie in den bereits angesprochenen Gräberfeldern in Baden-Württemberg mehrfach archäologisch belegt. Auch hunnische Mode und Sitten wurden übernommen.

HUNNEN UND RÖMER

Innerhalb einer Generation gelang es den Hunnen, deren Niederlassung innerhalb des Karpatenbogens im ersten Drittel des 5. Jahrhunderts seinen Abschluß gefunden hatte, ihre Macht in den eroberten Gebieten zu festigen. Das Zentrum ihres Herrschaftsgebiets lag zwischen Donau und Theiß und erstreckte sich bis nach Illyrien hinein. Mit der weströmischen Abtretung Pannoniens an die Hunnen für geleistete Militärhilfe im Jahre 433, erreichte ihr Herrschaftsgebiet zu diesem Zeitpunkt seine größte Ausdehnung. Eine Hauptrolle in diesem Geschehen spielte der weströmische Heermeister Aëtius (gest. 454). Seine Verwicklung in Machtintrigen hatte ihn 433 gewissermaßen als Flüchtling zu dem hunnischen Herrscher Rua (oder Ruga) geführt. Nach Abschluß eines Vertrages, der aller Wahrscheinlichkeit nach die Übergabe römischen Gebiets an der Donau beinhaltete, rüsteten die Hunnen Aëtius mit einer Streitmacht aus. Diese ermöglichte ihm eine Rückkehr ins weströmische Reich und die Ausschaltung seines Rivalen, des an seiner Statt zum ersten Heermeister bestellten Sebastianus. Aëtius hatte sein Ziel mit Hilfe der Hunnen erreicht. Nun war er erster Heermeister und konnte seine Machtstellung im Jahre 435 noch um den Titel eines Patricius ergänzen. Nahezu zwanzig Jahre wirkte der ambitionierte Aëtius – nunmehr in Funktion eines kaisergleichen Regenten – an der weiteren Gestaltung der Geschicke Westroms.

Im gleichen Jahr, als Aëtius seine Laufbahn mit dem Patricius-Titel krönte, starb der Hunnenherrscher Rua. Seine Neffen Bleda und Attila traten die Nachfolge an. Auch mit ihnen scheint Aëtius zunächst zweckdienliche Kontakte gepflegt zu haben. Wahrscheinlich wurde der mit Ruga geschlossene Vertrag erneuert, denn Aëtius übergab den Hunnen nach dem Herrscherwechsel seinen Sohn als Geisel. Rua hatte indes nicht nur mit Aëtius seine Vereinbarungen getroffen. Konstantinopel hatte ihm alljährliche Zahlungen von 350 Goldpfund zugesichert, um die Hunnen von weiteren kriegerischen Übergriffen abzuhalten. Daß freilich hunnische Stämme die Seiten wechselten, erregte den Zorn des Hunnenherrschers. Er forderte Konstantinopel zur Auslieferung der Abtrünnigen auf und drohte mit Krieg. Sein Tod verhinderte neue Verhandlungen. Diese wurden nun von Bleda und Attila aufgenommen. Konstantinopel mußte sich vertraglich verpflichten, keine Bündnisse mit Völkerschaften einzugehen, die mit den Hunnen im Krieg standen. Darüber hinaus erwirkten die Hunnen die Abhaltung von Märkten, auf denen sie ihre Beute zu Geld machen konnten. Die jährlichen Zahlungen wurden auf 700 Goldpfund verdoppelt. Schließlich aber erreichten die neuen Hunnenherrscher von Ostrom auch die Überstellung eigener Renegaten sowie eine Mindestzahlung für jeden ohne Lösegeld ins Römerreich entflohenen Gefangenen. Dem Bericht des Griechen Attalus Priscius zufolge erwartete die Anführer der hunnischen Überläufer ein grausames Schicksal: Zwei junge Männer aus führenden Familien etwa wurden gekreuzigt.

DIE HERRSCHAFT ATTILAS

Fast ein Jahrzehnt herrschten Attila und sein älterer Bruder Bleda gemeinsam. Dann aber, 444/445, als Konstantinopel die jährlichen Zahlungen zurückhielt und die hunnischen Siege in der Schlacht offenbar nicht den gewünschten materiellen Erfolg brachte, ließ Attila seinen Bruder ermorden und schwang sich zum Alleinherrscher auf. Der gotische Geschichtsschreiber Jordanes beschreibt Attila als einen Mann von kurzer Gestalt, mit einer breiten Brust, flachen Nase und schmalen Augen. Er habe einen schütteren, grau gefleckten Bart getragen, sei von dunkler Farbe gewesen und habe überhaupt alle Zeichen seiner Herkunft aufgewiesen. Inwieweit diese Darstellung auf die historische Gestalt des Hunnenkönigs tatsächlich zutrifft, erscheint mehr als fraglich. Immerhin entstand die *Getica* des Jordanes nahezu ein Jahrhundert nach dem Ableben Attilas. Und auch Cassiodor, auf dessen ursprüngliche Fassung sich das Werk stützt, ist dem Hunnenkönig nie begegnet. Der wohl einzige Geschichtsschreiber, der Attila von Angesicht zu Angesicht gegenüberstand, ist der bereits erwähnte Grieche Attalus Priscius. In der Gefolgschaft eines oströmischen Gesandten gelangte Priscius 449 an Attilas Hof. Umfassend schildert er in den erhaltenen Fragmenten seiner Byzantinischen Geschichte seinen Aufenthalt.[60] Sofern man seinem Bericht, der im Urteil der historischen Forschung mancher Quellenkritik ausgesetzt ist, Glauben schenken möchte, zeigte sich der Hunnenkönig als ebenso guter wie bescheidener Gastgeber. Während des Gastmahls, das der Geschichtsschreiber ausführlich beschreibt, wurde auf kostbarem Geschirr reichlich aufgetragen. Mindestens ebenso reichlich wurde getrunken. Attila hingegen begnügte sich den Worten des Priscius zufolge mit hölzernem Becher und Teller. Sein Gewand habe nur durch seine fleckenlose Reinheit hervorgestochen, doch seien weder Sandalen, Schwertbehang oder Pferdegeschirr mit Gold und Edelsteinen geschmückt gewesen. Erstaunt zeigte sich der Berichterstatter über die zärtliche Zuwendung des Hunnenherrschers gegenüber dessen jüngstem Sohn Enak. Schließlich habe ihn jedoch einer der anwesenden Hunnen, der Latein beherrschte, darüber in Kenntnis gesetzt, ein Seher habe Attila den Untergang seines Geschlechts und ein Fortbestehen in diesem Enak geweissagt.

Jenseits der Informationen über das Gelage, in dessen Rahmen auch noch ein hunnischer Narr und ein arabischer Spaßmacher zur Belustigung der Gäste auftraten, liefert Priscius einen Einblick in Formen der Akkulturation im Zeitalter der Völkerwanderung. So trifft Priscius seinen Worten zufolge auf einen Mann in hunnischer Tracht, der ihn in griechischer Sprache anredet und sich als gebürtiger Grieche aus Moesien zu erkennen gibt. Gefangene aus Thrakien oder von der illyrischen Küste habe man an ihren verfilzten Haaren und der zerlumpten Kleidung stets erkennen können, doch dieser Grieche habe ganz anders ausgesehen, fährt Priscius fort. Der Mann erzählte dem Geschichtsschreiber, er sei ein wohlhabender Kaufmann gewesen, der bei der hunnischen Eroberung seiner Heimatstadt in Gefangenschaft geraten sei. Nachdem er sich im Kampf hervorgetan und seinen Beuteanteil nach Sitte der Hunnen seinem neuen Herren übergeben habe, habe er die Freiheit erlangt, eine hunnische Frau geheiratet und Kinder gezeugt. Nach dem Ende eines Kriegszuges nämlich würden die Hunnen ein viel sorgenfreieres Leben als die Römer führen.

So sorgenfrei war das Leben zur Zeit von Priscius Besuch allerdings keineswegs und auch Attila gebärdete sich gegenüber Ost- wie Westrom alles andere als bescheiden. Der Gesandtschaft war ein blutiger Kriegszug vorausgegangen. Nachdem Konstantinopel seinen vertraglichen Verpflichtungen nicht in vollem Umfang nachgekommen war, hatte Attila im Jahre 447 den Krieg eröffnet. Bei seinem Vorstoß zu den Thermopylen, wo der oströmische Heermeister Arnegiscilus und viele seiner Soldaten ihr Leben im Kampf verloren, hinterließ das hunnische Heer im Gebiet zwischen dem Schwarzen Meer und dem Mittelmeer eine blutige Spur der Verwüstung. Dem byzantinischen Kaiser Theodosius II. († 450) blieb nichts anderes übrig, als sich der hunnischen Übermacht zu beugen. Das gut befestigte Konstantinopel selbst fiel den Hunnen nicht zum Opfer. Trotz aller Stärke reichten ihre militärischen Mittel zu einer solchen Unternehmung wahrscheinlich nicht aus. Fortan jedoch hielt sich Theodosius an die Verträge. Die römischen Zahlungsrückstände beliefen sich auf 6000 Pfund, zuzüglich einer neu vereinbarten Jahresgeldsumme von 2100 Pfund sowie noch ausstehenden Lösegeldern. Daneben mußte sich Ostrom aus weiteren Gebieten südlich der Donau zurückziehen. Als die Gesandtschaft, in deren Gefolge Priscius reiste, bei Attila eintraf, stand die Situation für Ostrom also alles andere als günstig.

Vor allem Attila selbst profitierte von den Zahlungen aus oströmischer Kasse. Im Jahre 449 war er von Konstantinopel zum Heermeister erhoben worden, »um das viele Geld zumindest teilweise als reguläres Gehalt deklarieren zu können«.[61] Mit Geld gab sich Attila freilich nicht zufrieden. Er sah eine gute Gelegenheit gekomen, weit mehr zu fordern. Honoria, die Schwester des weströmischen Kaisers Valentinian III. († 455), war berüchtigt für ihren ausschweifenden Lebenswandel. Als sie dafür bestraft werden sollte, übersandte sie Attila heimlich einen Ring. Dies konnte als Aufforderung zur Heirat verstanden werden. Der Hunnenherrscher war gern zur Ehe bereit, forderte dafür aber die Hälfte des weströmischen Reiches, was durchaus der Mitgift für eine Kaisertochter entsprochen hätte. Eine Forderung, der man in Ravenna nicht nachzugeben gedachte. Die Situation verschlechterte sich für Attila, als der oströmische Kaiser Theodosius II. im Jahre 450 starb. Ihm folgte Marcian († 457), der nicht daran dachte, sich weiterhin einem hunnischen Diktat zu beugen. Er setzte die Zahlung der Jahresgelder aus. Attila reagierte wie erwartet mit einem Kriegszug.

DIE SCHLACHT AUF DEN KATALAUNISCHEN FELDERN (451) UND DIE FOLGEN

Angesichts der geringen Aussichten, mit seinen Verbündeten Ostrom zu besiegen, rüstete Attila am Beginn des Jahres 451 zum Zug nach Westen. An seiner Seite standen zahlreiche germanische Völkerschaften, unter anderem die Ostgoten. Weitere Unterstützung erwarteten die Hunnen auf ihrem Weg von Mainburgundern sowie einem Teil der Franken. Gallien erschien Attila als lohnendes Angriffsziel. Nicht zuletzt der Vandalenkönig Geiserich hatte den Hunnen aus eigenen politischen Erwägungen mit reichen Geschenken in diese Richtung zu lenken gesucht. Das hunnische Heer und seine Verbündeten überquerten Anfang April 451 den Rhein bei Koblenz und rückten zunächst auf Metz vor. Anschließend plünderten die Hunnen Reims und zogen gen Paris. Der hagiographischen Tradition zufolge entging die Stadt an der Seine ihrer Verwüstung durch den frommen Einsatz der heiligen Genofeva. Dieser zufolge versammelte die Heilige die Frauen einflußreicher Familien zum Gebet und verhinderte eine Flucht begüterter Stadtbewohner. Von Paris aus wandte sich Attila nach Orléans, zog aber vor den herannahenden Westgoten ab. Auf den Katalaunischen Feldern, zwischen Troyes und Châlons-sur-Marne gelegen, sah sich Attila dem Heer des weströmischen Heermeisters Aëtius gegenüber. Dessen Streitmacht bestand aus einer ebenso bunten Völkermischung wie die Attilas. Westgoten, Franken, Bretonen, Burgunder wie auch Angehöriger einstiger römischer Militärbezirke, kurz Krieger aus allen in Gallien als Föderaten lebenden Völkern, hatte Aëtius aufbieten können. Dann kam es zur Schlacht, in deren Verlauf der Westgotenkönig Theoderid durch den Speer eines Ostgoten den Tod fand. Dieser Zufall rettete Attila. Der westgotische Königssohn Thorismund zog sich unverrichteter Dinge aus dem Gefecht zurück und eilte nach Toulouse, um sich den vakant gewordenen Thron zu sichern. Die Schlacht kostete viele Leben, brachte aber keine wirkliche Entscheidung. Verloren hatten die Hunnen allerdings den Mythos der Unbesiegbarkeit. Sie zogen ohne Beute ab.

Tausende von Kilometern entfernt von den Katalaunischen Feldern, in Chalcedon, stritten im gleichen Jahr die Vertreter der Kirche um ganz andere Fragen als die territorialer Herrschaft. Es ging vielmehr wie schon 431 beim Konzil von Ephesus darum, eine Formel für die Göttlichkeit Christi zu finden. Papst Leo der Große († 461) präsentierte in seiner *Epistola dogmatica* das grundlegende Bekenntnis zur Zweiheit der Naturen Christi und ihrer Einheit in dessen Person. Diesem zufolge besteht ein und derselbe Christus, der Sohn, als »wahrer Gott und wahrer Mensch« zugleich, unvermischt, unverwandelt, ungetrennt und ungesondert in zwei Naturen.

VERSCHIEDENE PRUNK-SCHWERTER MIT KOSTBAREN BESCHLÄGEN UND VERGOLDETEM GRIFF, SOGENANNTE GOLDGRIFFSPATHEN, AUS DER ZWEITEN HÄLFTE DES 5. JAHRHUNDERTS.

Das Ende des hunnischen Reiches

Mit der schicksalhaften Schlacht auf den Katalaunischen Feldern 451, in der die Ostgoten an der Seite des Hunnenkönigs Attila (gest. 453) gegen den weströmischen Heermeister und die mit ihm verbündeten Westgoten kämpften, tritt die unterworfene Völkerschaft allmählich stärker in das Rampenlicht des Völkerwanderungsgeschehens. Wenige Monate nach der Auseinandersetzung auf den Katalaunischen Feldern ließen erneut zahllose Ostgoten auf dem fruchtlosen Feldzug der Hunnen in Oberitalien ihr Leben. Dabei hatte der Vormarsch, der im Frühsommer 452 begann, so verheißungsvoll begonnen. Aquileia, Pavia und Mailand waren in die Hand Attilas gefallen. Dann aber grassierte eine Seuche im hunnischen Heer und forderte einen hohen Blutzoll. Papst Leo der Große († 461) soll in dieser Situation, einen Weitermarsch der Hunnen auf Rom verhindert haben. Jedenfalls ging Attila erneut leer aus. Im Jahre 453 starb die »Geißel Gottes« in einer seiner Hochzeitsnächte an einem Blutsturz, der berühmten Eingang in die Literatur fand.

Das Ende des hunnischen Reiches ließ nicht lange auf sich warten. Im Jahre 454, vielleicht 455, kam es am Fluß Nedao in Pannonien zu einer letzten entscheidenden Schlacht, in der unter anderem Ostgoten noch einmal an der Seite der Hunnen kämpften. Nach dem Zusammenbruch des gefürchteten Hunnenreiches schlossen die Ostgoten unter Führung der Brüder Valamir, Thiudmir und Vidimir einen Vertrag mit dem oströmischen Reich, der ihnen als Föderaten eine Ansiedlung im südlichen Pannonien erlaubte. Nicht alle Ostgoten folgten allerdings dem Bericht der *Getica* zufolge in das neue Siedlungsgebiet zwischen Südungarn und Slawonien.

DIE OSTGOTEN UNTER THEODERICH DEM GROSSEN

Einige Jahrzehnte, nachdem die Westgoten und die Vandalen ihre Wanderung ins römische Reich angetreten hatten, sollten sich schließlich auch die Ostgoten dorthin aufmachen. Ihr Aufbruch nach Italien im Jahre 488 erscheint unmittelbar verknüpft mit den Vorgängen im weströmischen Reich rund ein Jahrzehnt zuvor. Ein Hauptprotagonist dieser Ereignisse war der aus der ostgotischen Königsfamilie der Amaler stammende Theoderich († 526).

Etwa zu jener Zeit, als die Ostgoten an der Seite der Hunnen auf den Katalaunischen Feldern fochten, wurde Theoderich geboren. Seine Familie herrschte über jene Goten, die sich 457 an der mittleren Donau niedergelassen hatten. Um 459, im Alter von etwa acht Jahren, gelangte Theoderich nach Konstantinopel. Als Geisel Ostroms sollte er den soeben erneuerten Friedensvertrag mit den Ostgoten absichern. Kindheit und Jugend, die er in der Stadt am Bosporus verbrachte, sollten sein späteres Leben entscheidend prägen. Erst 469 sah er seine Heimat wieder. Nach dem Tod seines Vaters Thiudimir, der 473 Pannonien verlassen und sein neues Reich in Makedonien errichtet hatte, wurde Theoderich von dessen Gefolgsleuten 474 zum König erhoben. Er selbst allerdings scheint sein Königtum bereits auf das Jahr 470 zurückgeführt zu haben, das Jahre seines Sieges gegen einen König der Theiß-Sarmaten, denn 500 beging er feierlich sein dreißigstes Herrschaftsjubiläum.

Die Jahre zwischen 474 und 488 waren höchst ereignisreich. Zunächst zog Theoderich mit seinen Goten ein weiteres Mal zurück an die Donau. Dieses Mal nach Niedermoesien. Derweil überschlugen sich in Konstantinopel die Ereignisse. Theoderich verhalf dem 475 aus seiner Hauptstadt vertriebenen Kaiser Zenon († 491) zurück auf den Thron, wurde 476 von diesem als Waffensohn angenommen, mit dem Amt des obersten Heermeisters und dem Titel eines Patricius bedacht, bevor der Gote 484 gar zum Konsul wurde. Spätestens zu dieser Zeit hatte Theoderich auch das römische Bürgerrecht.

Doch nicht nur in Konstantinopel, auch im weströmischen Ravenna war ein Kaiser vom Thron entfernt worden. Erlangte Zenon seine Herrschaft nach kurzer Zeit zurück, war der weströmische Kaiser Romulus Augustulus weit weniger glücklich. Im Jahre 476 war der Heermeister Odoaker, ein Skire, im Zuge einer Rebellion von Föderatenkriegern zum König erhoben worden und hatte Romulus Augustulus abgesetzt. Konstantinopel erkannte den neuen Herrscher in Ravenna offiziell nicht an, duldete ihn zunächst aber. Eine Zeit der Spannungen folgte. Als Odoaker 487 das Königreich der Rugier, gelegen im Norden Niederösterreichs, angriff und der rugische Königssohn zu Theoderich floh, bot sich für den oströmischen Kaiser Zenon die Gelegenheit zum Handeln. Mit der Entsendung Theoderichs und seiner Ostgoten nach Italien, konnte er den zunehmend für ihn gefährlich werdenden Verbündeten loswerden und gleichzeitig den Usurpator in Rom beseitigen lassen. Theoderich der Große hingegen sicherte sich vertraglich Zenons Einwilligung, nach einem Sieg gegen Odoaker anstelle des Kaisers zu herrschen, bis dieser nach Ravenna käme. Der Zug Theoderichs nach Italien begann. Die kriegerischen Auseinandersetzungen zogen sich bis zum Beginn des Jahres 493 hin. Unter der Vermittlung des Bischofs von Ravenna, Johannes, einigten sich Odoaker und Theoderich im Februar auf eine Teilung der Herrschaft über Italien. Zehn Tage später zog der Arianer Theoderich sehr zum Schrecken der katholisch-römischen Bevölkerungsmehrheit in Ravenna ein. Bald darauf tötete er Odoaker. Der ostgotische König Theoderich war nun im Namen des oströmischen Kaisers der neue Herrscher über Italien. Im Jahre 497 erfuhr seine Herrschaft die Anerkennung Konstantinopels. Was es von Theoderich zu erwarten galt, sollte sich trotz gewisser Konflikte mit der katholisch-römischen Mehrheit bald in mancherlei anderer Hinsicht zeigen.

DIE LANGE WANDERUNG DER WESTGOTEN

Als die Ostgoten unter Führung Theoderichs am Ende des 5. Jahrhunderts ihr Reich in Italien erlangten, hatten die Westgoten bereits eine lange Wanderschaft hinter sich. Die Hunnen hatten den Donaugoten Athanarichs schwer zugesetzt. Plünderungen und Verwüstungen bahnten dem Hunger den Weg. In dieser verzweifelten Lage überschritten Goten mit kaiserlicher Billigung 376 unter Führung Alavivs und Fritigerns die Donau in das römische Reich hinein, um sich in Thrakien anzusiedeln. Ganz anders als es bei den Römern gemeinhin nach Recht und Brauch üblich war, wurden die aufgenommenen Goten jedoch nicht entwaffnet. Ein Versagen der Provinzverwaltung, das Kaiser Valens teuer zu stehen kommen sollte. Die in der Region stationierte römische Armee verlor nicht nur die Kontrolle über die Menschenmenge, die den Fluß überquerte, sie hatte auch nicht die nötigen militärischen Mittel, um unliebsame Gotenstämme an einem Übersetzen zu hindern und wurde überrannt. Römische wie barbarische Sklaven und auch Goten, die bisher in den Diensten des Imperium Romanum gestanden hatten, schlossen sich Fritigern an. Angesichts dieser Situation blieb Kaiser Valens keine andere Wahl, als den unkontrollierten Westgoten entgegenzutreten. Der Gotenkrieg begann.

DIE SCHLACHT BEI ADRIANOPEL

Mit einem Heer von bis zu 40 000 Kombattanten, der gesamten östlichen Hofarmee, hatte sich Valens in Richtung Thrakien in Bewegung gesetzt. Unterstützung aus dem Westen sollte ihm sein Neffe Gratian († 383) leisten. Dieser wurde aber auf seinem Marsch gleich mehrfach aufgehalten. Valens indes mochte den Angriff trotz der Warnungen eines Boten Gratians nicht länger hinausschieben. Am 9. August 378 brach er von Adrianopel zur Schlacht gegen die Goten auf. Als die römischen Truppen nach schwierigem Marsch die Wagenburg erreichten, hinter der die Goten in Deckung gegangen waren, mußte Valens erkennen, daß er die Zahl seiner Gegner weit unterschätzt hatte. Noch ließ sich die blutige Auseinandersetzung vermeiden, zumal Fritigern Verhandlungen anbot. Während im römischen Lager aber noch über deren Modalitäten verhandelt wurde, schlugen bereits zwei römische Einheiten ohne entsprechenden Befehl auf die Goten los. Was folgte, war für die Römer ein Desaster. Die Mehrzahl der römischen Soldaten fand den Tod, darunter auch Kaiser Valens selbst.

Von besonderer Stärke hatte sich die Reiterei der sogenannten Dreivölkerkonföderation aus Ostrogothen, Alanen und Hunnen erwiesen, die den Römern schwer zusetzte. Waren die Reiter für die Goten Fritigerns Fremde, so legte ihr gewichtiger Beitrag in dieser wie kommenden militärischen Auseinandersetzungen den Grundstein zu einer neuerlichen Ethnogenese. Im Zuge der allmählichen Akkulturation besannen sich die Fritigern-Goten auf die Lebensweise der skythischen Reiternomaden der östlichen Steppen. Doch die Nachwirkung der Schlacht von Adrianopel wirkte noch weiter. Sie trug nach Einschätzung etwa Herwig Wolframs durch den »römischen Solidarisierungseffekt« unter Kaiser Theodosius, der dem katholischen Christentum nach der Schlacht am Frigidus 394 zum Durchbruch verhalf, unter anderem zur »endgültigen Christianisierung und vor allem Katholisierung des Römerreiches« bei.[62] Darüber hinaus bedeutete der gotische Sieg bei Adrianopel eine Wende im Umgang der römischen Politik mit reichsangehörigen Barbaren. »Sie mußten«, um noch einmal Wolfram zu zitieren, »anerkannt und integriert werden, was neue politische, rechtliche und nicht zuletzt wirtschaftliche Maßnahmen erforderte.«

ROMS EINIGUNG MIT DEN WESTGOTEN

Zwei Jahre nach dem Triumph von Adrianopel scherten die Reiter der Dreivölkerkonföderation aus dem Gefolge Fritigerns aus und führten Angriffe auf Pannonien. Kaiser Gratian verstand, daß er dem Ansturm mit militärischen Mitteln nicht Herr werden konnte und siedelte die ethnisch buntgemischten Reiterscharen 380 als Föderaten an der Save an. Die Fremden auf römischem Boden erhielten vertraglich einen besonderen Statuts zugesichert. Im Jahre 382 einigte sich Kaiser Theodosius, der wahrscheinlich schon 380 entsprechende Absprachen mit Gratian getroffen hatte, mit den Goten Fritigerns. Die Besonderheiten an den Gotenverträgen der Jahre 380 und 382 bestehen zum einen darin, daß die Goten auf römischem Reichsboden und nicht etwa außerhalb desselben als Föderaten anerkannt wurden, zum anderen daß sie unweit der beiden Hauptstädte Ravenna und Konstantinopel eigene Reiche mit eigener »Verfassung« bilden durften. Dennoch blieben die Goten trotz ihrer nunmehrigen Reichsangehörigkeit Fremde, denen das Recht auf die Eheschließung mit einer Römerin oder einem Römer verwehrt blieb.

ALARICH UND DER KAMPF UM ROM

Mit der Ansiedlung von Goten auf römischem Reichsboden war an der Donau keineswegs dauerhafter Friede eingekehrt. Im Jahre 391 zogen Goten aus den Gebieten nördlich wie südlich des Stroms unter Führung des wohl im gleichen Jahr zum Heerkönig erhobenen Alarich aus der Sippe der Balthen plündernd bis ins Innere Thrakiens. Der Reichsfeldherr Stilicho, Sohn eines vandalischen Vaters und einer römischen Mutter, besiegte den Haufen Alarichs 392. Der Foederatenvertrag von 382 wurde in der Folge erneuert, aber die Probleme Roms mit Alarich waren damit keinesfalls beendet. Die folgenden rund zwanzig Jahre sind gekennzeichnet durch das konfliktreiche Verhältnis des Goten zu Rom, auch wenn Alarich als erster Germanenkönig bis in das höchste römische Militäramt eines Heermeisters aufrückte.

Im Sommer des Jahres 408 hatte sich der weströmische Kaiser Honorius seines Getreuen Stilicho mittels Hinrichtung entledigt. Stilicho verkörperte in vielerlei Hinsicht das Gegenteil Alarichs. Er war katholisch, um Integration in die römische Gesellschaft bemüht und dem Kaiser augenscheinlich treu ergeben. Gerade seine Hinrichtung konnte deshalb für die Angehörigen gentiler Völkerschaften, die in Italien lebten und wie Stilicho den Weg der Akkulturation zu beschreiten versuchten, nicht ohne Folgen bleiben. Sie setzten ihre Hoffnungen auf Alarich. Dieser zog das erste Mal gen Rom, erwirkte jedoch außer einer großen Geldzahlung und dem Anschluß einer Vielzahl gentiler Sklaven keinen Vertrag mit Honorius. Ein Jahr später erschien Alarich erneut vor den Toren der Ewigen Stadt. Doch auch wenn Alarich beim Senat die Erhebung des Attalus zum Kaiser durchsetzte und der Gote wiederum zum Heermeister ernannt wurde, dauerte dieses Zwischenspiel nicht lange. Als die Verhandlungen mit Honorius durch den plötzlichen Angriff eines gotischen Feindes des Alarich auf dessen Heer und die anschließende Reaktion des Kaisers erneut scheiterten, verlor der Gotenkönig die Geduld. Im August 410 zog er zum dritten Mal nach Rom, fiel mit seinen Kriegern in die Stadt ein und plünderte sie drei Tage lang. Doch die Goten blieben nicht in Rom. Manifestierten sich anhand dieser Vorgänge nur all zu deutlich Ravennas innere Probleme, das zerfallende Reich zusammenzuhalten, war es um die fernen Provinzen nicht besser bestellt. Im Jahre 410 sah sich Honorius genötigt, den Städten Britanniens künftig ihre eigene Verteidigung gegen innere und äußere Feinde zu überantworten.

Die Westgoten zogen südwärts. Hatte Alarich bereits mit der Erhebung des Attalus das Ziel verfolgt, mit Unterstützung der Römer das damals an Getreide reiche Nordafrika zu erobern und dort zu siedeln, war dieser

Plan noch immer nicht aus dem Blick geraten. Allerdings mangelte es an den Fähigkeiten zu dessen Ausführung. Die Goten sahen sich außer Stande, die für eine solche Unternehmung nötige Flotte führen zu können. Vom Süden des italienischen Stiefels ging ihr Weg also wieder zurück in den Norden. In Kampanien schlugen sie ihr Winterlager auf. Dann, nur wenige Monate nach der Plünderung Roms, starb Alarich. Bei Cosenza, so will es die in vielerlei Gestalt bis in die Neuzeit aufgegriffene Überlieferung, wurde der Gotenkönig im zuvor trockengelegten Flußbett des Busento beigesetzt. Mit Alarichs Tod war die westgotische Wanderung jedoch keineswegs vorüber.

ZWISCHEN WORMS, LYON UND TOULOUSE. BURGUNDISCHE UND WESTGOTISCHE REICHSBILDUNGEN

Athaulf, der Schwager Alarichs wurde zum neuen Heerkönig der Westgoten. Bevor sich seine Scharen 412 schließlich dem Süden Galliens zuwandten, versetzten sie Italien in Angst und Schrecken.

Zur gleichen Zeit gelang dem Gallier Jovinus die Usurpation des weströmischen Kaisertums. Er konnte sich bei seinem Vorgehen auf das Bündnis von Rheingermanen, Alanen und Burgundern stützen und zeigte sich seinen Verbündeten gegenüber durchaus dankbar. Die Burgunder unter Führung ihres Königs Gundahar, wohl der legendären Gunther des Nibelungenliedes, konnten mit Billigung des Usurpators 413 ihr erstes Reich am linken Mittelrhein errichten. Worms wurde zum Zentrum dieses kurzlebigen Burgunderreiches. Ihr Expansionsdrang wurde den Burgundern nur rund zwanzig Jahre später zum Verhängnis. Der bereits mehrfach erwähnte Heermeister Aëtius wehrte den burgundischen Vorstoß 435 erfolgreich ab und nur ein Jahr später vernichteten dessen hunnische Kombattanten nahezu das gesamte Volk. Die kleine Zahl von Überlebenden wurden durch Aëtius 443 nahe des Genfer Sees erneut als Föderaten angesiedelt. Hier gelang den Burgundern in der Folgezeit eine neuerliche Reichsbildung, wobei die Hauptstadt nach einigen kriegerischen Auseinandersetzungen späterhin von Genf nach Lyon verlegt wurde. Dieses zweite Burgunderreich an der Rhône existierte zwar nur bis zum Jahr 534, als es von den Franken erobert wurde, doch gab es der Region einen dauerhaften Namen.

Doch zurück zum Schicksal der Westgoten. Nachdem sie weder von der Usurpation des Jovinus profitieren konnten, noch ihre erneuten Verhandlungen mit Ravenna zum Erfolg führten, überzogen die Westgoten den Süden Galliens mit einer Spur der Verwüstung. Erst Valia, der 415 nach der Ermordung Athaulfs zum neuen König gewählt worden war, gelang eine Annäherung an Westrom. Schon 416 hatte Valia einen Foedus erreicht, der ihm zunächst ausreichend Getreide für seine Unterstützung im Kampf gegen Vandalen und Alanen auf der Iberischen Halbinsel versprach. Die Früchte der Annäherung konnte Valia schon nicht mehr selbst einbringen. Im Jahre 418 wurde den Westgoten auf Betreiben des Reichsfeldherrn und Patricius, des späteren Kaisers Constantius III. († 421), die Ansiedlung als Föderaten im Südwesten Galliens gewährt. Die lange Wanderschaft hatte vorerst ihr Ende gefunden. Toulouse wurde zur Hauptstadt des Westgotenreiches. Doch wie das burgundische, sollte auch das erste westgotische Reich dem fränkischen Expansionsdrang zum Opfer fallen. Im Jahr 507 verlor der westgotische König Alarich II. Schlacht und Leben gegen die Franken und der Schwerpunkt des westgotischen Reiches verlagerte sich hinter die schützenden Pyrenäen auf die Iberische Halbinsel.

IM SPIEGEL DES RECHTS

Beredtes Zeugnis der inneren Entfaltung des Westgotenreiches ist der sogenannte *Codex Euricianus*, das älteste der überlieferten Germanenrechte. Er entstand – wohl in Erweiterung früherer erb- und vermögensrechtlicher Bestimmungen – unter der Herrschaftszeit König Eurichs (466–484) oder seines Sohnes Alarich II. (484–507) und sollte im späteren 7. Jahrhundert zur *Lex Visigothorum* überarbeitet werden. Wie die übrigen *leges* des frühen Mittelalters, die nach den Reichsbildungen der Völkerschaften aufgezeichnet wurden – so um 510 die *Lex Salica* der Franken mit ihren späteren Überarbeitungen, um 500 die *Lex Gundobada* der Burgunder oder die erst im späten 8. Jahrhundert unter fränkischem Einfluß entstandenen Rechtssätze der Sachsen – gewähren diese Schriftzeugnisse wertvolle Informationen zu einem breiten Themenkreis. So wird etwa, um hier nur ein Beispiel zu nennen, der Diebstahl von Vieh oder Feldfrüchten sehr detailliert thematisiert. Immerhin galt dem Schutz potentieller Nahrungsmittel in einer Zeit häufig auftretender Hungersnöte höchste Aufmerksamkeit.[63] Entsprechend pragmatisch orientieren sich die Bußsätze für den Diebstahl von Schweinen. Dem Fleisch der Tiere maß man dabei höheren Wert bei als dem der Feldfrüchte.[64] Gemäß der *Lex Salica* beispielsweise sollte der Diebstahl eines Mutterschweins mit Ferkeln mit einer Buße von 700 Pfennigen geahndet werden, der eines zweijährigen Schweins mit 600 Pfennigen und der eines einjährigen Ferkels mit 120 Pfennigen. Verursachte der Diebstahl mehrerer Tiere die Zerstörung einer Herde und mithin möglicherweise der Überlebensgrundlage des Viehhalters, fielen die Strafen empfindlich höher aus.

Schon während der Wanderschaft der Völker spielte die Nahrungsmittelversorgung eine kaum zu unterschätzende Rolle. Nicht umsonst richtete sich der Blick der Westgoten und später der Vandalen auf Afrika, die Kornkammer des Imperium Romanum. Getreidezusicherungen waren etwa auch im Foederatenvertrag Valias von entscheidender Bedeutung. Nicht zuletzt in den Werken frühmittelalterlicher Geschichtsschreiber ist des öfteren von Hunger die Rede. Den Ausführungen Isidors von Sevilla zufolge wurde die Zahl der auf den Katalaunischen Feldern geschlagenen Hunnen bei ihrem Rückzug vor allem durch den Hunger weiter dezimiert. Bei Hungersnöten, so Isidor, schreckten die hunnischen Reiter allerdings nicht davor zurück, ihren Pferden die Adern zu öffnen und das Blut zu trinken.[65]

Doch nicht nur Viehhaltung und Ackerbau werden in den *leges* behandelt. Hinweise ergeben sich ebenso auf die Sozialstruktur wie auf die Rechtsorganisation oder ethnisches Selbstverständnis. So trifft das westgotische Recht eine deutliche Unterscheidung zwischen Germanen und Romanen. Darüber hinaus läßt sich im Spiegel der Texte die Entwicklung der frühmittelalterlichen Rechtssprache nachzeichnen. Dennoch gilt es beim Umgang mit den *leges* stets zu beachten, daß diese lediglich Einblicke in die Rechtsnorm und die darin behandelten Gegenstände, nicht aber in die alltägliche Rechtspraxis zu liefern vermögen.

DER LANGE ZUG DER VANDALEN

Kurz vor dem Jahr 400 schlossen sich in Schlesien siedelnde sogenannte silinigische Vandalen mit hasdingischen Vandalen aus dem Theiß-Gebiet, Sueben und Alanen zur Wanderung gen Westen zusammen. Ende 406 überquerte der vandalisch-alanisch-suebische Verband den Rhein. Das römische Reich wehrten gerade einen Einfall gotischer Gruppen nach Italien mit allen verfügbaren Kräften ab, so daß der vandalische Vorstoß nur auf geringen Widerstand traf. Zweieinhalb Jahre später, 409, nachdem sie Gallien verheert hatten, zogen die Vandalen. Alanen und Sueben nach Spanien. Isidor von Sevillas Bericht zufolge, der allerdings mit einigem zeitlichen Abstand zum Geschehen entstand, durchquerten die Eindringlinge mordend und plündernd das Land.[66] Städte gingen in Flammen auf. Die Nahrungsvorräte wurden geraubt. In Isidors Beschreibung wird erneut die Bedeutung der

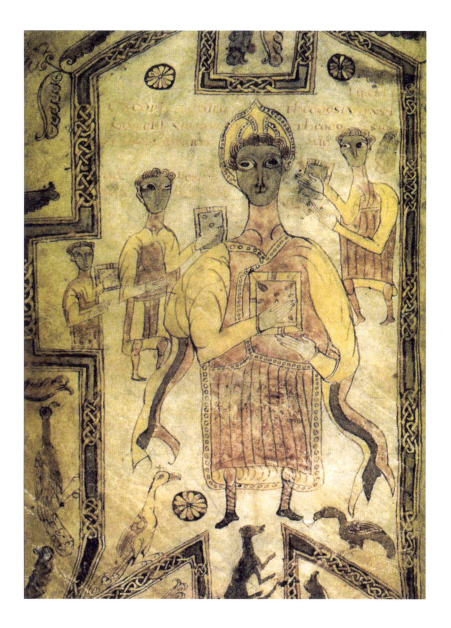

AUSSCHNITT AUS EINEM
FRÜHMITTELALTERLICHEN
GESETZESTEXT.

Nahrungsversorgung einer großen Menschenmenge auf dem Wander- oder besser gesagt Kriegszug deutlich. Die Folge des Nahrungsraubes war eine Hungersnot unter der ansässigen Bevölkerung, deren Ausmaß der Geschichtsschreiber mit dramatischen Schilderungen zu unterstreichen sucht. Die Hungernden, so Isidor, hätten selbst vor dem Genuß von Menschenfleisch nicht zurückgeschreckt. Mütter hätten gar ihre eigenen Kinder verzehrt. Wilde Tiere, die sich sonst mit dem Fleisch der durch Schwert, Hunger und Seuchen Umgekommenen begnügt hätten, hätten nun sogar die Lebenden angegriffen. Mit dem Wüten der vier Plagen in ganz Spanien habe sich die Weissagung göttlichen Zornes erfüllt, wie es die Propheten verkündet hätten, schließt Isidor seinen einseitigen Bericht. Vor dem Hintergrund des vor allem heilsgeschichtlich ausgerichteten Konzepts zeitgenössischer Geschichtsschreibung zeichnete er das Eindringen der arianischen Vandalen und ihrer barbarischen Mitstreiter ohne jeden Zweifel ganz bewußt als apokalyptisches Geschehen nach. So heißt es in der Offenbarung des Johannes über die vier Reiter der Apokalypse: »Es wurde ihnen Macht gegeben über den vierten Teil der Erde, zu töten durch Schwert, Hunger und Pest und durch die wilden Tiere der Erde.«[67]

Ungeachtet solcher Überzeichnungen in Isidors Bericht, plagten die Vandalen, Sueben und Alanen die einheimische Bevölkerung fraglos. Immerhin war Spanien bis zum Auftauchen der Eindringlinge lange nicht mehr in größere Kriege mit äußeren Feinden verwickelt gewesen. Als die Eindringlinge auch noch versuchten, einen Vertrag mit Westrom zu erwirken, der die Okkupation legitimieren sollte, kam es statt dessen zum Krieg. Nach den Vandalen und ihren Verbündeten waren 415 auch noch die Westgoten unter Führung Athaulfs nach Katalonien vorgedrungen. Als Athaulf ermordet worden war, setzte sich Ravenna jedoch mit seinem Nachfolger Valia ins Benehmen. Dieser zog nun wie bereits erwähnt als römischer Foederat gegen Vandalen, Sueben und Alanen zu Felde. Aus Spanien zu vertreiben vermochten die Westgoten die Eindringlinge jedoch nicht, auch wenn silinigische Vandalen wie Alanen in den Schlachten ihre Könige verloren und sich dem hasdingischen Vandalenkönig unterstellten. Im Jahre 422 eroberten Vandalen und Alanen Südspanien mit seinen Küstenstädten. Doch die auf Seiten Ravennas stehenden Westgoten stellten für die Eroberer nach wie vor eine große Bedrohung in ihrer Nachbarschaft dar. Der Ausweg hieß Afrika. Im Jahre 429 machte sich König Geiserich daran, sein Volk über das Mittelmeer zu führen.

ZUR STADT DES HEILIGEN AUGUSTINUS – DIE VANDALEN VOR HIPPO REGIUS   Nach langem Marsch durch die Wüste erschienen die Vandalen im Juni 430 vor Hippo Regius im heutigen Algerien. Dort wirkte seit dem Jahre 395 der heilige Augustinus als Bischof. Er sollte mit seinen Werken die westlich abendländische Theologie prägen und das mittelalterliche Christentum nachhaltig beeinflussen.

Augustinus, der 354 als Sohn eines heidnischen Vaters und einer christlichen Mutter in Tagaste geboren wurde, fand erst spät den Weg zum Christentum. Als er nach umfangreichem Studium schließlich nach Mailand gelangte, der Wirkungsstätte des Bischofs Ambrosius, bekehrte er sich unter dessen Einfluß 386 zum Christentum. Im Jahre 387 folgte die Taufe, 391 die Priesterweihe und 395 schließlich die Weihe zum Bischof von Hippo Regius. Aus seinem umfangreichen theologischen Wirken, das im Mittelalter eine breite Rezeption erfuhr, muß zunächst sein großes Werk *De civitate Dei* genannt werden, das zwischen 413 und 426 unter dem Eindruck der Eroberung Roms durch die Goten Alarichs entstand. Darin wird der Staat Gottes, die *Civitas Dei*, dem Staat des Teufels, der *Civitas Diaboli*, gegenübergestellt. Gehören dem Gottesstaat all diejenigen an, die die Gottesliebe der Selbstliebe vorziehen, so wird die *Civitas Diaboli* von den Herrschsüchtigen gebildet. Ein geschichtstheologisches Konzept, dessen Bilder im Mittelalter immer wieder herangezogen werden sollten.

Daneben steht jener berühmte Brief 211, mit dem der Bischof von Hippo Regius seine Auffassung vom Mönchtum darlegte und der von ihm gegründeten Gemeinschaft eine Regel gab. Diese Augustinus-Regel bildete im Mittelalter die normative Grundlage monastischer Gemeinschaften, so der Chorherren. Darüber hinaus wirkte auch die Gnadenlehre des Augustinus in der abendländischen Theologie nach. Drei Monate, nachdem die Vandalen mit der Belagerung seiner Bischofsstadt begonnen hatten, am 28. August 430, starb Augustinus.

Fast ein ganzes Jahr erwehrten sich die Eingeschlossenen noch ihren Belagerern und flohen schließlich aus der Stadt, nachdem Geiserichs Horden vorübergehend abgezogen waren. Der Vandalenkönig ließ sich in Hippo Regius nieder und einigte sich 435 in einem Foederatenvertrag vorerst mit Ravenna über die Niederlassung seines Volkes im Eroberungsgebiet, wohl drei kleineren Provinzen. Doch Geiserichs Blicke blieben weiterhin auf die afrikanische Hauptstadt Karthago gerichtet. So währte der Friede zwischen Ravenna und den Vandalen nicht lange. Im Jahre 439 gelang dem Vandalenkönig die Eroberung Karthagos. Kaiser Valentinian III. und Geiserich schlossen 442 einen Vertrag, der den Frieden besiegeln sollte und der die Teilung Afrikas vorsah. Die Ambitionen der Vandalen vermochte auch diese Übereinkunft nicht dauerhaft zu bremsen. Nachdem Valentinian III. 455 einem Mordanschlag zum Opfer gefallen war, rüsteten die Vandalen ihre Flotte, setzten über das Mittelmeer und erreichten am 2. Juni 455 Rom. Erneut wurde die Stadt am Tiber umfassend geplündert. Immerhin konnte Papst Leo I. die arianischen Vandalen davon abhalten, die Stadtbevölkerung abzuschlachten. Im Jahre 474 schließlich schloß Geiserich mit dem oströmischen Kaiser Zenon († 491) ein »Ewiges Bündnis«. Und auch mit dem Weströmischen Reich wußte sich der Vandalenkönig 476, ein Jahr vor seinem Tod, vertraglich zu arrangieren.

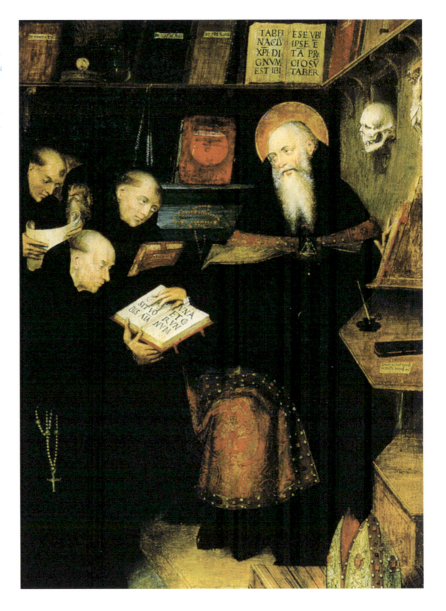

SPÄTE DARSTELLUNG DES AUGUSTINUS, DES BISCHOFS VON HIPPO REGIUS. AUGUSTINUS ÜBERGIBT DEN MÖNCHEN MIT DEM BERÜHMTEN BRIEF 211 SCHRIFTLICHE ANWEISUNGEN, UM IHR ZUSAMMENLEBEN ZU REGELN (AUGUSTINUSREGEL).

Geiserich hatte die Reichsbildung der Vandalen in Afrika zum Erfolg geführt und hinterließ bei seinem Ableben einen nach Außen starken, nicht zuletzt durch sein Getreide ökonomisch mächtigen Staat.

DIE ANFÄNGE DES FRANKENREICHES

Viel stärker als andere Völkerschaften waren die Franken – nicht zuletzt durch intensive Rekrutierungen zum Militärdienst und die unmittelbare Nähe ihres Siedlungsgebiets zur römischen Grenze, die immer mehr Austauschzone denn Schutzwall war – seit dem späten 3. Jahrhundert romanisiert und teilweise sogar in das Imperium integriert worden. So konnten fränkische Kleinkönige, in den Quellen *duces* oder *reguli* genannt, außer in Kriegszügen auch im römischen Heerdienst ihre eigene Herrschaft ausbauen. Könige der Gruppe der sogenannten »Rheinfranken« erlangten so die Herrschaft über römische Städte wie Köln oder Trier und deren zugehöriges Umland, *civitas* genannt. Die Gruppe der salischen Franken konnte nach ihrer Ansiedlung als römische Föderaten im Jahre 358 in Toxandrien, zwischen Maas und Schelde gelegen, im Laufe der Zeit ihr Herrschaftsgebiet über weitere römische Gebiete Nordfrankreichs ausdehnen.[68]

Die ambivalente Situation fränkischer Gruppen zeigte sich besonders deutlich in der Schlacht gegen die Hunnen auf den Katalaunischen Feldern 451.[69] Einige Franken kämpften auf der Seite Attilas, andere auf der Seite des Aëtius. Doch letztendlich sollten die Franken an der Seite Roms die historisch wirksamer Rolle spielen. Aus den romfreundlichen Salfranken erwuchs das Königsgeschlecht, welches die vielen fränkischen Gruppen zu einem Großreich einen sollte und somit letztendlich die Grundlegung Europas schuf, die Merowinger.

Ihr erster historisch gut fassbarer Vertreter war ein Kleinkönig in römischen Diensten namens Childerich († 482). Er kämpfte gemeinsam mit dem römischen Heerführer Aegidius zunächst 463 bei Orléans und dann 469 mit dem römischen Befehlshaber Paulus bei Angers gegen die von Rom abgefallenen Westgoten. Childerich wußte sich mit den Machthabern in seiner Umgebung zu arrangieren. Er unterhielt gute Beziehungen zu Aegidius und dessen Sohn Syagrius, den letzten Vertretern des römischen Reiches in Gallien. Obwohl selber kein Christ, pflegte Childerich auch zu den galloromischen Bischöfen gute Kontakte. Denn diese hatten auch wichtige politische Funktionen in ihren Bistümern. Als Childerich 482 starb, hinterließ er seinem Sohn Chlodwig ein politisch klug bestelltes Feld. Childerichs reichausgestattetes Grab, das 1653 in Tournai entdeckt wurde, zeugt von der Kunstfertigkeit zeitgenössischer Goldschmiede, von einem regen Austausch von Waren zwischen Ost und West und vom Wohlstand Childerichs. Auch lässt sich seine Stellung in einer heidnisch-christlichen sowie römisch-barbarischen Mischkultur deutlich erkennen. Ein Siegelring mit der Inschrift *Childirici regis*, der sich unter den Grabbeigaben befand, bezeichnet seinen einstigen Träger als König. Gut zu erkennen ist auf dem Siegelring auch das besondere äußere Kennzeichen der salischen Könige, ihre Haartracht. Wohl nicht nur die merowingischen Könige ließen ihr Haar lang wachsen, doch wurde dies ihr energisch verteidigtes Privileg. Später sollte deshalb stets von den langhaarigen Königen, den *reges criniti*, die Rede sein. Wer einen Rivalen um die Königsmacht ausschalten wollte, ließ diesen, so er nicht direkt ermordet wurde, kahl scheren, womit er sein Königsheil verlieren sollte.

CHLODWIG – EIN GETAUFTER HERRSCHER

Als neuer Kleinkönig in Tournai setzte Chlodwig († 511) die Politik seines Vaters zunächst fort. Die Verwaltung der gesamten römischen Provinz Belgica Secunda allerdings, die ihm durch die Nachfolge ebenfalls oblag, stieß angesichts der politischen Verhältnisse im Süden der Provinz in den Möglichkeiten ihrer realen Umsetzung an Grenzen. Der Herrschaftsbereich des »letzten Römers« in Gallien, Syagrius in Soissons umfaßte neben der Provinz Lyon wohl auch Teile der Belgica Secunda. Das mit dem Tod des westgotischen Königs Eurich 484 entstandene Machtvakuum und »die Neigung militärischer Führer, ihre Herrschaft auszudehnen« boten Chlodwig und den verbündeten fränkischen Fürsten die nötige Grundlage, gegen Syagrius ins Feld zu ziehen.[70] Syagrius wurde 486 bei Soissons vernichtend geschlagen. Die Westgoten, zu denen er sich geflüchtet hatte, lieferten ihn an Chlodwig aus. Der Franke ließ den Ausgelieferten heimlich ermorden und übernahm dessen Gebiete sowie dessen Verwaltungspersonal. Der Sieg des fränkischen Königs über den römischen Heermeister hatte auch kulturelle Folgen, es dominierte nun in dem beherrschten Gebiet die fränkische Oberschicht. Aus einem römischen Militärsprengel wurde die Francia, das Kernland des Frankenreiches. Mit seinem Sieg über Syagrius erlangte Chlodwig wohl auch die unumstrittene Herrschaft über die Salfranken.

In den folgenden Jahren baute er seine Macht zielstrebig nach außen wie innen aus. Nicht nur benachbarte Völkerschaften wurden bekriegt, auch die eigenen Verwandten wurden bekämpft und brutal ausgeschaltet. So berichtet der Geschichtsschreiber Gregor von Tours, Chlodwig habe einst den Tod seiner Verwandten öffentlich beklagt, doch sei dies scheinheilig geschehen. Chlodwig wollte so herausfinden, ob er nicht jemanden übersehen hätte, der ihm noch gefährlich werden könnte.[71]

Gregors Schilderungen der Feldzüge Chlodwigs stehen diesen Ausführungen in nichts nach. Der Frankenkönig ging mit gnadenloser Härte gegen andere Reiche vor. Als den Westgoten ihre Hauptverbündeten, die Ostgoten, nicht helfen konnten, griff Chlodwig diese trotz eines bestehenden Bündnisses an. Die Westgoten verloren Schlacht wie König und damit große Teile ihrer Herrschaftsgebiete in Gallien. Die burgundischen Verbündeten Chlodwigs bewahrte wohl nur der Zufall vor einem ähnlichen Schicksal, zumindest zunächst. Ihr Reich wurde erst unter Chlodwigs Söhnen dem fränkischen Großreich einverleibt. Erlangte Chlodwig durch den Sieg über die Westgoten eine bedeutende Ausweitung seines Herrschaftsbereiches, so sollten die Kämpfe mit den weiterhin unter mehreren Kleinkönigen organisierten Alamannen in ganz anderer Hinsicht gravierende Folgen haben. Wohl 497 konnte Chlodwig ein alamannisches Heer in einer Schlacht bei Tolbiacum, dem heutigen Zülpich, schlagen. Wird diese Schlacht vielleicht zu unrecht als »Entscheidungsschlacht« zwischen Franken und Alamannen gesehen, so hatte sie zumindest für den knapp hundert Jahre später schreibenden Gregor von Tours einen Entscheidungscharakter. Als die Schlacht verloren zu gehen drohte, soll Chlodwig den christlichen Gott angerufen und gelobt haben, bei einem Sieg den christlichen Glauben anzunehmen. Wohl im Jahre 498 ließ sich der seit langem in dieser Entscheidung zierende Chlodwig durch den Bischof Remigius von Reims katholisch taufen.

Wenn man den Ausführungen Gregors von Tours Glauben schenken darf, war es Chlodwigs christliche Ehefrau, die Burgunderin Chrodechilde, deren Einfluß ihren Gatten schließlich zur Konversion führte.[72] Gregor zufolge hatte sie schon lange versucht, den Frankenkönig zum »wahren« Glauben zu bringen. Ihr soll Chlodwig nach der Schlacht als einzige von seinem Gelübde erzählt haben. Daraufhin wandte sich Chrodechilde an den Bischof Remigius von Reims, ihrem langjährigen Beichtvater. Die Beschreibung der Chrodechilde steht aber nicht allein. In frühmittelalterlichen Texten werden sehr häufig die bereits christlichen Königinnen als Missionarinnen für ihre noch heidnischen Gatten geschildert.

Als Chlodwig nun zu einer ersten Unterredung mit Remigius zur Taufvorbereitung zusammentraf, äußerte der König Bedenken, sein Volk könne die Abwendung von den alten Göttern nicht dulden. Doch wie er vor sein Volk – gemeint sind hiermit die waffenfähigen Männer als Träger der Reichsgewalt – trat, zeigten sich diese Gregor zufolge sofort bereit, »dem unsterblichen Gott« ebenfalls zu folgen. Tausende Franken ließen sich wie ihr König taufen.

Die Taufe Chlodwigs war ohne Frage mehr als ein persönliche Entscheidung. Sie hatte vor allem eine nicht zu unterschätzende politische Dimension – vor allem im Hinblick auf die arianischen Nachbarn – und eine Signalwirkung für das gesamte fränkische Volk. Die frühmittelalterlichen Könige hatten weiterhin auch religiöse Bedeutung für ihr Volk.

EINE MINIATUR ZEIGT DIE
TAUFE CHLODWIGS. DER
HEILIGE GEIST IN GESTALT
DER TAUBE BRINGT DAS
HIMMLISCHE SALBÖL.

Sie kümmerten sich nun um die richtige christliche Lebensweise und den allgemeinen Zustand der Kirche.[73]

Ausführlich beschreibt Gregor in seinen tendenziösen Ausführungen die besondere Atmosphäre am Tag von Chlodwigs Taufe. Mit bunten Decken seien die Straßen behängt, mit weißen Vorhängen die Kirchen geschmückt worden. Der Taufstein sei in Ordnung gebracht worden. Kerzen hätten ihren hellen und duftenden Schimmer verbreitet, so daß ein »himmlischer Wohlgeruch« den ganzen Kirchenraum erfüllt habe. In der Taufe selber setzt Gregor den Täufling Chlodwig mit Kaiser Konstantin gleich, der sich mit dem geheiligten Wasser vom alten Aussatz befreit habe. Eine gleichsam programmatische Parallele, die sich schon in der Beschreibung der Bekehrung Chlodwigs zeigt. Auch aus diesem Grund ist die Taufe Chlodwigs seit langem Gegenstand einer bisweilen national gefärbten historischen Forschungsdiskussion, die hier nicht widergegeben werden kann.[74]

KULTUREN IM ÜBERGANG.
EINBLICKE IN DAS 6. JAHRHUNDERT

um 500	Abfassung der Lex Gundobada, Sammlung der burgundischen Volksrechte
507	Sieg des Frankenkönigs Chlodwig über die Westgoten in der Schlacht bei Vouillé Fränkische Eroberung der westgotischen Herrschaftsgebiete in Gallien Beginn des fränkischen Großreiches in Gallien
517/18	Abfassung der Lex Burgundionum Sammlung der Gesetze für die romanische Bevölkerung im Burgunderreich
526	Tod des ostgotischen Königs Theoderich des Großen Beerdigung im Mausoleum bei seiner Hauptstadt Ravenna, das bis heute die in seinem Reich versuchte Synthese zwischen »Römern« und »Goten« symbolisiert
ca. 529	Gründung des Klosters Monte Cassino in Süditalien durch den heiligverehrten Benedikt von Nursia, dem letztendlich ideellen Begründer des westlichen Mönchtums (»Benediktiner«) Rückeroberung Nordafrikas und Zerschlagung des Vandalenreiches durch den oströmischen Feldherrn Belisar
534	Eroberung des Burgunderreiches durch die Franken
535–555	Zerschlagung des ostgotischen Reiches in Italien durch die oströmischen Feldherren Belisar und Narses
541	Beginn und Ausbreitung der Justinianischen Pest im Mittelmeerraum
568	Einfall der Langobarden in Italien Gründung eines langobardischen Reiches unter König Alboin Teilung Italiens in byzantinisch und langobardisch dominierte Gebiete
590	Gregor I., der Große wird Papst Grundlegende Reformen der römischen Kirche Beginn der Anbindung der gentilen Reichskirchen an den römischen Primat
um 590	Gründung des Vogesenklosters Luxeuil durch den irischen Missionar Columban den Jüngeren. Luxeuil wurde zu einem wichtigen kulturellen Zentrum des Frankenreiches
596	Beginn der Missionierung der Angelsachsen in Britannien durch Augustinus, der im Auftrag Papst Gregors I. handelt Entstehung der ersten romorientierten »Landeskirche«

Während im 6. Jahrhundert die Völkerwanderung mit der Niederlassung der Langobarden in Italien 568 zu ihrem Ende kam und sich das Frankenreich unter den Merowingern weiter entfaltete, gingen andere Reiche im 6. Jahrhundert bereits wieder unter. Das nordafrikanische Vandalenreich wurde 533/534 durch den oströmischen Feldherrn Belisar erobert. Nordafrika wurde dadurch kurzzeitig wieder Teil des oströmischen Reiches, bis die Araber im späten 7. Jahrhundert dieses Gebiet eroberten. Das italienische Ostgotenreich überdauerte den Tod Theoderichs des Großen kaum dreißig Jahre. Die innergotischen Kämpfe um seine Nachfolge gaben dem oströmischen Kaiser Justinian I. († 565) die Gelegenheit, auch Italien wieder direkt der kaiserlichen Herrschaft zu unterstellen. Nach langjährigen, für beide Seiten sehr verlustreichen Kämpfen, kapitulierten 555 die letzten Goten in Italien.

Die Franken eroberten im Rahmen ihrer Expansionspolitik im Jahre 534 das Burgunderreich an der Rhône. Das ehemals von den Burgundern beherrschte Gebiet wurde zu einem der Kerngebiete des fränkischen Großreiches und vor allem zum Ort des Kulturtransfers zwischen Francia und Romania. Bereits im Jahre 507 hatte Chlodwig mit seinem Sieg über die Westgoten bei Vouillé seinen härtesten Konkurrenten um die Oberherrschaft in Gallien aus dem Weg geräumt. Das Westgotenreich von Toulouse zerfiel, aber das Reich der Westgoten lebte in Spanien mit der neuen Hauptstadt Toledo fort. Geschwächt durch die vielen inneren Konflikte ging das Westgotenreich von Toledo erst zu Beginn des 8. Jahrhunderts unter. Trotz häufiger innerer Wirren, erlangte es eine ungewöhnliche Blüte spätantik – frühmittelalterlicher Kultur. Als deren wichtigster Vertreter wirkte der Bischof Isidor von Sevilla († 636). Neben zahlreichen anderen Schriften schuf er mit seinen *Etymologiae* eine Enzyklopädie, die lange Zeit ein wichtiges Standardwerk mittelalterlicher Bildung bleiben sollte.

VORANSCHREITEN DER CHRISTIANISIERUNG

Die entstehende europäische Kultur erhielt in dieser politisch ereignisreichen Zeit zahlreiche grundlegende Impulse. Die neuen Reiche wurden endgültig christianisiert und erhielten an die Königsherrschaft angebundene Kirchenstrukturen. Der fränkische König Chlodwig festigte seine Herrschaft auch durch die enge Einbindung der katholischen Kirche, vor allem in Person der Bischöfe, in seinen Herrschaftsapparat. Dies wurde durch das erste fränkische Reichskonzil unter seinem Vorsitz in Orléans im Jahre 511 deutlich demonstriert. In Spanien vollzog sich der Übertritt der arianischen Westgoten zum katholischen Glauben. Auf dem 3. Konzil von Toledo im Jahre 589 wurden die Grundlagen zum Aufbau einer einheitlichen katholischen Reichskirche geschaffen. Damit war ein grundsätzliches Problem dieses Reiches, die permanente Konflikte hervorrufende Spaltung in arianische Westgoten und katholische Romanen endlich behoben. Zum Ende des 6. Jahrhunderts wurden dann auch die Mission der bis dato weitgehend heidnischen Stämme der Angelsachsen in Britannien zielstrebig betrieben.

Daneben entstanden neue religiös – kulturelle Zentren in Form von Klöster, wie etwa dem von Benedikt von Nursia gegründeten auf dem Monte Cassino in Süditalien oder dem von Columban dem Jüngeren († 615) im Frankenreich gegründeten Vogesenkloster Luxeuil. Mit dem Mönch Dionysius Exiguus († 545/550), der das Geburtsdatum Christi auf den 25. Dezember im Jahre 753 nach der Gründung Roms festsetzte, begann im 6. Jahrhundert auch die Zeitrechnung nach Christi Geburt.[75] Allerdings sollte es bis zum 9. Jahrhundert dauern, bis sich die Zählung *Anno Domini* allmählich durchsetzte.

Doch erfuhren die Zeitgenossen des 6. Jahrhunderts mit der sogenannten Justinianischen Pest auch zum ersten Mal die Wirkungen einer großflächig auftretenden Seuche.

DAS FRANKENREICH DER MEROWINGER

Als Chlodwig am 27. November des Jahres 511 starb, hatte er das Frankenreich durch seine militärischen Erfolge gegen andere Völkerschaften wie auch sein rücksichtsloses Vorgehen gegen fränkische Kleinkönige und Verwandte erheblich vergrößert und gefestigt. Nicht zuletzt seine Taufe, die nunmehr ein Zusammenwirken von Kirche und weltlicher Macht im Frankenreich ermöglichte und zugleich das Zusammenleben von Germanen und Romanen erleichterte, stabilisierte seine Herrschaft maßgeblich. Chlodwig war nun unumstrittener fränkischer König und beherrschte einen Raum vom Rhein bis zu den Pyrenäen und vom Atlantik bis zur Provence. Dies wurde auch vom oströmischen Kaiser Anastasius († 518) anerkannt. Er sandte Chlodwig nach dessen

Sieg über die Westgoten kaiserliche Würdezeichen zu. Damit wurde Chlodwig geehrt wie verpflichtet. Der Kaiser erhoffte nicht zuletzt einen starken Verbündeten gegen den Ostgotenherrscher Theoderich zu gewinnen, den Konkurrenten Chlodwigs um die Vormachtstellung im Westen. Zur Absicherung seiner Herrschaft sorgte sich Chlodwig auch um die Organisation der inneren Reichsstrukturen. Der fränkische König übernahm zu diesem Zweck römische Herrschaftsformen ebenso wie Verwaltungs- und Kirchenstrukturen und griff weiterhin auf die romanische Senatsaristokratie zurück, was maßgeblich zur »Romanisierung wie auch einer Weiterentwicklung« wirkte und sich unter anderem auf das Kanzlei-, Urkunden- und Münzwesen niederschlug.[76] Zugleich erfolgte wohl noch unter Chlodwigs Herrschaft – wie in anderen Reichen – eine Aufzeichnung des fränkischen Rechts, dem sogenannten *Pactus legis Salicae*. In der Folgezeit wurde dieses zunächst 65 Titel umfassende Rechtszeugnis erweitert.

Chlodwigs Selbstverständnis als fränkischer König in Gallien spiegelt seine Grablege sehr deutlich wieder. Entgegen seinem noch heidnisch begrabenen Vater Childerich I., wurde Chlodwig 511 in der Apostelkirche in Paris neben der heiligen Genovefa († 502), nach der die Kirche später benannt wurde, beigesetzt. In einer den Aposteln geweihten Kirche wurden auch die oströmischen Kaiser in Konstantinopel begraben. Die gentilen Herrscher des Frühmittelalters hatten begonnen, Rom auf allen Gebieten zu beerben.

Nach dem Tod Chlodwigs wurde das Frankenreich unter dessen Söhnen, wohl gemäß fränkischem Erbrecht, aufgeteilt. Das Teilungsprinzip wurde im folgenden beibehalten, was zahlreiche Kriege unter den jeweiligen Söhnen bedingte und das Frankenreich zeitweilig in schwere Krisen stürzte. Dies führte letztendlich zu einer Dreiteilung des Frankenreichs in die Herrschaftsbereiche Austrasien, Neustrien und Burgund, welche auf Grund ihres unterschiedlichen Romanisierungsgrades auch unterschiedliche Kulturräume mit eigenen Identitäten wurden.[77] Die Idee von der Einheit des fränkischen Reiches wurde trotzdem nie aufgegeben. Alle gleichzeitig herrschenden Merowinger sahen sich als Könige des Frankenreiches und wehrten Angriffe von außen meistens gemeinsam ab. »Tatsächlich«, so betont Hans Werner-Goetz in seinem jüngst erschienen Übersichtswerk zur frühmittelalterlichen Geschichte Europas, »gab es im Laufe der Zeit sehr verschiedenartige Teilungen aus unterschiedlichen Ansprüchen und Machtverhältnissen, so daß man nur bedingt von einem Teilungsprinzip, wohl aber von einer Teilungspraxis sprechen kann.«[78]

ABSCHNITT AUS DEM FRÄNKISCHEN RECHT, DEM SOGENANNTEN PACTUS LEGIS SALICAE.

Neben den politischen Ereignissen im Frankenreich bietet das große, kirchenhistorische wie religiöse Texte umfassende Œuvre des Bischofs Gregors von Tours zahlreiche Informationen über die Lebenswelt im merowingischen Frankenreich des 6. Jahrhunderts.

Essen und Trinken

So beschreibt der Bischof etwa die barbarische Sitte, vor dem Mahl gewissermaßen einen Aperitif in Form von *absinthum*, gemischt mit Wein und Honig, zu sich zu nehmen.[79] Gemeint ist damit aber nicht der 1915 in Frankreich und 1923 in Deutschland wegen seiner toxischen Wirkung verbotene Absinth. Das Destillat aus der Wurmholzwurzel wurde erst zu

Beginn des 19. Jahrhunderts von Schweizern entdeckt. Zudem kam die Technik des Destillierens erst im 13. Jahrhundert aus der islamischen Welt nach Europa. Gregors *absinthum* bezeichnet wahrscheinlich *absinthii herba,* das sogenannte Wermutkraut.[80] Zu seinen Hauptinhaltsstoffen zählen neben ätherischen Ölen vor allem Bitterstoffe wie das namengebende Absinthin. Das Wermutkraut steigert die Speichel- und Magensekretion. Therapeutisch wird es heute bei der Behandlung von Appetitlosigkeit oder Störungen im Funktionsablauf der Gallenwege angewendet. In der mittelalterlichen Medizin fand das Wermutkraut als Arzneipflanze vielseitige Verwendung zur Föderung der Verdauung, gegen Gelbsucht sowie gegen giftige Pilze und Tiere. Darüber hinaus wurde es auch als Mittel zur Abtreibung *(Abortivum)* benutzt und galt als wirksam zur Vertreibung von Hexen. In dem von Gregor geschilderten Fall wirkte der Aperitif tödlich, denn Königin Fredegunde hatte dem Trank ein Gift beigemischt um einen Widersacher zu beseitigen. Daß dies im Kontext eines Mahles geschah, ist bezeichnend. Gastmähler *(convivia)* hatten wichtige soziale Funktionen in den frühmittelalterlichen Gesellschaften. Besonders zur endgültigen Beilegung von Streitigkeiten, aber auch allgemein für gesellschaftlich wichtige Kontakte, waren sie ein beliebter Rahmen.[81] Dies hat sich bis heute in den Formen von Festessen und Staatsbanquetten erhalten. Allein bei den Essensgewohnheiten trifft Gregor deutliche Unterscheidungen zwischen Franken und Galloromanen. Ansonsten differenziert er die handelnden Personen in seinen Berichten überwiegend nach ihren moralisch – christlichen Charakterzügen.

Stadtbrand in Paris

Umfassend berichtet der Chronist auch über Seuchen und Katastrophen, die das Frankenreich heimsuchten und die der Geistliche auf seine Weise als Zeichen innerhalb des göttlichen Heilsplans deutete. Für das Jahre 584 etwa erzählt er von riesigen Heuschreckenschwärmen, die über Teile der Iberischen Halbinsel hergefallen waren.[82] Ein Gesandter König Chilperichs, der aus Spanien heimkehrte, erzählte von den unvorstellbaren Verwüstungen, die die Insekten in einigen Regionen angerichtet hatten. Kein Weinstock, kein Baum, keine Feldfrucht und überhaupt nichts Grünes sei mehr übrig geblieben, das die Heuschrecken in ihrer Unersättlichkeit nicht vertilgt hätten.

An anderer Stelle schildert Gregor einen verheerenden Stadtbrand in Paris im Jahre 583.[83] Seinem Bericht zufolge hatte eine Frau die Bewohner der Stadt nach einem Traum zur Flucht ermahnt. Im Traum hatte sie angeblich gesehen, wie von der Kirche des heiligen Vincentius am Kloster von Saint-Germain-des-Prés ein Mann gekommen sei, der von hellem Licht umgeben war. Er habe eine Wachskerze getragen und die Häuser der Kaufleute eines nach dem anderen in Brand gesteckt. Viele, so betont der Bischof in seinem Bericht, hätten die Warnungen in den Wind geschlagen und die Frau für ein Opfer törichter Traumgesichte oder der heißen Mittagssonne gehalten. Andere führten ihre Weissagung auf eine heidnische Orakelbefragung zurück.

Wenige Tage später erfüllte sich Gregors Ausführungen zufolge die dunkle Prophezeiung tatsächlich. Paris brannte. Nicht Unachtsamkeit scheint indes die Katastrophe herbeigeführt zu haben. Gregor berichtet, bei Dämmerung habe sich ein Mann Licht angezündet, um Öl und anderes aus seinem Speicher zu holen. Dabei vergaß er die Kerze in der Nähe des Ölfasses. Kurz darauf brannte sein Haus, das unweit der besagten Kirche an das südliche Stadttor angrenzte. Das Feuer breitete sich schnell auf die nebenstehenden Gebäude aus. Als die Flammen das Gefängnis erreichten, geschah nach Schilderung Gregors das erste Wunder während dieser Feuersbrunst. Den Gefangenen sei der heilige Germanus, ein ehemaliger Bischof von Paris, erschienen. Der Heilige habe ihre Ketten zerbrochen, die Türen des Kerkers geöffnet und sie unversehrt aus dem flammenden Inferno entkommen lassen. Hier spiegelt sich die zentrale Funktion der Bischöfe als Schutzherren auch in weltlichen Belangen wieder. Die Befreiung von Gefangenen charakterisierte einen guten Bischof. Nach ihrer wunderbaren Rettung suchten die Befreiten Schutz in der Kirche des heiligen Vincentius. Dies ist eine Anspielung auf Institution des Kirchenasyls, vor der sich häufig die weltliche Gerichtsbarkeit in Person des Grafen beugen musste. War das Feuer daher für die Gefangenen ein Glücksfall, so hatte es für die restlichen Einwohner der Stadt katastrophale Folgen. Sämtliche Gebäude auf der größeren Seineinsel, der Ile-de-la-Cité, wurden Gregors Bericht zufolge ein Raub der Flammen. Lediglich alle Kirchen und Kapellen, so beschließt Gregor seine wunderbaren Ausführungen, blieben vom Feuer verschont.

Dieser Bericht des Bischofs von Tours lässt mehrere Grundelemente des frühmittelalterlichen Alltagsleben erkennen. Die Menschen waren stets großer Gefahren durch Unglücksfälle und Naturkatastrophen ausgesetzt. Stadtbrände waren auf Grund der lange dominierenden Holzbauweise wie den kaum gesicherten Feuerstellen in den Häusern eine der gravierendsten Bedrohungen für die mittelalterlichen Menschen.[84]

Die Vermittlung der Heiligen

In all diesen Bedrohungen konnten die weitgehend in religiösen wie übernatürlichen Kategorien denkenden Menschen häufig nur Hilfe durch Wunder erwarten. Wunder waren überraschend und nicht rational erklärbar auftretende Ereignisse, in denen ein Wirken Gottes auf Erden gesehen wurde. In den meisten Fällen wurden Wunder durch die Vermittlung Heiliger gewirkt, welche durch ein sehr fromm geführtes Leben in besonderer Nähe zu Gott gesehen wurden. Ob die heiligen Menschen noch auf Erden lebten oder bereits bei Gott waren, machte für mittelalterliche Menschen keinen Unterschied. Entscheidend war die offensichtliche Wirkmächtigkeit der Heiligen. Die Heiligenverehrung nahm einen breiten Raum mittelalterlichen Lebens ein, was bis heute an der großen Fülle von Kunstwerken, die im Kontext von Heiligenkulten entstanden sind, gut erkennbar ist. Schon früh wurden bestimmte Heilige als Schutzpatrone für besondere Krankheiten oder Unglücksfälle angerufen. Auch Herrscher erwählten sich Heilige als Patrone. So die fränkischen Könige den heiligen Martin von Tours († 394). Zum Festtag der Heiligen, dem jeweiligen Todestag als eigentlichem Geburtstag als Mann oder Frau Gottes, wurde den Heiligen in großen Prozessionen durch die Stadt gehuldigt. In diesen Prozessionen stellten sich aber auch die jeweiligen städtischen Gemeinden dar, indem sie nach Gruppen und Schichten geordnet zogen. So wurde die städtische Gemeinschaft gestärkt wie die Hierarchie in der Stadt verdeutlicht. Vorne ging der Leiter der Gemeinde, in der Regel der Bischof. Dieser war nicht nur geistlicher Hirte, sondern auch weltlicher Schutzpatron seiner Gemeinde, die ja nahezu identisch war mit der Stadtbevölkerung. In ihrer Doppelfunktion gerieten Bischöfe häufig in Konflikt mit den Königen und deren Vertretern, welche ihrerseits beanspruchten, der Stadt vorzustehen. Diese Problematik zeigte sich häufig bei der Leitung von Prozessionen, wenn beide Seiten den Zug anführten oder aber der anderen dies demonstrativ verweigert wurde. Die bischöfliche Schutzmacht kam aber auch Personen und Gruppen zu Gute, die eigentlich außerhalb der christlich-städtischen Gemeinschaft standen, etwa den Juden.

Jüdisches Leben im Werk Gregors von Tours

Auch über jüdisches Leben im Frankenreich des 6. Jahrhundert bietet der christliche Chronist Gregor zahlreiche Informationen. Am häufigsten treten sie bei ihm als Widersacher in theologischen Diskussionen auf, wurden die Juden doch als Leugner des christlichen Messias Jesus, für die Erzgegner des Christentums gehalten. Die häufige polemisch verzerrte Schilderung von Juden im Werk Gregors zeugt aber auch davon, daß Juden ein wichtiges Element in der Gesellschaft für ihn darstellten. So lassen viele beiläufige Erwähnungen von jüdischen Händlern oder Ärzten, nicht selten in unmittelbarer Nähe der fränkischen Könige, die soziale Stellung von Juden als integrierte Mitglieder der frühmittelalterlichen Gesellschaft erkennen. Ganz zu schweigen davon, daß ihre Kernrolle im Werk Gregors als wichtige Diskussionspartner eines Bischofs auf eine hohe Bildung schließen lässt.

Der Versuch einer Abtreibung

Als letztes Beispiel für die reichen Einblicke in die zeitgenössischen Lebensumstände des 6. Jahrhunderts sei eine Schilderung aus der Vita des oben bereits genannten Germanus von Paris des Venantius Fortunatus († 600) angeführt.[85] Der aus Venetien stammende Dichter, der zur Belohnung für seine Tätigkeit am fränkischen Königshof von Sigibert I. († 575) zum Bischof von Poitiers ernannt wurde, erwähnt darin den Versuch einer Abtreibung.[86] Er schildert, daß die Mutter des Bischofs Germanus von Paris, der in der Gegend von Autun geboren worden war, ihr Kind mit Hilfe eines Tranks habe abtreiben wollen. Die Frau war den Worten des Berichtserstatters zufolge unmittelbar nach der Geburt eines älteren Kindes erneut schwanger geworden und unternahm deshalb »aus weiblicher Scham heraus« den Versuch einer Abtreibung. Doch auch das Beschweren des Bauches mit Gewichten nützte nichts. Der geistliche Verfasser des Berichts läßt keine Zweifel daran, daß nach seiner Auffassung die Errettung des Kindes im Mutterleib nach göttlichem Willen erfolgte. So schließt er seine Ausführungen: »Die Leibesfrucht widerstand, damit die Mutter nicht zur Mörderin wurde. Dies geschah, damit jener unversehrt blieb und unverletzt gedieh und die Mutter wieder unschuldig machte«. Ungeachtet des unmittelbaren Erzählzwecks, zu dem Venantius diese Passage in die Lebensbeschreibung des Bischofs einfügt, werfen die Ausführungen doch ein Schlaglicht auf die Hintergründe und Möglichkeiten frühmittelalterlicher Abtreibungspraxis. Es zeigt, daß auch im Leben mittelalterlicher Menschen Sexualität und ungewollte Schwangerschaft zum Alltag gehörten. Nicht zuletzt die zahlreichen kirchlichen Bußkataloge dieser Zeit spiegeln ein Szenario sexueller Praktiken.

Allerdings läßt sich der Realitätsgehalt der Bußkataloge nicht sicher ermitteln. Es mag hier eine apokalyptisch gestaltete Kirchenpropaganda die Feder geführt haben.

Nach dieser exemplarischen Betrachtung einiger Aspekte des Lebens im Frankenreich des 6. Jahrhunderts wendet sich der Blick dem zweiten wichtigen Kulturraum dieser Epoche zu, dem Ostgotenreich Theoderichs des Großen in Italien.

THEODERICHS RAVENNA

Nach der Errichtung des fränkischen Großreiches unter Chlodwig fiel diesem gemeinsam mit dem Ostgotenreich Theoderichs die Hegemonie im Westen zu.[87] Theoderich hatte es geschickt verstanden, sein Reich nach der Ermordung Odoakers durch Bündnisse, vor allem durch Heiratspolitik zu festigen. Theoderich selbst heiratete bezeichnenderweise um 494 die Schwester Chlodwigs. Dies zeigt, daß sich auch die beiden Könige ihrer zentralen Bedeutung bewußt waren. Es gelang dem Ostgotenkönig zunächst, so eine Balance zwischen sich und den Königen der anderen gentilen Reiche, wie Westgoten und Burgundern, auf der einen und dem oströmischen Kaiser auf der anderen Seite zu erreichen. Trotz dieser Politik der Verbindung verlief die Herrschaft Theoderichs nicht ganz ohne äußere Konflikte, die hier jedoch unbeachtet bleiben sollen. Interessanter erscheint die innere Struktur dieses Reiches, das wie das Frankenreich gentile Gruppen und Romanen zu einen suchte. Theoderich hatte dabei aber im Vergleich zu Chlodwig mit zwei Problemen zu kämpfen. Zum einen bestand auf Grund des arianischen Glaubens der Ostgoten eine gravierende kirchliche Spannung. Die romanischen Bischöfe Italiens konnten nur bedingt in das ostgotische Reich eingebunden werden. Zum anderen war die ostgotische Herrschaft im Ursprungsland des römischen Reiches dem sich weiterhin gesamtrömische verstehenden Kaiser im Osten ein erheblich größerer Dorn im Auge, als das Frankenreich in der fernen Provinz Gallien. Auch die romanische Bevölkerung Italiens hatte eine erheblich stärkere Bindung an den Kaiser als die Galloromanen im Frankenreich. Trotz allem entwickelte sich zunächst eine vitale Kultur im ostgotischen Italien, in gewisser Weise eine erste »Renovatio Imperii«. Diese wurde von Theoderich, dem später in der Figur des Dietrich von Bern ein mythisches Fortleben beschieden war, bewußt zur Festigung seiner Herrschaft als kaisergleicher Ostgotenkönig in Italien gefördert. Doch spiegelte die Kultur im Ostgotenreich die Ambivalenz des Reiches wider.

Kulturelles Leben in Ravenna

Vor allem in Theoderichs Hauptstadt Ravenna, dem Sitz der letzten weströmischen Kaiser, entfaltete sich ein reiches kulturelles Leben. Es floß zu jener Zeit reiches Bildungsgut aus dem Osten ein, das Theoderich ins Lateinische übersetzen ließ. Ravenna wirkte als eine Art geistiger Brücke zwischen West und Ost. Im Ravenna des 6. Jahrhunderts wirkten vor allem Anicius Manlius Boëthius († 524) und desssen Schwiegervater Aurelius Memmius Symmachus († 525). Diese Mitglieder altrömischer Senatorengeschlechter übersetzten zahlreiche klassisch-philosophische und grammatische Schriften aus dem Griechischen. Symmachus selbst schrieb eine nicht überlieferte Geschichte Roms in sieben Bänden. Boethius verfasste ein berühmtes Werk unter dem Titel »Vom Trost der Philosophie« *(De consolatione Philosophiae)*. Bezeichnenderweise als er zum Tode verurteilt im Kerker verweilte, da er wie Symmachus der Zusammenarbeit mit dem Kaiser gegen Theoderich verdächtigt wurde. Die Hinrichtungen des Boëthius wie des Symmachus machen die Spannungen im Reich des Theoderich wohl am augenfälligsten. Der gebildete Romane Cassiodor († um 580), der nach der Hinrichtung des Boëthius als Kanzler am Hofe Theoderichs wirkte, stieg schnell zu hohem Ansehen auf und machte sich daneben vor allem um die Überlieferung der Rhetorik verdient. Nachdem sich Cassiodor im Jahre 537, mehr als zehn Jahre nach dem Tod Theoderichs, aus seinen öffentlichen Ämtern zurückgezogen hatte, gründete er nach der Mitte des 6. Jahrhunderts auf seinem Grundbesitz in Kalabrien das Kloster Vivarium. Das als Ruhesitz gedachte Kloster, dem Cassiodor als »Besitzer« vorstand, ohne aber je der mönchischen Gemeinschaft anzugehören, wurde zu einem wichtigen Ort des frühmittelalterlichen Kulturtransfers. Hier wurden zahlreiche aus dem griechischen Kulturraum stammende Texte ins Lateinische übersetzt und so der westlich-mittelalterlichen Kultur zugänglich gemacht. Am wichtigsten wurde eine Sammlung von griechischen Kirchengeschichten, die sogenannte *Historia Tripartita*, welche für das mittelalterliche Kirchenrecht grundlegend wurde.

Wie weit Kultur und Bildung in Theoderichs Ravenna gediehen waren, zeigt beispielhaft ein von Cassiodor aufgezeichneter Briefwechsel zwischen Theoderich und dem Burgunderkönig Gundobad im Jahre 507.[88] Theoderich informierte darin seinen *Patricius* Boëthius, daß der burgundische König um die Übersendung zweier Uhren, einer Wasser- und einer Sonnenuhr, gebeten habe. Während die erste durch fließendes Wasser nach einem bestimmten Maß geregelt war, war die zweite durch die

DAS BERÜHMTE GRABMAL THEODERICHS IN RAVENNA.

Erfassung des Sonnenlichts unterteilt. Daneben bat er zugleich um die Übersendung der entsprechenden Fachleute, welche die Technik der Uhren beherrschten. Auch jene, so betont der Ostgotenkönig, denen dieses als Wunder erscheine, sollten in den Genuß dessen gelangen, was in Ravenna alltäglich sei. An Gundobad aber richtete Theoderich einen überschwenglichen Brief, in dem er die Übersendung der gewünschten Uhren nebst Bedienungspersonal ankündigt. Die Uhren selbst nennt er »eine, in der die gesammelte menschliche Kunstfertigkeit vereinigt scheint, da sie die Räume des gesamten Himmels zu durchwandern versteht; die andere, bei der der Lauf der Sonne ohne Sonnenschein erkannt wird und die Zeitabschnitte durch tropfendes Wasser bemessen werden.« Die eigene Vorrangstellung durch den kulturellen Vorsprung anhand von technischen Apparaturen zu demonstrieren, wurde auch von Konstantinopel eifrig betrieben. Dieses symbolische Machtinstrument wurde umso wichtiger, als man zunehmend andere Reiche nicht mehr militärisch in Zaum halten

LANGOBARDISCHER SPORN AUS DEM 7. JAHRHUNDERT AUS DEM GRAB EINES JUNGEN KRIEGERS IN NIEDERSTOTZINGEN.

konnte. So wurde der Kaiserpalast in Konstantinopel seit dem 6. Jahrhundert gezielt mit technischen »Wunderapparaten« ausgestattet, welche Gesandte anderer Reiche von der gottgleichen Aura des Kaisers überzeugen und von für Ostrom vielleicht gefährliche Kriege abhalten sollte. Auch in dieser Hinsicht ahmte der Ostgotenkönig Theoderich das römische Reich nach.

Theoderichs Tod

Im Tode Theoderichs wurde dessen »Staatsprogramm« einer Verbindung von Ost und West in seinem bis heute kunsthistorisch bedeutenden und oft beschriebenen Mausoleum in Ravenna deutlich. Doch dem Arianer Theoderich war kein dauerhaftes Andenken beschieden. Im 9. Jahrhundert stand sein leerer Porphyrsarkophag, ein weiteres kaiserliches

Attribut neben der Pforte des katholischen Klosters. Wie groß mittlerweile die Unterschiede zwischen romanischen und gentilen Kulturen geworden waren, sollte nicht zuletzt die letzte Reichsgründung im Zuge der Völkerwanderung zeigen.

DIE LANDNAHME DER LANGOBARDEN IN ITALIEN

Die inneren Kämpfe im Ostgotenreich um die Nachfolge Theoderichs boten dem oströmischen Kaiser endlich die Gelegenheit, auch Italien wieder seiner direkten Herrschaft zu unterwerfen. Als sich im Jahre 555 die letzten Goten ergaben, war Italien jedoch durch die Jahrzehnte dauernden Kriege aufs Schlimmste verwüstet. Die in diesem Kontext hervorgerufenen Seuchen und Hungersnöte dezimierten die Bevölkerung um ein weiteres. So hatte man den 568 in Italien einfallenden Langobarden unter ihrem König Alboin (†572) nichts mehr entgegen zu setzen. Bei ihrer Landnahme gingen die noch weitgehend heidnischen oder arianischen Langobarden den Chronisten zufolge äußerst rücksichtslos vor und ignorierten die sonst geschützten Kirchen. Die Langobarden wollten vor allem Beute machen und Land in Besitz nehmen. So ergriffen der Erzbischof von Mailand wie auch der von Aquileja vor ihnen die Flucht. Paulus Diaconus († 799), der erst mit großem zeitlichem Abstand nach dem Untergang des Langobardenreiches dessen Geschichte aufzeichnete, schildert ebenso anekdotisch wie symbolträchtig die Skrupellosigkeit des Langobardenkönigs Alboin. Seinem Bericht zufolge trank Alboin während eines Gelages aus dem Schädel seines von ihm ermordeten Schwiegervaters, des Königs der Gepiden. Anschließend, so weiß Paulus zu berichten, habe Alboin die Tochter des Erschlagenen, seine Frau Rosamunde, gezwungen, ebenfalls aus dem Schädel zu trinken. Diese ließ den Langobardenkönig bald darauf ermorden.

Als die Langobarden kurz nach dem Tod ihres Königs Alboin in einzelnen Gruppen unter Herzögen ohne einen Oberherrscher ihre Raubzüge fortsetzten, wurde die Situation für die Bevölkerung in Italien noch schlimmer. Allerdings drohten die Langobarden in dieser anarchischen Phase selbst zu Grunde zu gehen und besannen sich eines besseren. Unter einem neuen König wurde das Reich geordnet und zunehmend die Verständigung mit der romanischen Bevölkerung gesucht. Nicht zuletzt weil die Langobarden der Bevölkerung Italiens zahlenmäßig weit unterlegen waren, mußten sie mit dieser kooperieren, um das eroberte Gebiet halten zu können. So konnte nicht ganz Italien erobert werden. Gebiete um

Ravenna und Rom blieben weiterhin unter oströmischer Herrschaft. Von hier ging jederzeit Gefahr für das langobardische Reich aus. Die Verbindung mit den Romanen war zunächst durch einen Glaubensgegensatz belastet. Die Langobarden waren noch weitgehend heidnisch oder arianische Christen. Erst zum Ende des 7. Jahrhunderts und nach vielen Kämpfen zwischen langobardischen Adelsfamilien setzte sich das katholische Christentum durch. Auf Grund theologischer Streitigkeiten zwischen der katholisch-lateinischen und der orthodox-griechischen Kirche wurde der langobardische König sogar zum Schutzherrn der italienischen Christen. Dies ließ den Papst in Rom, bis dahin Vertreter des oströmischen Kaisers in Italien, befürchten, in Kürze auch unter die langobardische Herrschaft zu geraten. Um dies zu verhindern, suchte er sich neue Verbündete im Frankenreich.

Im Zuge der späteren fränkischen Eroberung des Langobardenreiches im Jahre 774 strömten viele kulturelle Impulse nach Mitteleuropa. Denn auch unter den Langobarden hatte weiterhin eine Verschmelzung von langobardischen mit spätrömisch-frühbyzantinischen Elementen stattgefunden. Diese Kultur wurde seit 774 von Gelehrten, durch Bücher und Kunstwerke nach Norden gebracht.

MÖNCHE AUF DEM MONTE CASSINO

Um 530 entstand auf dem Monte Cassino ein Kloster, dessen Gründer Benedikt von Nursia den »wichtigsten Beitrag zum abendländischen Mönchtum geliefert hat«.[89] Wenig ist über das Leben Benedikts bekannt. Eine ungefähre Orientierung über seine Lebensdaten erlauben lediglich die hagiographischen Berichte im zweiten Buch der sogenannten *Dialoge* Papst Gregors des Großen († 604). Benedikt scheint um 480/490 geboren zu sein. Wahrscheinlich entstammte er einer wohlhabenden Familie aus der Nähe von Nursia. Er beendete sein Studium in Rom und zog sich Jahre lang in eine Grotte bei Subiaco zurück. Von einer nahegelegenen Mönchsgemeinschaft zum Abt gewählt, zog er sich jedoch schon bald wieder von dieser Aufgabe zurück und begann erneut ein Leben in Einsamkeit. Es sammelten sich Schüler um ihn, die er in der Folgezeit auf zwölf kleine Klöster mit dem Zentrum Subiaco ansiedelte. Danach, um 530, erfolgte die Gründung des großen Klosters von Monte Cassino, später eine weitere in Terracina. Um 555/560 starb Benedikt. Von besonderer Bedeutung für sein Wirken war die Abfassung einer Lebensregel für die Mönchsgemeinschaft, der sogenannten *Regula Benedicti*. Sie wurde im 9. Jahrhundert zur normativen Grundlage vieler monastischer Gemeinschaften im ganzen Abendland.

Mit Benedikt von Nursia erreichte zugleich die Vorstellung von der Mönchs- als einer Pflegegemeinschaft für Seele und Leib ihren Durchbruch im mittelalterlichen Abendland. So nimmt in der Benediktsregel die Fürsorge für Kranke und Bedürftige einen besonderen Platz ein. Im 36. Kapitel der *Regula Benedicti* gibt der Ordensgründer umfangreiche Anweisungen für den Umgang mit den kranken Mitbrüdern.[90] »Die Sorge für die Kranken muß vor und über allem stehen: Man soll ihnen so dienen, als wären sie wirklich Christus; hat er doch gesagt: Ich war krank, und ihr habt mich besucht, und: Was ihr einem dieser Geringsten getan habt, das habt ihr mir getan. Aber auch die Kranken mögen bedenken, daß man ihnen dient, um Gott zu ehren; sie sollen ihre Brüder, die ihnen dienen, nicht durch übertriebene Ansprüche traurig machen. Doch auch solche Kranke müssen in Geduld ertragen werden; denn durch sie erlangt man größeren Lohn. Daher sei es eine Hauptsorge des Abtes, daß sie unter keiner Vernachlässigung zu leiden haben. Die kranken Brüder sollen einen

DIE ÄLTESTE BEKANNTE DARSTELLUNG BENEDIKTS VON NURSIA AUS DEM 6. JAHRHUNDERT IN DER HERMESKATAKOMBE IN ROM.

DAS VON BENEDIKT VON NURSIA GEGRÜNDETE KLOSTER SUBIACO.

eigenen Raum haben und einen eigenen Pfleger, der Gott fürchtet und ihnen sorgfältig und eifrig dient. Man biete den Kranken, sooft es ihnen gut tut, ein Bad an; den Gesunden jedoch und vor allem den Jüngeren erlaube man es nicht so schnell. Die ganz schwachen Kranken dürfen außerdem zur Wiederherstellung ihrer Gesundheit Fleisch essen. Doch sobald es ihnen besser geht, sollen sie alle nach allgemeinem Brauch auf Fleisch verzichten. Der Abt sehe es als eine Hauptsorge an, daß die Kranken weder vom Cellerar noch von den Pflegern vernachlässigt werden. Auf ihn fällt zurück, was immer die Jünger verschulden.«

Für die kränklichen und schwachen Klosterbrüder galten besondere Ausnahmen im klösterlichen Alltag. Die Arbeit, die jedes Gemeinschaftsmitglied im Sinne der in der Benediktsregel ausgegebenen Losung zu Gebet und Arbeit *(ora et labora)* erfüllen sollte, durfte sie nicht überfordern. Doch die Vorschriften der Regel widmen sich keineswegs nur der Fürsorge für die kranken Mitbrüder. Im 53. Kapitel der Regel, das sich auf die Aufnahme von Gästen bezieht, erfolgt die Weisung zu besonderer Sorgfalt beim Empfang Armer und Fremder. In ihnen, so sagt es der Text, werde Christus selbst aufgenommen.

Bis zur Mitte des 6. Jahrhunderts existierten in Italien bereits 50 Klöster. Unter dem Pontifikat Gregors des Großen verdoppelte sich deren Zahl.

Klöster in Aquitanien und Südgallien

Doch nicht nur in Italien, auch in Aquitanien und Südgallien waren seit dem Ende des 4. Jahrhunderts Klöster entstanden. Orientierten sich die aquitanischen Klostergemeinschaften am Wirken des heiligen Martin von Tours, zeigte sich der Einfluß des sogenannten »Rhônemönchtums« in fast ganz Gallien. Am Ende des 6. Jahrhunderts wird die Zahl der Klöster im Frankenreich auf rund 220 beziffert. Ein Jahrhundert später hatte sich diese auf 550 mehr als verdoppelt. Denn mit irischen Mönchen war von Norden einen neuer Impuls gekommen, der eine gewaltige Wirkung erzielen sollte. Und geistlicher Beistand tat nicht nur aus religiösen Gründen not. Die Menschen des 6. Jahrhunderts wurden durch eine ganz neue Gefahr bedroht – die Justinianische Pest.

DIE JUSTINIANISCHE PEST

Die erste und massivste Seuchenkatastrophe, die über die frühmittelalterliche Gesellschaft hereinbrach, war die sogenannte »Justinianische Pest«. Im Jahre 541, zur Herrschaftszeit des oströmischen Kaisers Justinian, war in Ägypten eine Seuche ausgebrochen. Diese verbreitete sich in Windeseile weiter ostwärts über die Häfen der Levante. Sie verbreitete sich vor allem über die Hafenstädte und entlang der an den Flußläufen gelegenen Handelszentren, folgte also den Haupthandelswegen. Die Beschreibung ihres Erscheinungsbildes in den Ausführungen des Prokop von Caesarea († ca. 562) und des am Ende des 6. Jahrhunderts als Sekretär des Patriarchen von Antiochia tätigen Evagrios lassen tatsächlich deutliche Parallelen zur Nosologie der Pest erkennen. So erwähnen die Geschichtsschreiber sowohl die mit Lähmungen, Umnachtung und fürchterlichen Alpträumen einhergehenden Fieberschüben, wie auch von Blutungen unter der Haut, Schwellungen der Drüsen und Gelenkschmerzen. Prokop berichtet nach eigener Aussage sowohl vom Tod Infizierter innerhalb weniger Stunden als auch über mehrere Tage andauernde, tödlich endende Erkrankungen. Die Berichte zeigen also durchaus Ähnlichkeiten zu den bekannten Formen der Bubonen und der Lungenpest. Jedoch kann die Seuche des 6. Jahrhunderts schon aufgrund der von zeitgenössischen Denkmustern geprägten Krankheitsbeschreibungen sowie der stets zu berücksichtigen Evolution von Erregern nicht mit der in der heutigen Medizin als »Pest« definierten Krankheit gleichgesetzt werden.

Die Geschwindigkeit, mit der sich die Seuche ausbreitete, zeigt die Intensität des damaligen Handelsverkehr. Spätestens im Frühjahr 542 erreichte sie den Ausführungen des Chronisten und Augenzeugen Prokop bereits die oströmische Hauptstadt Konstantinopel. Schon im Winter 543 wurde die Seuche im gesamten Reichsgebiet spürbar. Im Osten war sie bereits bis nach Aserbaidschan und im Westen über Nordafrika bis nach Spanien vorgedrungen. Auch die weit nördlich des ursprünglichen Seuchenherdes im Frankenreich gelegenen Bischofsstädte Reims und Trier mußten ihre verheerende Wirkung erfahren. Allerorts forderte die Seuche einen hohen Tribut an Menschenleben. Politisches wie öffentliches Leben lagen danieder. In seinem großen Geschichtswerk lässt Gregor von Tours die Auswirkungen der Seuche und die Angst, die ihr Auftreten verursachte, deutlich zutage treten. Mehrfach geht er in seinen Schilderungen auf die »Justinianische Pest« ein, die sich zu seiner Lebenszeit immer wieder in Wellen bemerkbar machte.

Die Justinianische Pest in Gallien

Im Jahre 584 wurde die Umgebung von Narbonne ein weiteres Mal von der Seuche heimgesucht, die bereits im dritten Jahr in Folge spürbar wurde. Viele Menschen, so läßt sich den Ausführen Gregors entnehmen, waren beim ersten Auftreten der Seuche geflohen. Inzwischen zurückgekehrt, sahen sie sich nun erneut mit einem Massensterben konfrontiert. Auch in Albi machte sich die Seuche bemerkbar. Einzig die Hinwendung zum Glauben konnte vor dem Seuchentod retten, wie der Chronist in mehren Beispielen aufzeigt, so am Verhalten des heiligen Bischofs Gallus.[91]

Rettung durch Glauben

Der heilige Gallus, so beschreibt Gregor von Tours, war weniger um seine Person um das ihm anvertraute Volk in Furcht und Sorge. Tag und Nacht habe er den Herrn angefleht, er möge ihn nicht erleben lassen, daß er sein Volk hingerafft sehe. Daraufhin, so weiß der Chronist zu berichten, habe Gallus ein nächtliches Traumgesicht geschaut. Der Engel des Herrn sei ihm in schneeweißem Haar und Gewand erschienen und habe zu ihm gesprochen: »Du tust wohl, o Bischof, daß du so zum Herrn für dein Volk flehest, denn dein Gebet ist erhört worden und siehe, du wirst mit deiner Gemeinde von der Pestilenz verschont bleiben und bei deinem Leben wird Niemand in dieser Gegend der Seuche zum Opfer fallen. Fürchte dich also jetzt nicht, nach acht Jahren aber ist es Zeit zur Furcht.« Diese Worte

MOSAIKDARSTELLUNG DES OSTRÖMISCHEN KAISERS JUSTINIAN I. AN DER LINKEN APSISWAND DER KIRCHE SAN VITALE IN RAVENNA.

hätten den Heiligen getröstet und ihm zugleich die Gewißheit geschenkt, daß er nach acht Jahren sterben werde, fährt der Chronist fort.

Nach dieser nächtlichen Begegnung habe Gallus öffentliche Bettage eingeführt: um Mitfasten sollte man zu Fuß unter Chorgesang nach der Kirche des heiligen Julianus ziehen. Auf dem Weg dorthin fanden sich nach Ausführungen Gregors plötzlich an den Wänden der Kirchen und Häuser Kreuzeszeichen, weshalb der heilige Julianus von den gemeinen Leuten der Tau-Schreiber genannt werde. Obwohl die Seuche in anderen Gegenden des Frankenreiches schwer wütete, verschone nach der Schilderung Gregors doch wegen der Fürbitte des heiligen Gallus die Stadt Arvern. Der Chronist schließt: »Und ich halte es für eine große Gnade, daß er als Hirte bestellt, nicht zu sehen brauchte, wie seine Schafe umkamen, da der Herr selbst sie schützte.«

Obwohl Kaiser Justinian die Pestwelle bereits im März 544 für beendet hielt, sollte sich die Krankheit, wie nicht zuletzt die beredten Berichte Gregors von Tours zeigen, sehr viel länger äußern. Auf endemischem Niveau hielt sie sich bis in das 8. Jahrhundert hinein in ganz Europa, um in Abständen von zehn bis fünfzehn Jahren epidemisch aufzuflammen und eine große Zahl an Opfern zu fordern. Nach einem erneuten heftigen Ausbruch in Italien im Jahre 750 sollte sie jedoch zunächst für sechs Jahrhunderte wieder aus Europa verschwinden.

KREUZ UND HALBMOND.
DIE AUSBREITUNG DES ISLAM UND DIE CHRISTIANISIERUNG IM 7. JAHRHUNDERT

604	Tod Gregors des Großen
615	Tod Columbans d. J.
616	Tod Aethelberhts von Kent, des ersten getauften Königs in Britannien
622	Flucht Mohammeds von Mekka nach Medina (Hedschra)
632	Tod Mohammeds in Medina
639	Beerdigung des Merowingerkönigs Dagobert I. in der Kirche Saint-Denis zu Paris, die im Folgenden zur wichtigsten Königsgrablege im fränkisch-französischen Reich wird
640	Tod des Bischofs Arnulf von Metz, des Urahnen der späteren Karolinger
643	Edictus Rothari
675	Ermordung Childerichs II. und seiner Familie

MOHAMMED, DER PROPHET ALLAHS, UND DIE AUSBREITUNG DES ISLAM IM 7. JAHRHUNDERT

Bald nach dem Jahr 630 trat vom Inneren der arabischen Halbinsel aus ein neuer Glaube zu seinem Triumphzug an. Der um 570 geborene Mohammed, ein Angehöriger der in Mekka führenden Sippe der Koraisch, war auf seinen zahlreichen Handelsreisen mit den Lehren der jüdischen und der christlichen Religion in Berührung gekommen. Als er sich in der Folge visionärer Offenbarungserlebnisse zum Propheten Allahs berufen fühlte, hatte er in seiner Heimatstadt damit begonnen, die Lehre des Islam, der »Ergebung in den Willen Gottes«, zu verkünden. Doch schlug ihm in Mekka eine starke Opposition entgegen, die durch Mohammeds Lehre althergebrachte religiöse und gesellschaftliche Strukturen gefährdet sah. Angesichts dieser Spannungen entschloß er sich im Jahre 622, seine Heimatstadt zu verlassen. Mit dieser Übersiedlung nach Medina, der sogenannten Hedschra, beginnt die islamische Zeitrechnung. Diese basiert im Gegensatz zur christlichen, an der Sonne orientierten Berechnung auf einem Mondkalender ohne Schalttage.

In Medina schlossen sich dem Kreis der mit Mohammed ausgewanderten rasch weitere Anhänger an. Bis 630 gelang es der anwachsenden Gemeinschaft, nicht zuletzt unter Ausschaltung ihrer Gegnerschaft mit Waffengewalt, den Islam in Arabien durchzusetzen und den Anschluß der arabischen Stämme zu erreichen. Mohammed wurde zum politischen und geistlichen Oberhaupt der neuen Glaubensgemeinschaft. Im Jahre 630 kehrte er im Triumph nach Mekka zurück, beseitigte in der Stadt sowie im alten Heiligtum, der Kaaba, jeglichen Götzendienst und begründete zugleich den Kult der Wallfahrt (Hadjdj). Als Mohammed am 8. Juni 632 in Medina starb, hinterließ er nicht zuletzt mit der Niederschrift seiner Offenbarungen, der 114 Suren des später durch den Omaijadenkalifen Othman (gest. 656) geordneten Koran, zwar ein umfangreiches religiöses Erbe, aber keine männlichen Nachfolger. Auch hatte er keine Vorkehrungen für seine Nachfolge getroffen. So kam es nach dem Tod Mohammeds zu Auseinandersetzungen zwischen den Getreuen von Mekka und denen von Medina, die durch die Umsicht von Mohammeds engsten Vertrauten, Abu Bakr und Omar, schließlich beendet werden konnten. Abu Bakr, der Schwiegervater Mohammeds, wurde der erste Kalif, der »Stellvertreter des Gesandten Gottes« (khalifat ar-rasul). Das Nachsehen hatte Ali, der Schwiegersohn und Vetter Muhammads, der gehofft hatte, die Nachfolgefrage zu seinen Gunsten zu entscheiden. Dieser Konflikt war beigelegt, aber nicht für immer beendet. Er solle einige Jahre später zur Spaltung des Islam in Sunna und Shi'a führen. Während die Sunniten die Nachfolgeschaft Mohammeds durch die Kalifen anerkannten, betrachteten die Schiiten, die Partei Alis (Shi'at Ali), Ali als rechtmäßigen Nachfolger. Nach dem Mord an Ali im Jahre 661 vor dem Portal der Moschee von Kufa durch ein in Gift getauchtes Schwert war die Kluft zwischen den beiden Parteien unüberwindbar geworden.

Unter den Kalifaten des Abu Bakr und des Omar erfolgte mit dem Eroberungszug der arabischen Stämme die rasche Ausbreitung des Islam. Im Jahre 634 schlugen die Araber das oströmische Heer bei Adschnadain in Palästina. Kaum ein Jahr später nahmen sie Damaskus ein. Nach einer weiteren Niederlage der Oströmer am Fluß Yarmuk gelangte ganz Syrien unter arabische Herrschaft. Im Jahre 638 zog der Kalif Omar als Sieger in Jerusalem ein. Der Eroberungszug setzte sich fort. Edessa, das heutige Urfa, fiel ein Jahr später, kurz darauf Heliopolis und 646 auch Alexandria. Nun beherrschten die Araber Ägypten. Schon 642 war auch das einst so mächtige Sasanidenreich unter ihrem Ansturm zusammengebrochen. Um 650 war die erste Phase der arabischen Eroberung abgeschlossen, doch sollte sie sich schon bald in westlicher wie östlicher Richtung fortsetzen und auch das Abendland nicht verschonen.

Die arabische Eroberung Jerusalems im Spiegel eines abendländischen Berichts

Spätestens seit der arabischen Eroberung Jerusalems dürfte man auch im Abendland von der Ausbreitung des neuen Glaubens mit Feuer und Schwert auf bittere Weise erfahren haben. Wie wenig die Zeitgenossen im Okzident allerdings von den religiösen Hintergründen der arabischen Invasion wußten, zeigen exemplarisch die zeitgenössischen Schilderungen der sogenannten Chronik des Fredegar.[92] Die Chronik berichtet, der byzantinische Kaiser Heraklius sei in den Wissenschaften sehr bewandert gewesen und habe sich auch mit der Astrologie befaßt. Nachdem er selbst gedeutet hatte, daß sein Kaiserreich nach dem Willen Gottes von den »beschnittenen Völkern« verwüstet werden würde, habe er sich hilfesuchend an den merowingischen König Dagobert († 638/39) gewandt. Die Gefahr, so dachte der Kaiser nach den Ausführungen der Chronik, ginge von den Juden aus. Da Heraklius jedoch nicht wußte, ob die Bedrohung aus dem Osten oder dem Westen nahte, benötigte er die Hilfe Dagoberts. Mit seiner Erzählung stellt der Chronist den Merowingerkönig ganz bewußt als wichtigsten Herrscher des Abendlandes dar. Dagobert sollte nach dem Willen des oströmischen Kaisers alle Juden seines Reiches taufen

EINE MINIATUR AUS DEM 14. JAHRHUNDERT ZEIGT CHRISTUS AUF EINEM ESEL NEBEN MOHAMMED REITEND.

lassen, während Heraklius in seinem Herrschaftsgebiet des gleichen tun wolle. Von der Gefahr durch die Araber, so das Fazit dieser Ausführungen, ahnte man noch nichts.

Dann fährt der Chronist in seinem Bericht mit den Niederlagen der Oströmer und der Eroberung Jerusalems durch die Araber fort, die er Sarazenen nennt. Ihren Ursprung verortet er »am Fuß des Berges Kaukasus, am Kaspischen Meer«. Als der Kaiser Heraklius nach vielen verheerenden Niederlagen gegen diese Sarazenen sah, daß diese gegen Jerusalem vorrückten habe er in Anbetracht ihrer Stärke die Stadt geräumt. Trotz der vor allem durch religiöse Begeisterung getragenen Schlagkraft der Araber erfolgten die Eroberungen nicht so problemlos wie der Bericht der Fredegar-Chronik schildert oder der kurze Abriß der Ereignisse glauben lassen könnte.

Die arabischen Eroberer und ein unbezwingbarer Gegner – eine Seuche im Heer

Waren die arabischen Invasoren ihren Gegnern im Kampf nicht selten überlegen, so sahen sie sich auf ihren Eroberungszügen mitunter einem Widersacher entgegengestellt, dem weder mit Waffen noch mit religiösem Eifer beizukommen war. Die sogenannte Justinianische Pest, die im 6. Jahrhundert auch die Regionen des östlichen Mittelmeers schwer heimgesucht hatte, kehrte in vielerlei Gestalt immer wieder zurück.[93] Im Jahre 636/639 brach bei Amwas, dem antiken Emmaus zwischen Lod und Jerusalem, eine epidemische Krankheit im arabischen Heer aus. Sie raffte rasch zahlreiche Kämpfer dahin und beeinträchtigte nachhaltig die militärische Schlagkraft.[94] Welche ansteckende und gefährliche Krankheit es war, die die Umgegend von Amwas heimsuchte, läßt sich nicht mit Gewißheit bestimmen. Wie zeitgenössische abendländische, so enthalten auch orientalische Schriftzeugnisse nur selten detaillierte Hinweise zu Erscheinungsbild und Wirkung der in ihnen erwähnten Seuchen. Noch immer fehlen stichhaltige Belege für die Annahme, daß das als Pest wahrgenommene Krankheitsphänomen im Nahen Osten bereits lange vor dem Ausbruch des Schwarzen Todes in Europa zur Mitte des 14. Jahrhunderts auftrat oder daß sich Pestreservoire in den durchseuchten Rattenpopulationen länger hielten.[95] Der Quellen deuten allerdings darauf hin, daß die Seuche ein verheerendes Ausmaß erreichte. Die Seuche von 638/639, die einer späten Darstellung des Chronisten as-Suyuti zufolge nach nur kurzem Erlöschen erneut aufflammte, breitete sich bis in den Irak und nach Ägypten aus.[96] Der Epidemie vorangegangen war eine Hungersnot, die besonders Palästina und Syrien getroffen hatte. Abu Ubaydahs Feldzug fiel in die Wintermonate, in denen es in der Region mitunter zu wolkenbruchartigen Regengüssen kommt.[97] Die hygienischen Verhältnisse im Lager, in dem nicht zuletzt die Verwundeten ver-

DER SCHWARZE STEIN WIRD IN EIN TUCH GEHÜLLT UND VON MOHAMMED UND SEINEN ANHÄNGERN IN DIE KAABA GEBRACHT.

sorgt werden mußten, mögen ein übriges zur Verbreitung von Infektionskrankheiten beigetragen haben.

Als der Kalif Omar vom Ausbruch der Seuche bei Amwas erfuhr, befahl er seinem Heerführer Abu Ubaydah unverrichteterdinge zu sich nach Medina. Den Ausführungen des Chronisten at-Tabari zufolge beabsichtigte der Kalif, den militärischen Befehlshaber vor dem sicheren Seuchentod zu retten. Um dessen Mut und Loyalität wissend, habe er Abu Ubaydah diesen wahren Grund jedoch verschwiegen und ihn unter einem Vorwand zurückgerufen. Der Heerführer, so betont at-Tabri, durchschaute indes die Absicht seines Herrn und weigerte sich standhaft, dessen Drängen nachzugeben. Daraufhin brach der Kalif nach Syrien auf. In Sargh, einem kleinen Ort nahe der Stadt Tabuk im Nordwesten des Hijaz, traf er mit Abu Ubaydah zusammen. Die übrigen Heerführer wurden zur Beratung zusammengerufen. Das Ergebnis dieser Unterredungen, die schließlich zum Abzug der Truppen aus Amwas führten, sollte sich als wegweisend für das künftige Verhalten islamischer Gesellschaften in ihrer Auseinandersetzung mit epidemischen Krankheiten erweisen.[98] Gemäß der religiösen Überlieferung hatte Mohammed selbst bestimmt, daß ein Muslim verseuchtes Land weder betreten noch verlassen sollte.[99] Pestilenz sei für den Gläubigen eine Gnade und von Gott auferlegtes Martyrium, für den Ungläubigen jedoch eine Sündenstrafe.[100]

Im Hinblick auf die Gründe für das Auftreten der Seuche in Amwas fand man im Einklang mit der religiösen Überlieferung rasch eine einfache Erklärung. Nicht wenige sahen im Ausbruch der Pestilenz eine Strafe Gottes für ein Fehlverhalten mancher Muslime, insbesondere den Genuß von Wein entgegen der koranischen Gebote. Auf Befehl des Kalifen wurden solche Verstöße innerhalb des Heeres mit Auspeitschung geahndet. Die Versammlung war geteilter Meinung darüber, welches weitere Verhalten in der Auseinandersetzung mit der Epidemie das richtige sei.[101] Nach langer Aussprache folgte der Kalif schließlich dem gewichtigen Wort der Stammesführer der Koraisch, der Sippe Mohammeds. Diese empfahlen, das Gebiet zu verlassen. Abu Ubaydah zog mit seinen Truppen aus dem verseuchten Gebiet ab und der Kalif Omar kehrte nach Medina zurück. Dennoch erlag der Feldherr kurz darauf den Folgen der Seuche. Sein Nachfolger Mu'adh ibn Jabal und dessen Sohn fanden nur wenig später ebenfalls den Tod. Erst dem neuen Heerführer Amr ibn al-As sollte ein glücklicheres Schicksal beschieden sein. Er wurde zum Eroberer Ägyptens. Zugleich führten die seuchenbedingten Verluste in den Reihen der Würdenträger zur Einsetzung Mu'awiyah ibn Abi Sufyans als Befehlshaber in Syrien und damit zur Grundsteinlegung omaijadischer Machtentfaltung.[102]

ABENDLÄNDISCHE MISSION UND CHRISTIANISIERUNG IM 7. JAHRHUNDERT   Zu der Zeit, als sich östlich und südlich des Mittelmeeres mit dem Islam ein neuer Glaube in das Blickfeld zu drängen begann, war der lange Prozeß der Christianisierung Europas noch nicht abgeschlossen.

Augustinus und die Missionierung der Angelsachsen

Im Jahre 596 hatte Papst Gregor der Große († 604) Augustinus und seine Gefährten mit der Missionierung der Angelsachsen beauftragt. Wie schwierig sich ein solches Unterfangen gestalten konnte, schildert der Bericht des angelsächsischen Mönchs und Gelehrten Beda Venerabilis (673/74–735) in seiner »Kirchengeschichte des englischen Volkes«.[103] Als die Missionare schon einen Teil des Weges zurückgelegt hatten, wurden sie, so Beda »von feiger Angst befallen und wollten lieber nach Hause zurückkehren als zu dem barbarischen, wilden und ungläubigen Volk gehen, dessen Sprache sie nicht einmal beherrschten, und sie beschlossen einstimmig, daß dies sicherer sei.« Angst vor der Ungewißheit, nicht zuletzt aber auch sprachliche Verständigungsprobleme zählten gewiß zu den größten Hürden, die es für Missionare zu überwinden galt. Die Übermittlung der Botschaft Christi erforderte gewisse Sprachkenntnisse, um zum Erfolg zu gelangen. Dies galt nicht nur im Hinblick auf die Angelsachsen. Beda schildert, Augustin habe zu Papst Gregor zurückkehren sollen, um ihn zu bitten, den Abbruch der gefährlichen Reise zu erlauben. Der Papst allerdings mahnte die Gruppe in einem Brief zum Gehorsam gegenüber ihrem Oberen Augustin und bestärkte sie, ihre Unternehmung fortzusetzen. Mit vierzig Männern landete Augustin schließlich in Kent, dem Reich König Aethelberhts († 616). Dabei vergißt Beda nicht zu erwähnen, daß die Missionare auf Anordnung des Papstes schließlich doch Dolmetscher »vom Stamm der Franken« erhalten hatten. Aethelberht war mit der Katholikin Bertha verheiratet, einer Tochter des merowingischen Königs Charibert I. († 567). Bertha hatte ihren eigenen Bischof mit in das heidnische Kent gebracht und ihren Mann so bereits mit dem Christentum vertraut gemacht, ganz nach dem Vorbild der christlichen »Urkönigin« der Franken, Chrodechilde, die Frau Chlodwigs. So stand König Aethelberht den Ausführungen Bedas zufolge der Mission durchaus wohlwollend gegenüber. Der Ausgangspunkt der Misssion war also geschickt und mit Bedacht gewählt. Aethelberht wies den Missionaren eine Unterkunft in seiner Hauptstadt Canterbury an und ließ sich kurz

DER VERFASSER DER KIRCHENGESCHICHTE DES ENGLISCHEN VOLKES BEDA VENERABILIS IM SKRIPTORIUM DES KLOSTERS JARROW.

darauf taufen. Wenig später wurde Augustinus zum »Erzbischof für das Volk der Engländer« geweiht, wie es bei Beda heißt. Ein Erzbischof war im Frühmittelalter ein dem Papst direkt unterstehender Bischof und eine personengebundene Würde. Damit wurde die enge Bindung der entstehenden angelsächsischen Kirche an den Papst unterstrichen. Dies war eine Neuigkeit, da die anderen Reichskirchen des Frühmittelalters letztendlich den jeweiligen Königen unterstanden und den Papst höchstens auf Grund seines Ehrenprimates in Streitfällen um Rat baten.

In den folgenden Jahrzehnten wurden von Kent aus in mehreren Phasen Essex und East Anglia größtenteils christianisiert. Gleichzeitig wurde

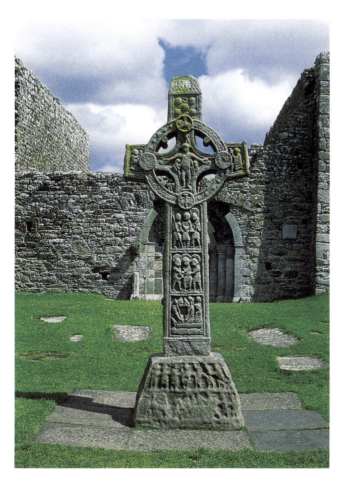

KREUZ IM IRISCHEN KLOSTER CLONMACNOISE, DAS DURCH DEN HEILIGEN CIARAN IM 6. JAHRHUNDERT GEGRÜNDET WURDE.

TAFELBILD DES 17. JAHRHUNDERTS AUS DEM REICHENAUER MÜNSTER, DAS DIE ANKUNFT DES KLOSTERGRÜNDERS PIRMIN AUF DER INSEL DARSTELLT. ALLERLEI GEWÜRM, SYMBOL DES UNGLAUBENS, WEICHT ZURÜCK.

Britannien aber auch von Norden durch irische Mönche missioniert, so daß es zu einem Wettstreit der Missionare kam. Nicht nur das die römischen Missionare dem Papst die zentrale Stelle in der Kirche einräumten, was den Iren zu dieser Zeit fern lag, auch in theologischen Fragen war man unterschiedlicher Ansicht. Auf der Synode von Whitby standen die beiden Gruppen vor dem nordhumbrischen König Oswiu († 670). In der gängigen Form der Disputation sollten beide Seiten ihre Glaubensauslegung darstellen. Der König sollte dann für sein Reich über die richtige Glaubensauslegung entscheiden. Auch dem Mittelalter waren also gewaltfreie Konfliktformen durchaus vertraut. Oswiu entschied sich laut Beda für die römische Seite, da diese den Apostelfürsten Petrus in Person seines weltlichen Vertreters, des Papstes auf ihrer Seite hätte. Durch die Machtstellung des nordhumbrischen Königs Oswiu setzte sich im Folgenden die römische Glaubensrichtung in allen angelsächsischen Königreichen durch. Irische Missionare unternahmen später die weitere Verbreitung des Glaubens in Northumbria, nachdem dessen König Edwin sich bereits 627 unter dem Einfluß seiner aus Kent stammenden Gattin hatte taufen lassen.

Irische und irofränkische Mission auf dem Kontinent

Irland war von Britannien aus bereits im 5. Jahrhundert durch den heiligen Patrick christianisiert wurden Nun leisteten die irischen und irofränkischen Missionare einen gewichtigen Beitrag für die weitere Christianisierung Europas. Ihr Missionseifer erstreckte sich nicht nur auf das nahegelegene England, sondern auch auf den Kontinent. Zu den herausragendsten dieser Missionare des 7. und des frühen 8. Jahrhunderts zählen die Iren Columban der Jüngere († 615) und Kilian in Würzburg († 689) sowie die columbanisch geprägten Emmeran in Regensburg (2. Hälfte des 7. Jh.), der Wormser Bischof Rupert in Salzburg († nach 716) und Korbinian in Freising († um 728/730) und schließlich der »späte Exponent der columbanischen Bewegung«[104] Pirmin († ca. 755), der Gründer der Bodenseeabtei Reichenau (724).

Unter ihrem Einfluß kam es im »Zusammenwirken mit den Herrschern [...] zu Klostergründungen in den Randgebieten des Frankenreiches«, die wichtige Zentren für die weitere Christianisierung und Festigung des christlichen Glaubens bildeten.[105] Im irischen Mönchtum wirkte der Abt zugleich als Bischof, so daß dem Kloster eine bedeutende Rolle für das kirchliche Leben außerhalb seiner Mauern zufiel. Ein Beispiel für höchste Frömmigkeit und Askese zeigte jener Mönch, der die Vertrautheit der Heimat verließ und sich statt dessen in die Fremde begab *(peregrinatio)*. Diesem Ideal folgte auch Columban.

Er war um 590 aus Irland auf den Kontinent gekommen. Columban fand schnell die Unterstützung durch den merowingischen Königshof und den austrasischen Hofadel, die es ihm ermöglichte, Klöster in Annegray, Luxeuil und Fontaines zu gründen. Im Jahre 610 begab er sich nach Alemannien und von dort in das Reich der Langobarden. Die Langobarden, die noch immer dem Arianismus anhingen, erlaubten Columban die katholische Missionierung. In Bobbio gelang ihm eine weitere Klostergründung. Doch Adaloald († 625) der Nachfolger des Langobardenkönigs Agilulf († 615/16), der diese katholische Einflußnahme gestattet hatte, zahlte sein Entgegenkommen mit dem Sturz. Erst unter der Herrschaft Ariperts I. († 661) und seines Sohnes Perctarit († 688) fand die Abkehr vom Arianismus statt. Das langobardische Recht, der 643 entstandene *Edictus Rotharis,* hatte zu dieser Zeit die herausragende Stellung des Königs als oberstem Heerführer, Gesetzgeber und Richter unmißverständlich festgeschrieben und die normativen Grundlagen für die Verwaltung des Langobardenreiches schriftlich fixiert. Doch sollte es bis zum Beginn des 8. Jahrhunderts dauern, bis sich das katholische Christentum schließlich auch im Langobardenreich durchsetzte.

Als Columban 615 starb, hatte er mit diesen Gründungen einen wichtigen Grundstein für die weitere Missionierung gelegt. Gallus († um 640), ein Schüler Columbans, begründete nahe des Bischofssitzes Konstanz eine Einsiedelei, die nach 719 von dem Alemannen Othmar († 759) in das Kloster Sankt Gallen umgewandelt wurde. Wichtige Impulse für die Mission gingen in den Jahrzehnten nach Columbans Tod aber vor allem von dessen Klostergründung Luxeuil aus.

ANGELSÄCHSISCHE MISSIONARE

Wie irische, so kamen auch angelsächsische Missionare auf den Kontinent. Ihre Mission, die später einsetzte als die irische und insbesondere im 8. Jahrhundert ihre Wirkung entfaltete, zielte auf eine Bekehrung der Gentilreligionen anhängenden Völker nördlich und östlich des Rheins ab. Wilfrid von York († 709) war der erste, der das Wort Gottes 678/679 zu den Friesen brachte. Der Northumbrier Wilibrord († 739), ein Schüler Wilfrieds, setzte diese Missionstätigkeit mit Unterstützung des karolingischen Hausmeiers Pippin des Mittleren († 714) um 690 fort. Zugleich, wohl um 692, ließ sich Wilibrord den päpstlichen Auftrag

COLUMBAN UND GALLUS AUF DEM BODENSEE.

zur Missionierung erteilen. Im Jahre 695 erwirkte der Missionar, unterstützt von Pippin, beim Papst seine Weihe zum Erzbischof »für das Volk der Friesen«. Bischofssitz wurde Utrecht, nachdem die Stadt von den Friesen erobert worden war. Mit der Kathedrale entstand dort späterhin auch ein Kloster. Wilibrords wohl bedeutendste Klostergründung war jedoch die im Jahre 697/698 in Echternach. Noch zu Wilibrords Lebzeiten erhielt die von Angelsachsen getragene Friesenmission durch Winfrid-Bonifatius († 754) weiteren Auftrieb. Vierzigjährig hatte sich dieser zur *peregrinatio* entschlossen und kam 716 nach Utrecht. Er wurde 719 von Papst Gregor II. († 731) offiziell zur Mission in Germanien entsandt und erhielt den Namen Bonifatius als »Zeichen seiner Zugehörigkeit zum Heiligen Stuhl«.[106] Inzwischen zum Bischof geweiht und durch die Fällung der Donar-Eiche in Geismar, einer heidnischen Kultstätte, seinen Missionseifer deutlich zeigend, wurde Bonifatius 737/738 vom Papst zum Legaten

OTHMAR († 759), DER ERSTE ABT DES KLOSTERS SANKT GALLEN, DER DIE BENEDIKTSREGEL IN DER KLOSTERGEMEINSCHAFT EINFÜHRTE.

Germaniens eingesetzt. Der so zum Stellvertreter des Papstes in dem Gebiet aufgestiegene Bonifatius sorgte sich um die Einrichtung neuer Bistümer, die Anwerbung weiterer Missionare und weiterhin selbst um die Bekehrung. Auf einer Missionsreise zu den Friesen wurde er 754 erschlagen.

KLÖSTERLICHES AUFBLÜHEN UND MEROWINGISCHER NIEDERGANG   Während die Missionierung und damit Christianisierung Europas voranschritt, büßten die durch zahlreiche Bruderkriege geschwächten merowingischen Könige des Frankenreiches ihre

Macht zunehmend ein. Chlothar II. († 629) und sein Sohn Dagobert I. († 638/639) konnten die Herrschaft der Merowinger noch einmal einen und festigen. Doch hatten die Teilreiche des Frankenreiches mittlerweile eine Eigenständigkeit erlangt, die sie zu bewahren trachteten, ohne jedoch die eigentliche Reichseinheit auflösen zu wollen. Vielmehr strebten die großen Adelsfamilien in den Teilreichen danach, den jeweiligen merowingischen König unter ihre Kontrolle zu bekommen und so das gesamte Frankenreich zu beherrschen. Hierbei half ihnen das Amt des »*maior domus*«, des Hausmeiers. Er war faktisch der Stellvertreter des Königs, sein erster und wichtigster Diener. Aus pragmatischen Gründen gab es diese Amt mittlerweile für jedes der Teilreiche, wo er sich in Händen einflussreicher Familien zunehmend verselbständigt hatte. Die Diener wurden zu Herren. Im Kampf der Könige gegen die Hausmeier sowie der Hausmeier untereinander spielte die Kirche einen wichtige Rolle. Die Bischöfe als wichtige Herrschaftsträger des christlichen Frankenreiches nahmen auf allen Seiten an den Kämpfen teil. Das kirchliche Leben litt zunehmend und Reformen wurden nötig. Es wurde aber auch versucht, seine Macht jeweils sakral zu festigen. So entwickelte sich in Ansätzen ein liturgisches Königszeremoniell. An ausgewählten Kirchen, in denen sich Grablegen merowingischer Könige befanden, wurden monastische Gemeinschaften eingerichtet, die den Königen ein besonderes liturgisches Gedächtnis, eine »*memoria*« zukommen lassen sollten. Die bekannteste dieser Kirchen ist wohl Saint-Denis in Paris, die seit dem 9. Jahrhundert die Grablege der westfränkisch-französischen Könige wurde. Die Mitglieder der Adelsfamilie der Pippiniden, welche später nach ihrem berühmtesten Vertreter Karolinger genannt wurden, konnten sich in den Kämpfen des 7. Jahrhunderts letztendlich als Hausmeier des ganzen Frankenreiches durchsetzen, ja sogar in Folge die merowingischen Könige vom Thron stoßen. Ihnen kam neben Kriegsglück und Geschick auch zu Gute, daß sie sich auf einen als Heiligen verehrten Vorfahren berufen konnten, was das Ansehen der Familie erheblich steigerte. Arnulf († 640) war zunächst als wichtiger Gefolgsmann König Chlothars II. Bischof in Metz. Er zog sich aber später in ein Kloster zurück und lebte ein frommes Leben, was scheinbar schon früh zu seiner Verehrung führte. Nach ihm wird die Familie der Pippiniden bzw. Karolinger für ihre Frühzeit auch Arnulfinger genannt. Auslöser für Arnulfs Rückzug vom weltlichen Leben war die Tätigkeit Columbans und seiner Gefolgsleute. Die asketische Lebensweise der irischen Missionare übte nicht nur auf Arnulf einen starken Reiz aus. Trotz aller Machtkämpfe und Intrigen darf nicht übersehen werden, daß mittelalterliche Menschen religiösen Aspekten eine hohe Bedeutung beimaßen. So füllten sich im 7. Jahrhundert die neuen Klöster mit vielen Aristokraten, was in der Forschung den Begriff des »Adelsheiligen« hervorgebracht hat. Natürlich wurden andererseits die Klöster auch in die Machtkämpfe mit einbezogen. So schildern die *Annales Mettenses,* eine nach ihrem Entstehungsort genannte Chronik des 8. Jahrhunderts tendenziös den Aufstieg der Karolinger zur Macht. Aber die Karolinger konnten noch andere »heilige Waffen« im Kampf um die Macht im Frankenreich einsetzen. Es gelang ihnen, den Mantel des heiligen Martin, die Hauptreliquie des fränkischen Reichsheiligen an sich zu bringen. Sie wurde zum Kernstück ihres Machtapparates. Auch das fränkische Königtum sollten die Karolinger durch kirchlichen Beistand erlangen, nachdem die merowingischen Könige ihnen schon länger nur noch als Marionetten dienten.

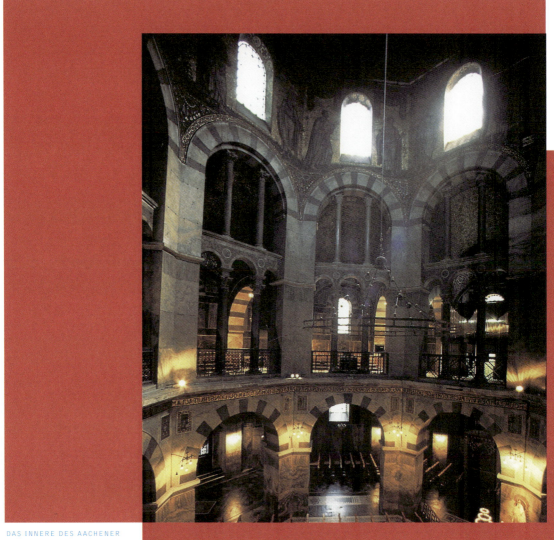

DAS INNERE DES AACHENER DOMES.

KARL DER GROSSE UND SEINE NACHFOLGER.
DAS KAROLINGISCHE FRANKENREICH IM 8. UND 9. JAHRHUNDERT

711	Einfall der Araber auf die Iberische Halbinsel Ende des Westgotenreiches von Toledo
ca. 724	Gründung des Bodenseeklosters Reichenau
732	Sieg des Hausmeiers Karl Martell in der Schlacht bei Tours und Poitiers
754	Tod des Missionars Bonifatius
768	Tod Pippins des Jüngeren. Seine Söhne Karl (der Große) und Karlmann treten die Nachfolge an
771	Tod Karlmanns
772	Kriegszug gegen die Sachsen. Eroberung der Eresburg und Zerstörung der Irminsul
773	Karl rückt nach Italien vor, belagert Pavia und wird von Papst Hadrian I. als Patricius in Rom empfangen
774	Karl wird König der Langobarden
779–785	Krieg gegen den Sachsen Widukind
787	Kriegszug gegen die Herzogtümer Benevent und Bayern
787	VII. ökumenische Konzil von Nicaea beendet den »Bilderstreit«
793	Normannen plündern das Klosters Lindisfarne
ab 794	Aachen wird zur Hauptpfalz ausgebaut
794–799	Kriegszüge gegen die Sachsen
799	Treffen Karls des Großen mit Papst Leo III. in Paderborn
800	Kaiserkrönung Karls in Rom
814	Tod Karls des Großen
816	Die Synode von Aachen regelt das Leben klösterlicher Gemeinschaften
817	In der Ordinatio Imperii wird die Thronfolge geregelt
um 820	Klosterplan von St. Gallen
seit ca. 840	Alljährliche Raubzüge von Wikingern
842	Gegenseitiger Treueschwur Karls der Kahlen und seines Bruders Ludwig des »Deutschen« in den Straßburger Eiden
843	Im Vertrag von Verdun wird das Frankenreich in drei Reichsteile aufgeteilt
870	Im Vertrag von Meersen einigen sich Karl der Kahle und Ludwig der »Deutsche« über die Aufteilung Lotharingiens
875	Karl II., der Kahle wird zum Kaiser gekrönt
876	Tod Ludwigs des Deutschen
877	Niederburgund (Arelat) wird selbständiges Königreich
880	Im Vertrag von Ribémont fällt ganz Lotharingien an das Ostfrankenreich, Ludwig III. und sein Erzkanler Gauzlien erhalten die Francia und Neustrien, Karlmann mit Hugo dem Abt Burgund, Aquitanien und Gothien
888	Hochburgund unter dem Welfen Rudolf I. wird selbständiges Königreich

In der Mitte des 8. Jahrhunderts geriet der Papst in Rom zunehmend unter den Druck der langobardischen Könige. Diese hatten ihr Reich gefestigt und dank der geschwächten Oströmer, welche mit inneren Kämpfen sowie mit der Abwehr von Bulgaren und Arabern beschäftigt waren, über weitere Teile Norditaliens ausgeweitet. Jetzt fehlte nur noch der krönende Abschluß ihrer Reichsbildung: Die Eroberung Roms. Dank der Tätigkeit der angelsächsischen Missionare waren Kontakte zwischen dem Papst und den karolingischen Hausmeiern im Frankenreich bereits vorhanden. Um das Jahr 750 nutzte der Hausmeier Pippin III. († 768) die päpstliche Notlage für seine eigenen Pläne. Ihm schien die Zeit gekommen, seiner mittlerweile unumstrittenen faktischen Macht den entsprechen Rahmen zu geben. Wie in kirchlichen Angelegenheiten üblich, schickte er Boten zu Papst Stephan II. († 757). Dieses Mal allerdings mit der Frage, ob es gut sei, daß die Könige in Francien keine Macht als Könige besäßen. Der Papst antwortete ihm daraufhin: »Es sei besser, den als König zu bezeichnen, der die Macht habe, statt den, der ohne königliche Macht bliebe.« Zwar entstammt dieser Bericht den karolingertreuen Reichsannalen, doch sind ihre Angaben vor dem Hintergrund der damaligen Praxis in Kirchenfragen sowie der nachfolgenden Ereignisse glaubwürdig.[107] Pippin hatte mit der päpstlichen Antwort die moralische Basis für seinen geplanten »Staatsstreich« erhalten. Der Papst als Vertreter Petri, dem auch im Frankenreich große Verehrung entgegen gebracht wurde, war durchaus eine wichtige Instanz in Streitfragen. Die rechtliche Basis mußte sich Pippin aber noch schaffen. So berief er 751 nach Beratung mit den Großen seines Reichen eine allgemeine Versammlung ein, die den letzten Merowinger, König Childerich III., absetzte und an seiner statt Pippin unter Zustimmung aller zum neuen König einsetzte. Childerich III. wurde geschoren und in ein Kloster verbannt. Doch wirklich alle Franken scheinen dem neuen König nicht zugestimmt zu haben. Jedenfalls ließ Pippin III. Papst Stephan II. 754 ins Frankenreich kommen, um sich und seine Söhne salben zu lassen. Dabei verbot der Papst den anwesenden Franken ausdrücklich, in Zukunft jemanden anderen zum König zu wählen als Nachfahren Pippins. Die Königserhebung Pippins zeigt sinnfällig die Ambivalenz des frühmittelalterlichen Königtums zwischen ursprünglich zu wählenden Heerkönigen und zunehmend kirchlich sanktionierten Herrschern. Mit der Salbung durch den Papst wurde letztendlich die Anbindung an die Autorität der Kirche wichtiger. Die Reise Papst Stephans II. war die erste Reise eines Papstes in den Westen und markierte die Wende des Papsttums vom oströmischen Reichsbischof zum westlichen Primas der Kirche. Trotz winterlicher Alpenüberquerung und langobardischer Bedrohung gelang die Reise ohne größere Probleme, was für die Mobilität der Zeit spricht. Daß dem wichtigen Reisenden der Aufenthalt angenehm gestaltet werden konnte, war den großen Reichsklöstern zu danken. Diese übernahmen zunehmend auch die Beherbergung der Könige, da sie als einzige Einrichtungen der frühmittelalterlichen Welt über entsprechende Möglichkeiten verfügten.

KARL DER GROSSE

Der Einsatz Papst Stephans II. sicherte Pippin zwar die Herrschaft nach innen, brachten ihn außenpolitisch aber in Schwierigkeiten. Die Langobarden waren erst nach mehreren Kriegszügen zu unterwerfen. Erst Pippins Sohn und Nachfolger Karl der Große († 814) konnte im Jahre 774 das langobardische Reich endgültig erobern und sich selbst zum neuen langobardischen König einsetzen. Dies brachte nicht nur eine Ausweitung des fränkischen Herrschaftsbereiches nach Italien mit sich sondern neue kulturelle Impulse. In den folgenden Jahren wanderten zahlreiche Kleriker, Bücher und Kunstgegenstände nach Norden. Karl selbst scheint sich sehr für Theoderich den Großen als Vorbild seiner weiteren Politik interessiert zu haben. Jedenfalls schuf Karl sich mit Aachen sein eigenes Ravenna, wo mit seiner Pfalz, besonders der Pfalzkapelle, sein Selbstverständnis ebenfalls architektonisch dargestellt wurde.

Mittelbar führte das Engagement der Karolinger für den Papst zur Kaiserkrönung Karls des Großen am 25. Dezember 800 durch Papst Leo III. († 816). Der bisherige *patricius* und Schutzherr der Römer und des Papstes wurde dadurch auch symbolisch zum mächtigsten Herrscher im Westen. Hintergrund für dieses Ereignis sind neben den Schwierigkeiten Papst Leos III. zu dieser Zeit sowie Karls beeindruckender Machtfülle die Wiederentdeckung spätantiker Strukturen durch die angelsächsischen Missionare, welche zahlreiche spätantike Texte wieder bekannt machten. So wurde Karl zum Erben des weströmischen Kaisertum, wenn auch in anderer Form. Der Papst war die wichtige Instanz bei der Verleihung der neuen »römischen« Kaiserwürde, und der Streit um das Verhältnis zwischen Papst und zu erhebendem Kaiser sollte das ganze politische Mittelalter prägen. Auch das Verhältnis zum »Senior«-Kaiser in Konstantinopel blieb stets ein Streitpunkt.

Die Machtfülle und der große Herrschaftsbereich Karls führten zu grundlegenden Schwierigkeiten. Bereits seine Enkel und Nachfolger stritten so heftig um ihre zukünftige Stellung im Frankenreich, daß sie 833 kurzzeitig ihren noch herrschenden Vater, den fränkischen König und Kaiser Ludwig den Frommen († 840) absetzten, weil sie mit seiner Nachfolgeregelung (*Ordinatio Imperii*) nicht einverstanden waren. Unter den Karolingern herrschte immer noch das alte fränkische Erbrecht, nach dem alle Söhne erbberechtigt waren. Im Gegensatz zu den merowingi-

DAS GEMEINSAME GEBET BESTIMMTE DEN ALLTAG IM KLOSTER.

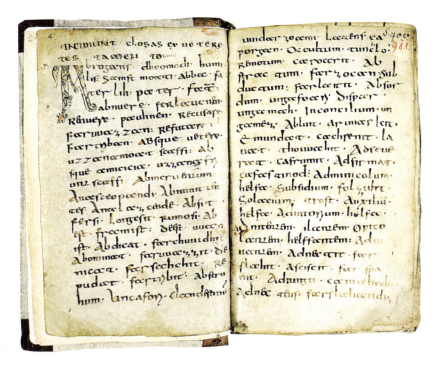

DAS ÄLTESTE ÜBERLIEFERTE BUCH DEUTSCHER SPRACHE, DER »ABROGANS DEUTSCH« AUS DEM 8. JAHRHUNDERT.

schen Bruderkriegen ging nun aber die Reichseinheit im Laufe der weiteren Auseinandersetzungen im 9. Jahrhundert verloren. Es entstanden das westfränkisch-französische und das ostfränkisch-deutsche Reich. Auch die Karolinger gingen in den Kämpfen letztendlich unter. Zu Beginn des 10. Jahrhunderts herrschten andere Dynastien in den Reichsteilen. Dabei hatte Karl der Große sich bemüht, sein riesiges Reich auf solide Grundlagen zu stellen. So wurde mit dem Ausbau der Grundherrschaft in der ersten Hälfte des 8. Jahrhunderts, welche die Wirtschaftskraft des Reiches stärken sollte, zugleich eine Heeresreform herbeigeführt. Diese bedingte, daß nun die Vasallen, die sich dem König und den Großen als Gefolgsleute »kommendiert« (ergeben) hatten, »durch ihren vermehrten Grundbesitz zum Reiterdienst herangezogen werden konnten.«[108] Damit wurde auch das Heer schlagkräftiger. Das Land erhielten die Gefolgsleute als sogenanntes *beneficium* (Wohltat) oder als *feudum* (Lehen) zunächst auf Widerruf und als Gegenleistung für die Heeresfolge. Hier finden sich die Anfänge des mittelalterlichen Lehnswesens. Darüber hinaus bemühte sich Karl der Große auch grundlegend um die Bildung in seinem Reich im Zuge der sogenannten »Karolingischen Renaissance«. Ein christlicher Herrscher war immer auch für die Ausübung des rechten Glaubens seiner Untertanen verantwortlich. Seit der Königserhebung Pippins war diese Legitimationsbasis für die Karolinger besonders wichtig geworden. Darüber hinaus sicherte die Rechtgläubigkeit nicht nur das Seelenheil sondern auch Gottes Gnade für Reich und Herrscher, was sich nicht zuletzt im Kriegsglück erwies. Richtiger Glaube setzte in der Schriftreligion des Christentums aber Lese- wie Schreibfähigkeit voraus und diese war im Frankenreich des 8. Jahrhunderts noch nicht ausreichend verbreitet. Hinzu kam, daß ein großes Reich nur mit einer schriftlich geführten Verwaltung effizient geführt werden konnte. So entstand auf der Grundlage liturgischer Reformen ein umfassendes Reformwerk, das für die mittelalterliche Kultur grundlegend wurde.

Aspekte der karolinigischen Renaissance

Karls Biograph Einhard († 840), der mit den Ausführungen seiner um 830 entstandenen *Vita Caroli Magni* maßgeblich das Bild dessen Bild in der Nachwelt geprägt hat, berichtet in seinem Werk ausführlich von den Bemühungen des Herrschers um Bildung und Wissenschaft. Seine Ausführungen sind von solcher Aussagekraft, daß sie hier in voller Länge wiedergegeben und dann in ihren Elementen betrachtet sein sollen. So heißt es im 25. Kapitel der Biographie über Karl: »Reich und sicher floß ihm die Rede vom Munde, und was er wollte, konnte er leicht und klar ausdrücken. Es genügte ihm jedoch nicht an seiner Muttersprache, sondern er verwendete auch auf die Erlangung fremder großen Fleiß: im Lateinischen brachte er es so weit, daß er es wie Deutsch sprach, das Griechische aber konnte er besser verstehen, als selber sprechen. Dabei war er so beredt, daß er fast geschwätzig erscheinen konnte. Die edlen Wissenschaften pflegte er mit großer Liebe, die Meister in ihnen schätzte er ungemein und erwies ihnen hohe Ehren. In der Grammatik nahm er Unterricht bei dem Diakonus Petrus von Pisa, einem hochbejahrten Mann, in den übrigen Wissenschaften ließ er sich von dem Diakonus Albinus, mit dem Beinamen Alkuin, unterweisen, einem in allen Fächern gelehrten Mann, der von sächsischem Geschlechte war und aus Britannien stammte. In dessen Gesellschaft wandte er viel Zeit und Mühe auf, um sich in der Rhetorik, Dialektik, vorzüglich aber in der Astronomie zu unterrichten. Er erlernte die Kunst zu rechnen und erforschte mit emsigem Fleiß und großer Wißbegierde den Lauf der Gestirne. Auch zu schreiben versuchte er und pflegte deswegen Tafel und Büchlein im Bett unter dem Kopfkissen mit sich umherzuführen, um in müßigen Stunden seine Hand an die Gestaltung von Buchstaben zu gewöhnen. Indes brachte er es hierin mit seinen Bemühungen nicht weit, da er es zu spät angefangen hatte.«[109]

Die Einrichtung von Schulen

Die lateinische Sprache, deren fließende Beherrschung Einhard im Falle Karls betont, und die die Franken sowohl zu liturgischen Zwecken als auch zur Wissensvermittlung und nicht zuletzt zur Verwaltung nutzten war »das offensichtlichste Symbol für die kulturelle Kontinuität zu der römischen Vergangenheit«.[110] Diese Übernahme sicherte dem Lateinischen zugleich ein europaweites Überleben bis weit in die frühe Neuzeit hinein als Sprache der Religion, des Rechts, der Verwaltung und nicht zuletzt der Wissenschaft. Die Lese- und auch die Schreibfähigkeit, die Karl nach Einhards Worten solche Mühe bereitete, fanden unter der Herrschaft der Karolinger weite Verbreitung. Am Anfang dieses umfangreichen Programms stand die sogenannte *Admonitio generalis* aus dem Jahre 789. Darin stellte Karl der Große nicht nur die Notwendigkeit zur Überarbeitung religiöser Texte fest – der übersetzte Bibeltext, die *Vulgata*, war während der frühen Karolingerzeit korrigiert und überarbeitet worden – sondern legte im 71. Kapitel auch den Grundstein für die Entstehung von Schulen. Hier sollten Knaben – Laien wie auch künftige Mönche und Kleriker – Psalmen, Kurzschrift, Gesänge, Rechnen und Grammatik lernen. Zugleich sollten die Schulen Sorge dafür tragen, die liturgischen Bücher in den Klöstern und an den Bischofssitzen sorgfältig zu verbessern. Damit wird zugleich deutlich, auf welche Kräfte sich die »Karolingische Renaissance« stützte: auf die Reichskirche. Klöster und Bischofssitze waren mithin die tragenden Säulen der »Karolingischen Renaissance«, überragt noch von der sogenannten »Hofschule«. Sie wurde geleitet von dem Angelsachsen Alkuin († 804), dem »Mentor des karolingischen Reformprogramms«[111], einem herausragenden Gelehrten und Erzieher der Königskinder. Er war gebildet in den sieben freien Künsten, den *artes liberales*, deren Studium durch Kleriker Karl nach Kräften zu fördern suchte. Die »sieben freien Künste«, unterteilen sich in zwei Gruppen. Die erste, das sogenannte Trivium, umfaßt die in Verbindung mit der Sprache stehenden Wissenschaften der Grammatik, der Rhetorik und der Dialektik. Die zweite, das sogenannte Quadrivium, befaßt sich mit der Ordnung der Zahlen und setzt sich aus der Geometrie, der Arithmetik, der Astronomie und der Musik zusammen. Die Medizin wurde ebenso wie die Architektur nur gelegentlich zu den Künsten gerechnet. Dieses Modell wurde zur Grundlage des Unterrichts an den mittelalterlichen Kloster- und Domschulen sowie der Ausbildung an den später entstandenen Universitäten. Neben Alkuin, der sich 796 vom Hofe Karls nach Tours zurückzog, wo er als Abt des altehrwürdigen Martinsklosters wirkte,

STIRNSEITE DES AACHENER KARLSSCHREINS, ENDE 12. JH. KARL DER GROSSE, AUF DEM THRON SITZEND, HÄLT IN SEINER RECHTEN DAS MODELL EINES GOTISCHEN DOMES, IN SEINER LINKEN DAS SZEPTER.

AUSSCHNITT AUS DER SOGE-
NANNTEN ADA-HANDSCHRIFT.

SZENE AUS EINER DOM-
SCHULE. DIE SCHÜLER –
ANGEHENDE GEISTLICHE WIE
AUCH LAIEN – FOLGEN AUF-
MERKSAM DEM UNTERRICHT
DES SCHOLASTERS.

fand eine große Zahl weiterer Gelehrter den Weg zum Frankenherrscher. Neben dem bei Einhard erwähnten Petrus von Pisa, dem Grammatik- und Lateinlehrer Karls waren dies – um nur einige Namen aus dem großen Kreis zu nennen – Paulinus, der spätere Patriarch von Aquileija, der langobardische Geschichtsschreiber Paulus Diaconus, der westgotische Dichter und Dogmatiker Theodulf und nicht zuletzt auch Einhard. Letzterer, der im Kloster Fulda erzogen und Nachfolger Alkuins als Leiter der Hofschule geworden war, führte auch die Aufsicht über die seit 794 in Aachen, der Hauptpfalz, durchgeführten Bauten.

Im Skriptorium

In den Skriptorien, den Schreibstuben der Klöster, entstanden zahlreiche Handschriften für die wachsenden Bibliotheken. Ein äußerst reger Briefwechsel zeugt davon, daß Bücher in allen Wissensgebieten von weit her angefordert wurden, um Kopien zu fertigen. Im Rahmen dieser Renaissance entwickelte sich eine neue, einheitliche Schrift, die sogenannte karolingische Minuskel. Sie kam schließlich im ganzen Abendland in Gebrauch und spielte eine wichtige Rolle für die Verwaltung. Nicht zuletzt der Blick auf die zahlreichen an der Hofkapelle entstanden Urkunden bezeugen den Durchbruch der karolingischen Minuskel. Die Hofkapelle war die Gemeinschaft der Kleriker, die neben ihrem liturgischen Dienst am Königshof zugleich als Kanzler und Notare für die Ausstellung der königlichen Urkunden zuständig waren. Der Name Hofkapelle geht auf den Mantel des Heiligen Martin (*cappa*), des Hauptpatrons des Frankenreiches zurück. Diese Reliquie wurde in der Hofkapelle aufbewahrt. Die Leitung der Hofkapelle oblag dem Erzkapellan, der als Erzkanzler zugleich für das Urkundenwesen verantwortlich war.

Klosterreform

Den zahlreichen Reformen folgten unter Ludwig dem Frommen Bemühungen um die Klosterreform. Durch das Wirken des Abts Benedikt von Aniane († 821) wurde auf drei Aachener Synoden in den Jahren 816, 817 und 818/819 die Benediktsregel im gesamten Frankenreich zur alleinverbindlichen Grundlage mönchischen Lebens bestimmt. Das nunmehr benediktinisch gewordene Mönchtum bedufte jedoch aufgrund der zahlreichen Entwicklungen weitere Bestimmungen zur Regelung seines Alltags. Fortan wurde die grundlegende Benediktsregel um sogenannte *consuetudines*, Gewohnheitsbestimmungen, ergänzt.

Welche Wirkung die »karolingische Renaissance« auf die Entwicklung der zeitgenössischen Wissenschaft hatte, soll nun anhand der Klostermedizin exemplarisch aufgezeigt werden. Neben der Zentralität des Themas für den mittelalterlichen Menschen bietet sich dieses Beispiel auch aus Gründen der Überlieferungslage an. Das um 795 entstandene sogenannte Lorscher Arzneibuch zeigt in einzigartiger Weise das medizinische Wissen der Zeit Karls des Großen.

DAS LORSCHER ARZNEIBUCH, DER KLOSTERPLAN VON SANKT GALLEN UND EIN KAROLINGISCHES GRÄBERFELD

Das sogenannte Lorscher Arzneibuch, das heute in der Staatsbibliothek zu Bamberg aufbewahrt wird, ist ein einzigartiges Zeugnis medizinischer Lehrinhalte und Wissensvermittlung des 8. Jahrhunderts. Es wurde um das Jahr 795, zur Regierungszeit Karls des Großen, in der Abtei Lorsch abgefaßt und gelangte am Ende des 10. Jahrhunderts in den Besitz Kaiser Ottos III. († 1002). Heinrich II. († 1024) gab es schließlich in die Obhut der Bamberger Dombibliothek. Das Lorscher Arzneibuch umfaßt Auszüge aus zahlreichen Schriften, vor allem aus den Werken verschiedener griechischer und römischer Autoren sowie zahlreiche während des 5. und 6. Jahrhunderts gebräuchliche Arzneimittelrezepte. Zumeist zweisprachige Pflanzenglossare, die sogenannten Hermeneumata, und Listen, die mögliche Ersatzsubstanzen für schwer beschaffbare oder teuere Zutaten zur Arzneimittelbereitung durch günstigere vor Ort erwerbbare nennen, schließen sich an. Daneben findet sich eine Übersicht der angezeigten Maße und Gewichte. Einen weiteren Anhang mit diätetischen Empfehlungen bildet der sogenannte Anthimus-Brief. Besonderes Augenmerk verdient die programmatische, im Sinne Cassiodors gestaltete »Rechtfertigung der Heilkunde«, die den eigentlichen medizinischen Texten voransteht. Sie unterstreicht den Umstand, daß trotz der politischen Unterstützung des Wissenserwerbs, die praktische Anwendung der Heilkunde in der klösterlichen Umwelt noch immer nicht selbstverständlich war. Untermauert wird der durchgängig hippokratische, durch christliches Gedankengut überformte Geist des Werkes mit einer geschickten rhetorischen Ablehnung volksmedizinisch-magischer Elemente: »Ich bin genötigt«, so heißt es in der Rechtfertigung der Heilkunde, »denen zu erwidern, die sagen, ich hätte diese Buch unnützerweise geschrieben, indem sie behaupten, darin stehe nur wenig Wahres geschrieben. Jedoch

DIE SOGENANNTE MARTINS-
BIBEL, BEISPIEL EINER
KAROLINGISCHEN MINUSKEL-
SCHRIFT.

RECHTS: DER KLOSTERPLAN
VON SANKT GALLEN, ZWI-
SCHEN 825 UND 830 AUF DER
REICHENAU FÜR DEN SANKT
GALLER ABT GOZBERT ANGE-
FERTIGT, ZEIGT DEN IDEAL-
TYP EINES BENEDIKTINI-
SCHEN KLOSTERS.

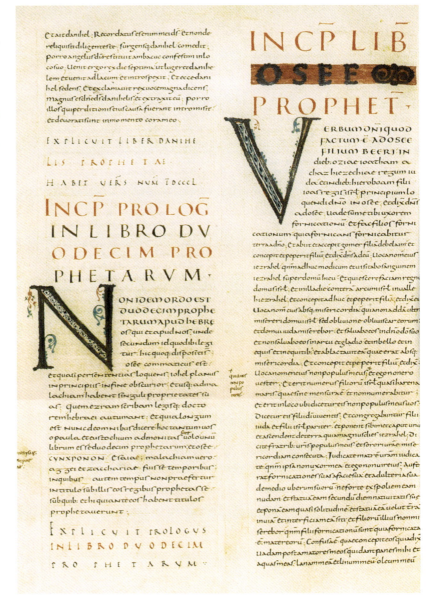

wie taub hörte ich nicht auf ihre Worte (Ps 38, 14), weil ich die Notlage der Hilfsbedürftigen für wichtiger ansah als den Tadel derer, die gegen mich tobten. Deshalb werde ich ihnen erwidern, nicht mit meinen eigenen Worten, sondern mit denen der Heiligen Schrift. Ist doch die menschliche Heilkunst durchaus nicht zu verschmähen, da feststeht, daß sie den göttlichen Büchern nicht unbekannt ist. Das bisher Gesagte werde als mit der Gunst des Herrn nunmehr fortgesetzt. [...] Denn aus drei Ursachen wird der Leib von Krankheit befallen: aus einer Sünde, aus einer Bewährungsprobe und aus einer Leidensanfälligkeit. Nur dieser letzteren kann

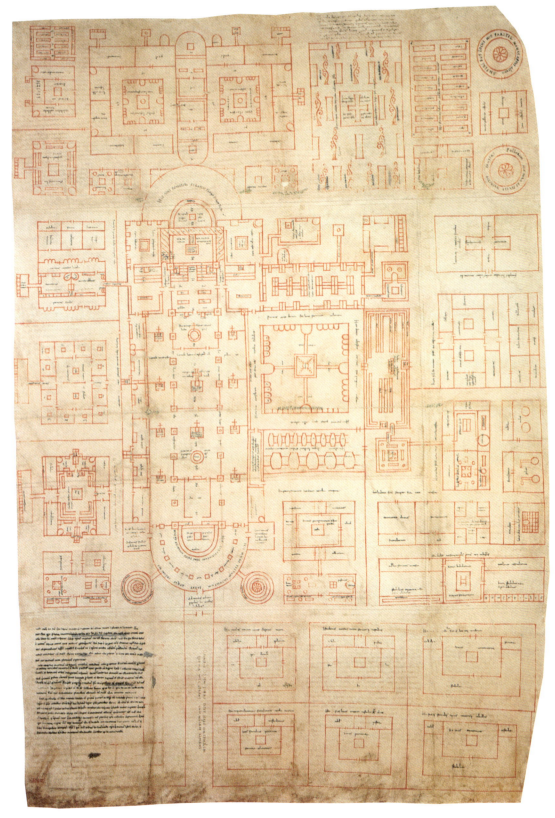

menschliche Heilkunst abhelfen, jenen aber einzig und allein die Liebe der göttlichen Barmherzigkeit. Gleichwohl wurden auch sie bisweilen nicht ohne menschliche Beihilfe geheilt. Das legen wird besser dar, wenn wir einen Beleg bringen. Aufgrund von Sünde nämlich wurde Saulus mit dem Verlust des Augenlichts geschlagen, wird jedoch nur geheilt durch die Handauflegung eines Menschen (Apg. 9, 8–18).«[112]

Der Sankt Galler Klosterpan

Mit der umfassenden Reform der Klöster durch das Wirken Benedikts von Aniane fand die Heilkunde in den mönchischen Gemeinschaften auch eine institutionelle Verankerung wie der berühmte um 820 auf der Insel Reichenau entstandene Klosterplan von Sankt Gallen – der Idealplan eines benediktinischen Klosters – zeigt. Darauf wird sichtbar, wie sich die benediktinischen Klöster in ihrer baulichen Anlage nach den normativen Vorgaben ausrichteten.[113] Die große Klosterkirche wird auf dem Plan im Westen von zwei runden Türmen flankiert. Im Westen lag der Vorratskeller, im Südwesten die Küche. Daran schließt sich das sogenannte Refektorium, der Speisesaal, an. Vor dem Betreten des Refektoriums reinigten die Brüder ihre Hände im nahen Brunnenhaus. Östlich des Kreuzgangs lag das Dormitorium, der Schlafsaal der Brüder. An dessen südöstlicher Ecke war ein gemeinschaftlicher Abort mit einer natürlichen Wasserspülung angelegt. Der Schlafsaal befand sich im Obergeschoß des Gebäudes. Dadurch sollte vermieden werden, daß sich in gesundheitsschädlicher Weise zuviel Feuchtigkeit aus dem Boden im Schlafsaal verbreitete. Zugleich wurde mit der Anlage im Obergeschoß die Möglichkeit der Luftzufuhr im Dormitorium verbessert. Im Untergeschoß des Schlafsaales befanden sich häufig eine Sakristei und ein sogenannter Kapitel-Saal, in dem bei den Zusammenkünften der Gemeinschaft zu festgelegten Zeiten die Regel zur Einprägsamkeit wieder und wieder verlesen wurde. All diese Räumlichkeiten bildeten den Kern der Klosteranlage, die Klausur. Ihr Betreten war nur den Mitgliedern der Mönchsgemeinschaft gestattet.

Um diesen Kernbereich herum gruppierten sich eine Anzahl weiterer Gebäude, darunter auch die Hospitalanlagen im Osten und Westen. Dem Sankt Galler Plan zufolge gab es drei hospitalische Einrichtungen von unterschiedlichem Bestimmungszweck. Im Südwesten lag das sogenannte *Hospitale Pauperum*. In ihm wurden Arme, Pilger und sonstige Bedürftige versorgt. Im Norwesten findet sich das *Hospitium*. Dieses war den wohlhabenderen Gästen vorbehalten, die zu Pferd am Kloster eintrafen. Schließlich findet sich das Infirmarium, das entsprechend des 36. Kapitels der Benediktsregel allein den kranken Mitbrüdern zugänglich war, im Osten des Klausurbereichs. An das Infirmarium angeschlossen gab es häufig eine eigene Küche für die Kranken mit einem Speisesaal, eine eigene Kapelle sowie Bade- und Aderlaßeinrichtungen. Daneben lagen die Unterkunft des Arztes und eine Apotheke. Mehr als die Hälfte aller mittelalterlichen europäischen Klöster folgte nach Feststellung des Medizinhistorikers Dieter Jetter diesem durch die Benediktsregel vorgegebenen Anlageschema.[114] Als Idealplan eines Klosters geht die Sankt Galler Grundrisszeichnung jedoch über die grobe Anlagedarstellung hinaus. Sie bildet detailliert Zimmer für reisende Mönche am nördlichen Seitenschiff und Unterkünfte für kranke Novizen im östlich gelegenen Noviziat ab. Neben solchen Einrichtungen gab es mitunter Beherbergungsmöglichkeiten für Schwerkranke nahe des Klostergartens im Nordosten. Diese sind auf dem Plan jedoch nicht zu sehen. Gelegentlich fand sich zudem ein eigenes Haus zur Versorgung kranker Laienbrüder im Westen einer benediktinischen Klosteranlage. In einiger Entfernung von den gemeinschaftlichen Einrichtungen befand sich schließlich ein Gebäude zur Beherbergung Leprakranker.

Nichts ist von den Klosterhospitälern aus der Entstehungszeit des Sankt Galler Klosterplans nicht erhalten geblieben, das eine Umsetzung des Projekts sichtbar belegen könnte. Erst Klosteranlagen aus späterer Zeit legen Zeugnis darüber ab, wie sich mittelalterliche Mönchsgemeinschaften um eine Verwirklichung der Idealvorstellungen bemühten. Das Infirmarium im burgundischen Kloster Cluny wurde unter dem neunten Abt Petrus Venerabilis († 1156) auf 80 Betten vergrößert. Auch die Zisterzienser folgten im 12. Jahrhundert dem benediktinischen Vorbild. In den Zisterzienserklöstern existierten ebenfalls Infimarienkomplexe, die in den Überresten der einstigen Anlagen – so im nördlich von Paris gelegenen Ourscamp – noch heute sichtbar sind. In den Klöstern der Bettelorden, der Franziskaner und Dominikaner, die sich ab dem 13. Jahrhundert entwickelten, bildeten Infirmarien ebenfalls einen festen Bestandtteil.

Ein karolingisches Gräberfeld

Exemplarische Einblicke in Gesundheit und Krankheit im Osten des karolingischen Frankenreiches erlauben Skelettfunde aus dem Gräberfeld von St. Petri im westfälischen Soest. Die Ergebnisse der paläopathologischen Untersuchungen der 82 besterhaltensten von insgesamt 160 größtenteils nur unvollständig aufgefundenen Skeletten erlauben weitere Rückschlüsse auf die Zusammenhänge von Lebensweise und gesundheitlicher Belastung.[115] Dabei ist zu berücksichtigen, daß die Skelettfunde lediglich einen mehr oder weniger zufälligen Ausschnitt der im Soest des 9. Jahrhunderts lebenden Bevölkerung repräsentieren. Daher können die Untersuchungsergebnisse nicht vorbehaltlos auf allgemeine Verhältnisse übertragen werden. Nahezu dreiviertel der untersuchten Individuen wiesen am Skelett erkennbare pathologische Zustände auf.[116] Insgesamt kann die Krankheitsbelastung durchaus noch höher gelegen haben, da nicht alle Erkrankungen, so etwa raschverlaufende Infektionskrankheiten, ihre Spuren an den auffindbaren Knochenüberresten hinterlassen. Die anhand der Skelettfunde ermittelte durchschnittliche Lebenserwartung der Bewohnerinnen und Bewohner des karolingischen Soest unterscheidet sich nicht von den Befunden anderer Skelettserien. Sie lag bei Menschen,

AUFNAHME EINES BENEDIKTINISCHEN MÖNCHS IN DIE KLOSTERGEMEINSCHAFT.

SARAZENISCHE FRAUEN BEIM SCHACHSPIEL.

die das 17. bis 20. Lebensjahr bereits erreicht und die typischen, von Fieber begleiteten sogenannten »Kinderkrankheiten« sowie unterschiedliche Durchfallerkrankungen hinter sich gelassen hatten, zwischen 27 und 32 Jahren. Wer länger lebte, scheint in einen Lebensabschnitt eingetreten zu sein, der weniger gesundheitliche Risiken barg und während dessen sich die Wahrscheinlichkeit, ein deutlich höheres Alter zu erreichen, stetig steigerte. Nur rund 15 Prozent der zur Untersuchungsgruppe gehörigen Individuen lebte demnach länger als 33 Jahre. Ein auffälliger Anstieg der Sterberate läßt sich sowohl bei Frauen als auch bei Männern im frühen und mittleren Erwachsenenalter, also zwischen dem 20. und dem 33. Lebensjahr, beobachten. Unabhängig vom Geschlecht ließ sich feststellen, daß etwa jeder Vierte unter Arthrose litt. Angesichts des vergleichsweise jungen Sterbealters handelt es sich weniger um altersbedingte Arthrosen, denn vielmehr um eine im Zusammenhang mit der Tätigkeit der Betroffenen stehenden Überbeanspruchung der Gelenke. Bei einigen der Skelette lassen sich solche tätigkeitsbedingten Arthrosen deutlich erkennen. Ein Mann kann aufgrund der Befunde wohl als Töpfer identifiziert werden, der sein Bein stets im Winkel einseitig beanspruchte und über die Töpferscheibe gebeugt arbeitete.[117] Die Bewohner des karolingischen Soest scheinen häufig an Kiefererkrankungen gelitten zu haben, die gleichzeitig Zahnstein, Zahnverluste sowie Fistelbildungen bedingen konnten. Etwa jeden Zweiten dürften die schmerzhaften Entzündungen des Zahnhalteapparates zu Lebzeiten empfindlich gepeinigt haben. Nahezu die Hälfte aller erhaltenen Kiefer zeigte Verluste im Bereich der Backen- (Molaren), 19 Prozent in dem der Frontzähne. Welche Beinträchtigungen der Lebensqualität, insbesondere für die Nahrungsaufnahme, mit dem Ausfall zahlreicher Zähne einhergegangen sein muß, läßt sich erahnen. Auch Karies war weit verbreitet und ließ sich bei jedem Vierten nachweisen. Die Zähne auch junger Menschen weisen allgemein einen sehr viel höheren Abnutzungsgrad auf als heute üblich. Dies lag nicht zuletzt an dem viel gröber gemahlenen Mehl, unter dem sich sehr viel mehr Rückstände aus dem Mahlvorgang befanden, etwa kleine Steinchen.

An den Skeletten finden sich indes verhältnismäßig selten Spuren von Verletzungen. Nur vier Individuen weisen Knochenbrüche auf. Im Licht der archäologischen Funde von St. Petri erscheint zumindest die Gruppe der auf diesem Gräberfeld Bestatteten einen beschwerlichen, die Knochen beanspruchenden, jedoch kaum einen kriegerischen Alltag gehabt zu haben.

KAROLINGISCHE BEGEGNUNGEN MIT DEM ORIENT – GESANDTE AM HOF HARUN AR-RASCHIDS

Eine besondere Erwähnung in vielen Untersuchungen über Karl den Großen und die Zeit der Karolinger findet immer wieder der Elefant Abu'l Abbas, den der Kaiser im Jahre 802 als Geschenk von Harun ar-Raschid (gest. 809) erhielt und der noch einige Jahre in der Pfalz in Aachen lebte. Noch Karls Vorfahr Karl Martell hatte 732 mit seinem Sieg in der Schlacht von Tours und Poitiers den arabischen Vormarsch in Europa aufgehalten. Doch schon bald tauschten die Karolinger Gesandte mit den abbasidischen Kalifen aus, die die Omaijaden zuvor in blutigen Kämpfen aus dem Kalifat gedrängt hatten.[118] So hatte schon Karls Vater Pippin III. († 768) im Jahre 765 Beziehungen zu Haruns Großvater al-Mansur geknüpft. Hieran knüpften Karl und Harun ar-Raschid nun an. Die Omaijaden auf der Iberischen Halbinsel bildeten eine ernstzunehmende Bedrohung für das Frankenreich. Gleichzeitig waren die Abbasiden verfeindet mit den Omaijaden. Auf der anderen Seite ging für das Abbasidenkalifat in Bagdad seit dem Beginn des 9. Jahrhunderts erneut Gefahr von seinen oströmischen Nachbarn aus. Die gemeinsamen Feinde gaben wohl den

Anstoß zu neuerlichen Gesandtschaftsreisen, von denen allerdings nur abendländische Schriftzeugnisse berichten. Einhards Bericht zufolge reisten im Jahre 797 Lantfrid und Sigismund, die beide keine Geistlichen waren, im Auftrage Karls des Großen zu Harun ar-Raschid. Isaak, der wohl ein jüdischer Fernhändler und mit der Geographie der zu bereisenden Region vertraut war, begleitete sie. Zugleich wird Isaak als Dolmetscher fungiert haben. Über den genauen Reiseverlauf ist nichts näheres bekannt. Lantfrid und Sigismund kehrten von der langen Reise nicht zurück. Sie starben irgendwo unterwegs. Einzig Isaak landete im Jahre 802 per Schiff in Italien und brachte mit sich unter anderem den Elefanten Abu'l Abbas als Geschenk des Kalifen Harun zurück. Gleichzeitig empfing Karl die Gesandtschaft Harun ar-Raschids im italienischen Vercelli, wobei reiche Geschenke gemacht wurden.

Die unter dem Namen »Schachspiel Karls des Großen« bekannten Spielfiguren, die heute in der Pariser Bibliothèque Nationale aufbewahrt werden, befanden sich allerdings nicht darunter. Sie stammen, allen Mißverständnissen aus der Namengebung zum Trotz erst aus dem späten 11. Jahrhundert und wurden nach arabischen Vorbildern in Süditalien gefertigt.[119] Dennoch dürfte das Spiel selbst, das im 6. Jahrhundert in Indien entstanden war und sich zunächst im Orient verbreitete, wohl auch schon im Abendland bekannt gewesen sein. Vielleicht wurde es gar wie im Orient belegt in einer Variante mit Würfeln gespielt, die Mohammed aufgrund des Glücksspielcharakters – die Augenzahl bestimmt über den Zug – als Ketzerei abgelehnt hatte.

Der Gesandtschaftsaustausch von 797/802 sollte nicht der einzige bleiben. Weitere Gesandtschaften machten sich vom Hofe Karls aus auf den Weg. Ob die zuletzt Aufgebrochenen Harun noch erreichten, ist fraglich. Der Kalif starb am 24. März 809 in Tus.

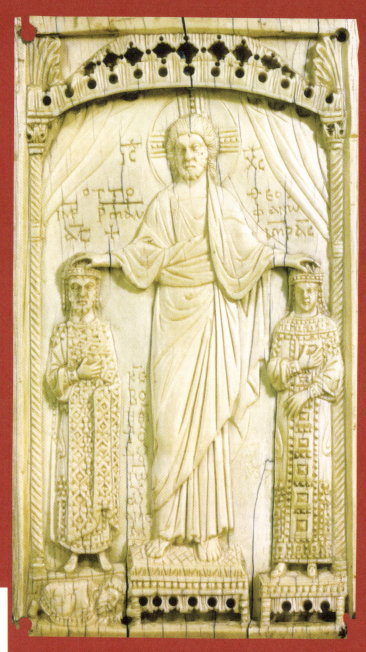

CHRISTUS KRÖNT KAISER OTTO II. UND SEINE GEMAHLIN THEOPHANU. DIE IN KONSTANTINOPEL ENTSTANDENE SCHNITZEREI ZEIGT DAS PAAR IN BYZANTINISCHEN HERRSCHERGEWÄNDERN.

OTTONISCHE RENAISSANCE UND REFORM IM KLOSTER.
NEUORDNUNGEN IM 10. JAHRHUNDERT

909/910	Stiftung des Klosters Cluny
911	Ludwig das Kind, letzter karolingischer König im ostfränkischen Reich, stirbt
911	Der Wikinger Rollo erhält von Karl dem Einfältigen im Vertrag von St. Clair-sur-Epte das Recht auf Ansiedlung in der Normandie
918	Tod Konrads I.
933	Heinrich I. siegt über die Ungarn an der Unstrut
936	Tod Heinrichs I.
955	Schlacht auf dem Lechfeld
962	Kaiserkrönung Ottos I. in Rom
964	Tod des Papstes Johannes XII.
973	Tod Ottos I.
983	Tod Kaiser Ottos II.
987	Hugo Capet wird zum König gewählt
991	Tod der Kaiserin Theophanu
996	Kaiserkrönung Ottos III.
999	Gerbert von Aurillac wird Papst (Sylvester II.)
1000	Gründung des Erzbistums Gnesen

Im 10. Jahrhundert endete die Herrschaft der Karolinger. Mit den sächsischen Ottonen sollte nach dem Tod des Konradiners Konrad I. († 918) eine neue Dynastie für die nächsten rund einhundert Jahre die Geschicke des sich zunehmend verselbständigenden Ostfrankenreiches bestimmen, das in einem langen Prozeß allmählich in ein Deutsches Reich überging.[120] Im westfränkischen Reich lösten die Kapetinger 987 die karolingische Herrschaft ab. Vom burgundischen Kloster Cluny aus setzte im 10. Jahrhundert eine weitreichende Klosterreform ein. Die Normannen, die die Küsten des Frankenreiches und Englands seit mehr als einem Jahrhundert bedroht hatten, siedelten sich ab 911 in der heute so genannten Normandie an.

DIE NORMANNISCHE BEDROHUNG UND DIE ANSIEDLUNG DER NORMANNEN IN DER NORMANDIE

Im 9. Jahrhundert waren die Normannen, die auch Wikinger genannten Dänen, Schweden und Norweger, zur größten äußeren Bedrohung der Bewohner küsten- und flußnaher Klöster, Dörfer und Städte der Britischen Inseln und des Frankenreichs geworden. Doch unternahmen sie auch Raubzüge an die Küsten der Ostsee und entlang der großen Ströme Wolga und Dnjepr.

Schon am Ende des 8. Jahrhunderts hatten die Normannen begonnen, küstennahe Siedlungen und Klöster zu überfallen. Im Jahre 793 hatten sie das auf einer Insel vor der Küste Northumbriens gelegene Kloster Lindisfarne geplündert. Der große angelsächsische Gelehrte Alkuin († 804), der später als Leiter der Hofschule Karls des Großen und Erzieher der Königskinder wirken sollte, brachte sein Entsetzen über diese frevelhafte Tat der Normannen deutlich zum Ausdruck: »Seit fast 350 Jahren bewohnen wir und unsere Väter dieses höchst liebliche Land, und niemals zuvor ist in Britannien eine Bedrängnis entstanden, wie wir sie jetzt von der heidnischen Rasse erduldet haben, noch hat sich jemand einen solchen Einfall vom Meer aus vorstellen können.«[121] Neben dem geraubten Gut verschleppten die Normannen zahlreiche Gefangene. Alkuin bringt jedenfalls in dem zitierten Schriftstück seinen Wunsch zum Ausdruck,

Karl der Große möge für deren Freikauf sorgen. Im folgenden Jahr griffen die Normannen ein weiteres northumbrisches Kloster an, wahrscheinlich Jarrow, wo sechzig Jahre zuvor Beda der Ehrwürdige seine »Kirchengeschichte des englischen Volkes« verfaßt hatte.

Im Folgejahr wurde Irland von den Raubzügen betroffen. Das von Columba dem Älteren († 597) gegründete Kloster Iona war 795 das Hauptziel der Normannen, die in der Nähe von Dublin ihre Plünderungen fortsetzten. Im Jahre 799 erschienen die Normannen an der Küste Aquitaniens.

Normanneneinfälle des 9. Jahrhunderts

Um die Mitte des 9. Jahrhunderts waren aus den sporadischen, unorganisierten Überfällen großangelegte Raubzüge geworden. Alljährlich wurden nun küsten- und stromnahe Klöster, Dörfer und Städte im Frankenreich, im Osten und in der Mitte Englands geplündert. Die Abwehrversuche seitens der fränkischen Herrscher waren anfangs noch weitgehend fruchtlos und führten erst in den 880er Jahren zu Erfolgen, so mit den Siegen des Ostfranken Ludwigs des Jüngeren († 882) bei Thiméon 880 und des westfränkischen Königs Ludwig III. († 884) bei Saucourt 881. So wurden die Abteien und Jumièges und Saint Wandrille 841 noch von den Normannen heimgesucht. Im Jahre 834 überfielen die Normannen erstmals Friesland. Der flache Kiel ihrer unter Wind und mit Ruderern manövrierbaren Schiffe ermöglichte den erfahrenen Seefahrern, die sich auf ihren Reisen mit Hilfe von Landmarken orientierten, über die großen Flußläufe von Seine, Loire und Garonne bis weit in das Landesinnere vorzudringen. Unterschiedliche solcher Schiffe aus der Zeit des 9. Jahrhunderts konnten bei archäologischen Grabungen in Skandinavien geborgen werden, darunter das hochseetüchtige Gokstad-Schiff, das heute im Vikingskiphuset im norwegischen Oslo gezeigt wird. Im Jahre 845 stießen die Normannen über die Seine bis nach Paris vor. Die Annalen von Saint Bertin wissen davon zu berichten, daß der vorangegangene Winter sehr hart gewesen sei.[122] Die Normannen seien im März mit 120 Schiffen in die Seine eingedrungen, hätten die Ufer auf beiden Seiten des Flusses verheert und seien schließlich nach Paris gelangt. Mit der Zahlung von 7000 Pfund Silber bewegte Kaiser Karl II., der Kahle († 877) die Angreifer zum Rückzug und zur Verschonung der Stadt.

Wohl im folgenden Jahr, 846, traf es den Xantener Annalen zufolge den friesischen Handelsstützpunkt Dorestad.[123] Etwa um die gleiche Zeit hatten sich schwedische Wikinger unter Führung Ruriks im Gebiet des Ladogasees nördlich von Nowgorod niedergelassen. Die Kontrolle über die großen Ströme Rußlands im Osten wie auch die Dominanz der Normannen auf dem Meer führte dazu, daß diese bald die bisher den abendländischen Handel beherrschenden Friesen und die vornehmlich im Fernhandel mit dem Mittelmeerraum wie dem Orient tätigen Juden, in ihrer Bedeutung ablösten. Mit dem 9. Jahrhundert wird das schwedische Birka zum wichtigsten Handelszentrum. Um 900 schwingt sich das an der Schlei gelegene Haithabu zu einem bedeutenden Güterumschlagplatz auf. Das Ausmaß des normannischen Handels in dieser Zeit belegt am deutlichsten der Fund von rund 40000 arabischen Silbermünzen (Dirhem) auf Gotland – die weltgrößte Ansammlung mittelalterlicher Münzen aus dem arabischen Raum. Haupthandelsgut der Wikinger waren vor allem Pelze und Schmuck, aber auch Sklaven. Neben diesen Handelsaktivitäten gingen die Überfälle weiter.

Im Jahre 851 überwinterten Normannen erstmals auf einer Insel in der Seine bei Rouen. Das Ausmaß der Plünderungen nahm zu und das Vorgehen der Eindringlinge zeigte sich zusehends organisierter. Den Annalen von Saint Bertin zufolge überfielen Wikinger im Oktober 865 das Kloster von St. Denis nahe Paris, dessen reiche Schätze geplündert wurden.[124] Glaubt man den weiteren Ausführungen der Quelle, so blieb die Untat nicht lange ungesühnt. Bald nach der Freveltat sollen die Plünderer nämlich von zahlreichen Krankheiten gepeinigt worden sein. Wäh-

DARSTELLUNG EINES NORMANNISCHEN LANGBOOTES AUF DEM SOGENANNTEN TEPPICH VON BAYEUX.

STEIN MIT RUNENINSCHRIFT
UND CHRISTLICHEM KREUZ.

rend einige den Verstand verloren hätten, habe andere der Aussatz befallen. Andere starben, als ihnen mit dem Stuhlgang allmählich alle Eingeweide abgingen. Welche Schreckensvision mit einem solchen Tod verbunden war, führt der Berichterstatter deutlich vor Augen. Das Bild des elenden Kranken, den ein nicht enden wollender Durchfall um sein Leben bringt, war den Zeitgenossen gut vertraut. Er galt, es sei an die Beschreibung des Todes des Arius durch Gregor von Tours erinnert, gewissermaßen als Sinnbild für den Tod eines Ketzers. Daß die Plünderer tatsächlich auf diese Weise ihr Ende fanden, steht eher zu bezweifeln. Vielmehr gibt der geistliche Verfasser des Berichts sein von Gerechtigkeitssinn geleitetes Wunschdenken wider. Krankheit als göttliche Strafe infolge von Sünde war ein gängiges Erzähl- und Interpretationsmotiv.[125] Schon in der Heiligen Schrift findet sich bei Jesus Sirach der Vers: Nur wer vor seinem Schöpfer sündigt, wird in des Arztes Hände überliefert.[126] Dem Erzbischof Hinkmar von Reims, der die sogenannten Annalen von Saint Bertin in dieser Zeit fortschrieb, war in seiner Schilderung der Ereignisse vor allem daran gelegen, zur erbaulichen Belehrung seiner Leser den Übeltätern ihre gerechte Strafe durch den Allmächtigen zukommen zu lassen. Doch erst in der Folgezeit sollte die Normannengefahr ihren Höhepunkt erreichen. Im Jahre 885 belagerten die Normannen monatelang Paris und zogen auch dieses Mal erst nach Zahlung eines großen Tributs wieder ab.

Die Ansiedlung der Normannen

Nach der Einigung Norwegens unter Harald Schönhaar († 933) im Jahre 872 hatten viele norwegische Wikinger ihre Heimat verlassen, um sich im 860 entdeckten Island niederzulassen. Auch die schottischen Inseln wurden ab der zweiten Hälfte des 9. Jahrhunderts allmählich kolonisiert. Am Ende des 10. Jahrhunderts begannen Wikinger auch auf dem kurz zuvor entdeckten Grönland zu siedeln. Doch auch andernorts zeigten sich seit dem 9. Jahrhundert immer deutlicher die Absichten der Normannen, sich anzusiedeln. In Friesland, Walcheren und dem Kennemerland war es bereits zu vergeblichen Ansiedlungsversuchen gekommen. Selbst dem großen Danelag in England war kein dauerhaftes Überleben beschieden. Nur in der Normandie sollten die Normannen schließlich auf Dauer seßhaft werden und ihre politischen Geschicke regeln. Den Ausführungen des Chronisten Dudo aus dem frühen 11. Jahrhundert zufolge, gestattete Karl der Einfältige († 922/923) dem zuvor von ihm in der Schlacht besiegten Wikinger Rollo († 931), der wohl norwegischer Abstammung war, die Ansiedlung in der Normandie. Im Vertrag von Saint Clair-sur-Epte aus dem Jahre 911 wurden den Normannen bestimmte Abschnitte *(pagi)* an der Meeresküste einschließlich der Stadt Rouen übereignet. Rollo erklärte sich im Gegenzug zum Schutz der ihm überantworteten Gebiete bereit und nahm nach Dudos Bericht mitsamt seiner Getreuen das Christentum an. Im Jahre 933 vergrößerte sich die Normandie unter Rollos Sohn Wilhelm I. »Langschwert« († 942) um das Avranchin und das Cotentin; Gebiete, die sich die Bretonen zwischenzeitlich angeeignet hatten. Damit erstreckte sich das Herzogtum Normandie in etwa über das gleiche Territorium wie 1066, als Wilhelm der Eroberer die Herrschaft über England antrat.

DIE GRÜNDUNG DES KLOSTERS CLUNY

Als die Abtei Cluny am 11. September 909, wahrscheinlicher aber 910 in Bourges gegründet wurde, war die Gefahr durch die Normannen noch nicht vorüber.[127] Die Mönche des nahe Cluny an der Saône liegenden Klosters Tournus hatten inzwischen eine rund vierzigjährige Flucht hinter sich. Von der Insel Noirmoutier, unterhalb von Nantes nahe der Mündung der Loire gelegen, hatten sie sich zunächst nach Deas-sur-Boulogne im heutigen Departement Deux-Sèvres zurückgezogen und waren nur im Winter, wenn die normannischen Übergriffe aussetzten, auf die Insel zurückgekehrt. Nachdem sich auch der neue Aufenthaltsort als unsicher erwiesen hatte und von den Normannen geplündert worden war, war die Gemeinschaft in das Kloster Cunauld in der Nähe von Saumur im heutigen Departement Maine-et-Loire weitergezogen. Nach weiteren Stationen waren sie schließlich im Kloster Tournus aufgenommen worden.

Klöster waren selbst im 10. Jahrhundert weit mehr als Orte geistlichen Lebens. Sie waren Zentren der Bildung, der Fürsorge Bedürftiger und in königsfernen Gebieten unentbehrliche Stützen der weltlichen Macht. Die Blüte des mittelalterlichen Städtewesens war hingegen noch nicht gekommen, viele der heute bekannten Städte wie München oder Lübeck noch gar nicht gegründet. Gestalt und Größe der im 10. Jahrhundert in Kontinuität zu früheren, römisch geprägten Ansiedlungen bestehenden Städte unterschieden sich deutlich von den Gegebenheiten jener spätmittelalterlichen Städten, die heute als »mittelaltertypisch« so häufig die Vorstellungen von Nicht-Historikern prägen. Nicht zuletzt angesichts der bedeutenden Rolle, die die Klöster mithin für die weltliche Herrschaft spielten, erklärt sich deren Gründung in großer Zahl trotz der widrigen Rahmenbedingungen um das Jahr 900. Eng einher ging damit die Erkenntnis zur Reformbedürftigkeit des zeitgenössischen Mönchtums. In den bestehenden Klöster waren aus geistlicher Sicht zahlreiche Mißstände zu beklagen. Nicht selten etwa waren die Äbte der Klöster keine Geistlichen. Die Abtei von Saint Benôit in Fleury-sur-Loire beispielsweise hatte einen Abt, der als Nicht-Geistlicher nebst Frau und Kindern im Kloster wohnte und seine Jagdgesellschaft pflegte. Nicht nur deshalb gestaltete sich das klösterliche Leben häufig fern jeder Regel. Die Mönche lebten vielmehr gleich Kanonikern, die materiellen Besitz haben durften und nicht zum Leben in Gemeinschaft verpflichtet waren.

Vor diesem Hintergrund gründete Herzog Wilhelm III. »der Fromme« von Aquitanien das Kloster von Cluny und überantwortete es dem Schutz des

Heiligen Petrus und des Papstes. War diese Bestimmung zwar nicht häufig, doch auch nicht gänzlich neu, so stellte der in der Gründungsurkunde Clunys schriftlich festgehaltene Verzicht Wilhelms und seiner Erben auf jegliche Ansprüche an allem übertragenen Besitz einen bisher einzigartigen Vorgang dar. Der neuen Abtei wurden damit Freiheiten in vorher unbekanntem Maß zuteil. Täglich, so sah es der von dem Kleriker Odo – wohl dem zweiten Abt des Klosters – geschriebene Urkundentext vor, sollten durch die streng nach der Benediktsregel lebende Gemeinschaft »die Werke der Barmherzigkeit, den Armen, Bedürftigen, Fremden, die des Weges kämen, und Pilgern mit höchster Anspannung erwiesen werden.« Auch diese Formulierung mit einer Betonung des im 53. Kapitel der Benediktsregel Geforderten war in dieser ausdrücklichen Form neu.

SAINT BENOÎT-SUR-LOIRE.

KREUZGANG DES HILDES-
HEIMER DOMES.

Wenngleich der amtierende Papst Sergius III. († 911), als »einer der unwürdigsten Amtsträger aus stadtrömischem Adel auf dem Stuhl Petri«[128] nicht in der Lage gewesen wäre, den angesprochenen Schutz Clunys zu garantieren und die Konflikte um die weltliche Herrschaft im Frankenreich ebensowenig zu dessen Sicherung beitrugen, erwies sich die Gründung Wilhelms des Frommen nicht nur als überlebensfähig, sondern auch in jeder Hinsicht als innovativ. Ohne näher auf die frühe Entwicklung der cluniazensischen Gemeinschaft eingehen zu wollen, sei unterstrichen, daß sich das Kloster nach seinen Anfängen unter Abt Berno († 927) in kurzer Zeit zu einem Reformzentrum des Mönchtums entwickelte. Im Jahre 931 erhielt Cluny die Reformlizenz von Papst Johannes XI., in deren

Folge sich die Reformbewegung weiter verstärkte. Unter den Reformern Clunys ragt neben den ersten Äbten vor allem Wilhlem von Volpiano, der spätere Abt von S. Benigne in Dijon heraus, der seit 989 zahlreiche Klöster reformierte. Die cluniazensische Reformbewegung strahlte über ihr klösterliches Umfeld weit hinaus. Auf ihrer Grundlage schwangen sich die Cluniazenser zu einer Größe auf, die nicht nur geistig-religiös im 10. und 11. Jahrhundert die Richtung wies, sondern darüber hinaus großen Einfluß im politischen Geschehen gewann.

DER BEGINN DER OTTONENHERRSCHAFT UND ASPEKTE DER »OTTONISCHEN RENAISSANCE«

Mit Ludwig dem Kind, der 911 im Alter von nur 18 Jahren starb und in Regensburg beigesetzt wurde, endete die Herrschaft der Karolinger im Ostfrankenreich. Nach Konrad I., dem Konradiner, der nur sieben Jahre regierte und 918 starb, ging die Königsherrschaft auf den sächsischen Herzog Heinrich I. († 936) über. Dem späteren, zweifelhaften Bericht des sächsischen Chronisten Widukind von Corvey zufolge soll Konrad auf dem Totenbett Heinrich zu seinem Nachfolger bestimmt und seinen Bruder Eberhard († 939) zum Verzicht auf die Herrschaft aufgefordert haben: »Das Glück, mein Bruder, samt der herrlichsten Befähigung steht auf Heinrichs Seite, das Heil des Staates liegt in der Sachsen Hand. Nimm also diese Insignien, die heilige Lanze, die goldenen Spangen nebst dem Mantel, das Schwert und die Krone der alten Könige, gehe hin zu Heinrich und mache Frieden mit ihm, damit du ihn für immer zum Verbündeten haben mögest.«[129] Jenseits dieses Wunschdenkens einer einfachen Übertragung der fränkischen Herrschaft auf die Sachsen, die bei Widukind stark hervortritt, gestalteten sich die wahren Vorgänge um Heinrichs Herrschaftsantritt gewiß anders.[130] In den ersten Jahren seiner Herrschaft erscheint Heinrich vielmehr als ein *Primus inter pares*,[131] ein Erster unter Gleichen, der sich zunächst gegen die Herzog Arnulf von Bayern († 937) und den Herzog Burchard von Schwaben († 926) wie auch gegen den Konradiner Eberhard behaupten mußte. Heinrich brauchte lange, um seine Herrschaft nach innen zu festigen.

Die Heilige Lanze

Von außen drohte vor allem Gefahr durch die Ungarn, mit denen sich Heinrich 926 gegen Zahlung jährlicher Tribute auf einen neunjährigen

Waffenstillstand einigte. Im Jahre 933 sah der König seine militärische Kraft soweit gestärkt, daß er die Zahlung aussetzte. Die Ungarn stießen daraufhin nach Sachsen vor und wurden am 15. März 933 bei Riade an der Unstrut vernichtend geschlagen. Der König hatte eine bedeutende Reliquie mit ins Feld geführt – die Heilige Lanze. Als Christusreliquie und Herrschaftszeichen sollte sie mehrfach eine besondere Rolle im politischen Geschehen spielen. Die Heilige Lanze war Heinrich I. im Jahre 926 durch König Rudolf II. von Hochburgund († 937) geschenkt worden, nachdem dieser 926 nach dem Tod des Herzogs Burchard einen Teil des Herzogtums Schwaben erhalten hatte.[132] Diese heute gemeinsam mit den Reichskleinodien in der Schatzkammer der Wiener Hofburg aufbewahrte Flügellanzenspitze stammt aus vorkarolingischer oder karolingischer Zeit und ist durch Hinzufügungen im 11. und 14. Jahrhundert mehrfach in ihrem Aussehen verändert worden. In ihre ausgebrochene Mitte ist ein Eisenstift eingefügt, der später als Nagel vom Kreuz Christi angesehen wurde. Dem ältesten Bericht zufolge enthielt die Lanze Späne der Kreuzesnägel. Der Bischof und Geschichtsschreiber Liudprand von Cremona († ca. 970) hat die Lanze in seinem Werk *Antapodosis* ausführlich beschrieben, wenngleich sich seine Darstellung – wohl nicht zuletzt aufgrund der Veränderungen im Laufe der Jahrhunderte – um einiges von der heute gezeigten Heiligen Lanze unterscheidet. Brachte Liudprand die Lanze mit Konstantin dem Großen in Verbindung, so galt sie spätestens im 10. Jahrhundert als Lanze des Heiligen Mauritius. Sein Kult wurde sowohl in Burgund, dem Herkunftsort der Reliquie, als auch unter den ottonischen Herrschern besonders gepflegt. Im 13. Jahrhundert wandelte sich die Lanze dann von der Lanze des Mauritius zur Lanze des Longinus, jenes römischen Soldaten, der der Legende zufolge die Seite des Gekreuzigten durchstieß. Der Sieg am 15. März 933, dem Longinustag, deutet aber darauf hin, daß die Lanze schon zu dieser Zeit auch als Marterwerkzeug der Passion Christi betrachtet wurde. Als solche zog Otto der Große 939 unter Mitführung der Lanze gegen die aufständischen Großen zu Felde. Im Jahre 955 bewies sie in den Augen der Zeitgenossen noch einmal ihre Wirkmächtigkeit in der berühmten Schlacht Ottos und des Bischofs Ulrich von Augsburg gegen die Ungarn auf dem Lechfeld.

Bei seiner Kaiserkrönung in Rom 996 ließ sich der junge Otto III. († 1002), dessen politisches Ziel die Renovatio Imperii, die Wiedererneuerung des römischen Reiches war und der seine Übersiedlung in die Ewige Stadt plante, die Heilige Lanze voraustragen. Bischof Bernward von Hildesheim trug sie 1001 in des Kaisers Namen bei der Auseinandersetzung mit den aufständischen Römern. Schließlich fiel der Reli-

KAISER OTTO III.

quie während der Regierungszeit Ottos III. noch eine herausragende symbolische Bedeutung bei den Bemühungen des Herrschers um eine Organisation kirchlicher und politischer Strukturen der östlich an sein Reich grenzenden Nachbargebiete zu. So schenkte Otto eine Kopie der Lanze, in die aber wohl Reliquien(splitter) des Originals eingearbeitet waren, bei seiner Reise zur Einrichtung des Erzbistums Gnesen im Jahre 1000 dem Polenherzog Boleslaw Chrobry. Auch König Stephan von Ungarn wurde ein solches Geschenk zuteil. Als Herrschaftssymbol spielte sie, wie noch zu sehen sein wird, eine maßgebliche Rolle bei der Krönung Heinrichs II. in Mainz 1002 und der Anerkennung seiner Königsherrschaft durch die Sachsen.

DIE WESTFASSADE DER ABTEIKIRCHE CORVEY. ÜBER DEM KAROLINGISCHEN WESTWERK DIE BEIDEN OBEREN TURMGESCHOSSE VON 1146.

Kulturelle Blüte

Sollen die politischen Entwicklungen unter ottonischer Herrschaft, die in jüngerer Zeit umfassend dargestellt worden sind,[133] hier nicht näher betrachtet werden, so richtet sich der Blick auf die Umstände des kulturellen Aufschwungs in dieser Zeit. Dieser ist bisweilen als die »ottonische Renaissance« bezeichnet worden. Während die Schriftlichkeit unter den Ottonen wieder zurückging und diese sehr viel weniger Urkunden ausstellten als ihre karolingischen Vorgänger, so ermöglichte die stabile Herrschaftsordnung vor allem in den reich ausgestatteten Klöstern und an den Bischofssitzen das liturgische Schrifttum weiter zu entfalten und die Bildung zu fördern. Die Ausrichtung des Reichskirchensystems, in dem Bischöfe und Äbte »durch die Ausstattung mit Besitz und Herrschaftsrechten zu wichtigen Herrschaftsträgern im Reich« wurden,[134] schuf hierzu die wesentlichen Grundlagen. In den wirtschaftlich aufblühenden Bischofsstädten großer Diözesen setzte eine rege Bautätigkeit an den Gotteshäusern ein. Neue Klöster und Stifte wurden, nicht zuletzt auf Betreiben der Bischöfe, gegründet. In Magdeburg, Würzburg und andernorts wurden Domschulen nach dem Vorbild Kölns eingerichtet. Auf ihre Rolle als Bildungszentren und das Wirken Gerberts von Aurillac, der als Papst Silvester II. 999 den Stuhl Petri einnahm, wird an anderer Stelle noch ausführlich einzugehen sein.

Klöster wie Corvey an der Weser, Fulda, St. Gallen oder St. Emmeran in Regensburg wirkten weiter als geistige Zentren. So entstand vor allem liturgisches Schrifttum in großer Zahl. Gleichzeitig wuchs der Bedarf an Bildung in den klassischen Sprachen, deren Kenntnis die Erstellung der Texte ermöglichte. Aus dem westfränkischen Reich wie auch aus Italien kamen nun zahlreiche Gelehrte in das Reich, die den Aufschwung beflügelten. Unter ihnen auch der bereits erwähnte Liudprand von Cremona, der am Hof Ottos des Großen sein bedeutendes Werk unter dem Titel *Antapodosis* verfaßte, das die Vorgänge seiner Zeit beschreibt und deutet. Andere gelehrte Geistliche wirkten in ähnlicher Weise, fertigten annalistische Aufzeichnungen, Lebensbeschreibungen der ottonischen Herrscher und zeichneten wie Widukind von Corvey die zeitgeschichtlichen Ereignisse auf. Dabei entstanden solche Werke nicht nur durch Mönche oder Bischöfe, wie Adalbert von Mainz, der wohl die Weltchronik Reginos von Prüm († 915) fortsetzte, oder Liudprand. Auch die geistlichen Frauengemeinschaften, so in Quedlinburg, Gandersheim oder Essen machten sich um die Verbreitung liturgischer Bildung und die Fertigung von Schriften verdient. Hrotsvit von Gandersheim († nach 973), die wohl herausragendste Vertreterin aus diesem Kreis, verfaßte ein Versepos über die Taten Ottos des Großen, eine Darstellung der Geschichte ihres Konvents wie auch moralisierende Dramen. Erzbischof Brun von Köln, der Bruder Ottos des Großen und Leiter der Hofkapelle, wirkte nachdrücklich auf die Bildung junger Kleriker, zu deren Kenntnissen neben der Liturgie auch Verwaltungs- und Urkundenwesen gehören sollten.

Neben dieser von Geistlichen getragene Schriftkultur blühte auch die Kunst unter dem Einfluß von Bischöfen, Äbten und Gelehrten auf. Buchmaler statteten mit ihren Miniaturen die Evangeliare und die Perikopenbücher aus, welche die im Gottesdienst zu lesenden Abschnitte nach der Reihenfolge der liturgischen Feste enthalten. Goldschmiede und Bronzegießer wirkten mit ihrer Handwerkskunst bei der Ausstattung der Gotteshäuser und der Fertigung liturgischer Geräte. Dabei kamen auch Einflüsse aus Byzanz zum Tragen, die sich nach der Hochzeit Ottos II. († 983) mit Theophanu († 991), der Nichte des Basileus Johannes Tzimiskes († 976), noch verstärkt haben dürften. Der reiche Brautschatz Theophanus, der in ihrem Gefolge in das Abendland kam, wirkte gewiß als große künstlerische Anregung.

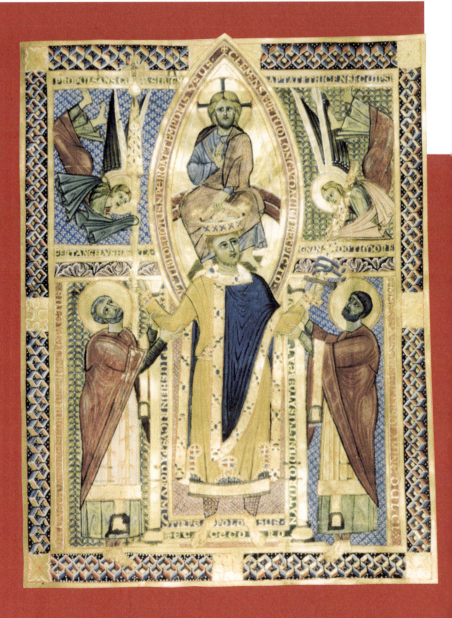

KAISER HEINRICH II. WIRD VON CHRISTUS GEKRÖNT. ZWEI ENGEL REICHEN DAS SCHWERT UND DIE HEILIGE LANZE.

WER HAT DIE MACHT?
VON GOTTESFRIEDEN UND INVESTITURSTREIT IM 11. JAHRHUNDERT

vor 1000	Anfänge der Schule von Salerno
1002	Tod Ottos III.
1007	Gründung des Bistums Bamberg
1009	Zerstörung der Grabeskirche in Jerusalem durch den Kalifen al Hakim
1014	Kaiserkrönung Heinrichs II.
1024	Tod Heinrichs II.
1024	Königswahl Konrads II. in Kamba
1054	Endgültige Trennung der Christenheit in römische und orthodoxe Kirche
1059	Papstwahldekret Nikolaus' II.
1066	Schlacht von Hastings. Beginn der normannischen Herrschaft in England
1072	Die Normannen erobern Palermo
1075	Dictatus Papae Gregors VII.
1076	Reichsversammlung in Worms
1076	Fastensynode. Gregor VII. exkommuniziert Heinrich IV. und erklärt den König für abgesetzt
1077	Gang nach Canossa
1084	Kaiserkrönung Heinrichs IV.
1086	Anlage des Domesday Books
1087	Tod Wilhelms des Eroberers
1095	Konzil von Clermont. Aufruf Papst Urbans II. zum Kreuzzug
1096	Beginn des 1. Kreuzzuges
1098	Gründung von Cîteaux
1099	Eroberung Jerusalems durch die Kreuzfahrer

Der von vielen Zeitgenossen erwartete Weltuntergang zum Jahrtausendwechsel war ausgeblieben. Weitreichende Veränderungen sollte das mit dem 11. Jahrhundert anbrechende zweite Jahrtausend nach Christi Geburt dennoch mit sich bringen. Es ist gekennzeichnet durch die Gottesfriedensbewegung und das Reformpapsttum, durch den Herrschaftswechsel zu den Saliern und den Investiturstreit, durch die normannische Eroberung Englands und die Staatsbildung der Normannen in Unteritalien sowie nicht zuletzt durch den Beginn des ersten Kreuzzuges in das Heilige Land. Naturkatastrophen und schwere Hungersnöte bedrückten wie in den Jahrhunderten zuvor den Alltag der Zeitgenossen. Derweil begannen die abendländische Medizin und die Wissenschaften durch die rege Übersetzung der Schriften orientalischer Gelehrter zu neuen Erkenntnishorizonten aufzubrechen.

MEDIZIN UND WISSENSCHAFT IM 10., 11. JAHRHUNDERT UND 12. JAHRHUNDERT

Die Klöster, die seit dem frühen Mittelalter nicht nur geistliche, sondern auch geistige Zentren der Wissensbewahrung und -vermittlung waren, spielten im Zuge der regen Übernahme orientalischen Wissens im 11. Jahrhundert abermals eine tragende Rolle. Daneben standen die großen Kathedralschulen wie in Reims, Chartres, Orléans, Laon und Paris, die als Studienorte die Klöster bald noch überflügeln sollten.

Gerbert von Aurillac – der gelehrte Papst

Die herausragendste Gestalt unter den gebildeten Geistlichen seiner Zeit war Gerbert von Aurillac, der im Jahre 999 unter dem Namen Sylvester II. den Stuhl Petri bestiegen hatte.[135] Gerbert war von seinen Eltern schon früh dem cluniazensischen Kloster Aurillac, gelegen im Massif Central in der Mitte des heutigen Frankreich, übergeben worden. In der klösterlichen Umwelt wurde man bald auf die außergewöhnliche Begabung des Jungen aufmerksam und sandte ihn zur weiteren Ausbildung nach

Katalonien. Als einer der ersten Abendländer lernte er dort das Rechnen mit arabischen Zahlen kennen. Die ursprünglich aus Indien stammenden Zahlzeichen waren von den Arabern weiterentwickelt worden. Von der Iberischen Halbinsel aus verbreitete sich ihre Kenntnis allmählich im ganzen Abendland. Die neuen Zeichen, die in Europa zum ersten Mal in einer spanischen Handschrift aus dem Jahre 976 belegt sind, waren eine äußerst wichtige Errungenschaft.[136] Das bisher benutze römische Zahlensystem war im Alltag eines Kaufmanns wenig praktisch. Selbst mit Hilfe des Abakus, eines Rechenbrettes mit beweglichen, an Fäden aufgereihten Steinen, erlaubte es keine schwierigen Rechenoperationen. Waren Addition und Subtraktion noch möglich, so mußte man für die Multiplikation oder Division auf die Hilfe von Mathematikern zurückgreifen. Da im arabischen Zahlzeichensystem die Zahlen von 0 – ebenfalls eine Neuerung – bis 9 abhängig von ihrer Stellung in einer Zahlenreihe unterschiedliche Werte darstellen können, etwa 90 ebenso wie 9009, war eine entscheidende Vereinfachung erreicht. Allerdings sollte es noch bis zum Beginn des 13. Jahrhunderts dauern, ehe der Pisaner Kaufmann Leonardo Fibonacci (um 1170–1245) der neuen Rechenweise mit seinem 1202 verfaßten Werk *Liber abbaci* allmählich zum Durchbruch verhelfen sollte.

Gerbert von Aurillac verwendete seine in Katalonien erworbenen Kenntnisse derweil noch auf den Bau eines Abakus, mit dessen Hilfe sich nun auch schwierigere Mulitplikationen und Divisonen durchführen ließen. Daneben konstruierte er ein Astrolabium und weitere Instrumente, die eine genaue Bestimmung des Sternenstands ermöglichten. Nachdem Gerbert durch seine Gelehrsamkeit die Aufmerksamkeit des Papstes gewonnen und durch dessen Vermittlung Kaiser Otto dem Großen kennengelernt hatte, wirkte er als Lehrer der Domschule von Reims. Dort unterrichtete er Logik, Mathematik, Geometrie, Astronomie und Musik. Als Adalbero von Reims Kaiser Otto II. während dessen erstem Italienzug in Pavia aufsuchte, befand sich Gerbert im Gefolge des Erzbischofs. Das wissenschaftliche Streitgespräch zwischen Gerbert und Othrich, dem ehemaligen Leiter der Magdeburger Domschule, der nun an der Hofkapelle wirkte, hinterließ beim Kaiser einen tiefen Eindruck von den Fähigkeiten Gerberts.[137] Kurze Zeit später machte Otto Gerbert zum Abt des Klosters Bobbio. Im Jahre 991 wurde Gerbert Erzbischof von Reims. Kaiser Otto III. bestellte ihn schließlich 996 als seinen Berater nach Rom. Drei Jahre später war der Gelehrte Papst. Ein Schüler Gerberts, der aus der Umgegend von Rom stammende Fulbert, war nach dem Jahre 1000 zum Leiter der Kathedralschule von Chartres aufgestiegen.

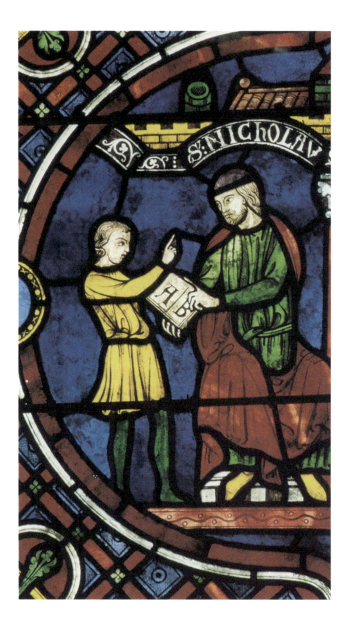

DER HEILIGE NIKOLAUS ALS SCHUTZPATRON DER SCHÜLER UND STUDENTEN.

Als Bischof wurde er später mit Unterstützung des zweiten Kapetingerkönigs Robert II. des Frommen († 1031) zum Bauherrn der romanischen Kathedrale von Chartres.

Bildung als »Dienst am Glauben«

Wie Gerbert, Fulbert und Hermann »der Lahme« († 1054), der im Bodenseekloster Reichenau wirkte, verstanden sich die mittelalterlichen Gelehrten Bildung als »Dienst am Glauben«. Diese Überzeugung tritt besonders

THEOLOGISCHE DISPUTATION ZWISCHEN CHRISTEN UND JUDEN.

SZENE AUS EINER KLOSTER-BIBLIOTHEK. DIE KOSTBAREN BÜCHER SIND MIT KETTEN GEGEN DIEBSTAHL GESICHERT.

mit dem Werk des Anselm von Canterbury zutage († 1109), der seinem wissenschaftlichen Wirken den Satz zugrunde legte: »Ich glaube, damit ich verstehe« (Credo ut intelligam).[138] Anselm, der einer bedeutenden Familie in Aosta entstammte, trat 1060 nach Jahren der Wanderschaft in das normannische Benedikinerkloster Le Bec. Sein Unterricht in Grammatik, Rhetorik und Logik zielte vor allem darauf ab, bei seinen Schülern das Bewußtsein für Verantwortung und menschliche Freiheit zu schaffen. Nicht umsonst gilt der spätere Erzbischof von Canterbury als »Vater der Scholastik«. Die Scholastik bezeichnet, abgeleitet vom lateinischen Scholasticus, dem zur Schule gehörigen, jene geistige Strömung, die – wie bei Anselm von Canterbury treffend ausgedrückt – ab dem 11. Jahrhundert durch ein logisches Durchdenken der wissenschaftsprägenden Theologie und unter Entwicklung einer dialektischen Methode zu einem vertieften Glaubensverständnis zu gelangen sucht. Der Gelehrte Petrus Abaelard († 1142) legte mit seiner Methode des *Sic et non*, des »Ja und Nein« die Grundlagen der scholastischen Philosophie. Seine Aussagen in den Werken *Einführung in die Theologie* und *Christliche Theologie* trugen ihm seitens des Zisterziensermönchs und früheren Abtes von Saint-Thierry, Wilhelm, im Jahre 1139 den Vorwurf ein, er behandele »die Heilige Schrift gerade so, wie er einst die Dialektik behandelt hat.«[139] Im folgenden Jahr verurteilte das Konzil von Sens Abaelards Ansichten als ketzerisch. Neben seinem philosophischen Wirken, ist der Name Abaelards heute vor allem aufgrund seiner leidenschaftlichen Beziehung zu seiner gelehrigen Schülerin Heloise bekannt geblieben. Abaelard hatte Heloise, die Nichte des Kanonikers Fulbert, in dessen Haus kennengelernt und unterrichtet. Der Gelehrte und seine Schülerin verliebten sich ineinander, sie empfing ein Kind und heimlich schlossen beide die Ehe. Abaelard bekam schon bald den Zorn Fulberts zu spüren, der den Philosophen entmannen ließ. Auf Geheiß Abaelards zog sich Heloise ins Kloster zurück und wurde später Äbtissin. Sie starb 1164, zwanzig Jahre nach Abaelard, mit dem sie einen intensiven Briefwechsel gepflegt hatte.

Übersetzungen wissenschaftlicher Texte

Die herausragendste Ausbildungsstätte für Heilkundige am Beginn des 11. Jahrhunderts war die sogenannte Schule von Salerno. Der genaue Zeitpunkt ihrer Entstehung in der einstigen römischen Hafenstadt Salernum südlich von Neapel ist unbekannt. Wohl schon vor dem Jahre 1000 wirkten dort vor allem Mönche aus benediktischen Klöstern, insbesondere aus

Monte Cassino, als Lehrer und Ärzte. Die Schule übte nicht zuletzt durch ihre umfangreiche Sammlung der in Kopien und Übersetzungen ins Lateinische überlieferten Schriften antiken Heilwissens große Anziehungskraft auf Gelehrte der gesamten Mittelmeerregion aus.

Wie ihr wohl bedeutendster Vertreter Constantinus Africanus († 1087) trugen sie ihren Teil zu einem intensiven Wissensaustausch zwischen Orient und Okzident bei. Der Name des Constantinus Africanus ist untrennbar verbunden mit dem Beginn einer regen Übersetzertätigkeit aus dem Arabischen. Constantinus wurde zwischen 1010 und 1015 im nordafrikanischen Karthago geboren. Sein Geburtsname ist heute unbekannt. Als Kräuterhändler sammelte er auf seinen zahlreichen Reisen ein umfassendes Wissen über die Heilmittel des Orients. Der Zauberei beschuldigt, sah er sich irgendwann in den 1070er Jahren zur Flucht aus seiner Heimat gezwungen, die den muslimischen Kräuterhändler nach Süditalien verschlug. So gelangte er an die Medizinschule von Salerno, wo er sich jedoch nicht lange aufhielt. Nach seinem Übertritt zum Christentum zog er sich zunächst in das Kloster der heiligen Agathe von Aversa zurück. Von dort führte ihn sein Weg aber schon bald in das berühmte Kloster Monte Cassino, wo ihn der Abt Desiderius, der spätere Papst Viktor III., ihn wahrscheinlich als Laienbruder aufnahm. Im Auftrag der Mönchsgemeinschaft unternahm Constantinus in der Folgezeit eine mehrjährige Reise, die dem Ziel diente, medizinische Schriften für die Schule von Salerno zusammenzutragen. Bis zu seinem Tod im Jahre 1087 in Monte Cassino übersetzte Constantinus alle der ihm wichtig erscheinenden arabischsprachigen Werke ins Lateinische. Darunter die Schriften des um 850 in Kairo geborenen jüdischen Arztes Isaak Judaeus, die sich der Fieberlehre und Urindiagnose widmen. Die Erweiterung des medizinischen Erkenntnishorizonts im 11. Jahrhundert durch die Übersetzung orientalischer Medizinalschriften war so bedeutsam, daß man Constantinus bisweilen gar als Lehrmeister des medizinischen Abendlandes bezeichnet hat. Weitere Übersetzer führten den von Constantinus vorgezeichneten Weg fort. Zu den bedeutendsten hochmittelalterlichen Übersetzern zählt der um 1114 geborene Gerhard von Cremona (1187), der in Toledo unter dem Titel *Canon medicine* die bedeutenden Werke des Ibn Sina (Avicenna, gest. 1037) ebenso ins Lateinische übertrug wie die des Ar-Rāzi (Rhazes, gest. 925) und des griechischen Arztes Galen (gest. 199/200/216). Jahrhundertelang bestimmten diese Schriften den medizinischen Unterricht an den Universitäten. Toledo war im 12. Jahrhundert zu einem bedeutenden Zentrum für Übersetzer geworden. Sprachkundige aus ganz Europa, nicht zuletzt aber auch Juden von der Iberischen Halbinsel, machten durch ihre Tätigkeit orientalisches und aus der Antike bewahrtes, zumeist in arabischer Sprache aufgezeichnetes Wissen in Übersetzungen dem Abendland zugänglich, darunter auch den berühmten *Aristoteles Arabicus*.

Die Entwicklung der Schule von Salerno

Die Fähigkeiten der Ärzte von Salerno waren schon in der zweiten Hälfte des 10. Jahrhunderts weit über die Grenzen Italiens hinaus hochgeschätzt. Der 969 zum Erzbischof von Reims eingesetzte Adalbero beispielsweise reiste noch im selben Jahr nach Salerno, um den medizinischen Rat der dort wirkenden Heilkundigen einzuholen. Wahrscheinlich litt Adalbero unter einem schmerzhaften Steinleiden, das einen operativen Eingriff erforderlich machte. Angesicht der am Ende des 10. Jahrhundert zur Verfügung stehenden Mittel war eine solche Behandlung in jedem Fall lebensgefährlich. Die Ärzte in Salerno waren jedoch bekanntermaßen bereits zu dieser Zeit erfahren in der Ausführung von Harnblasenoperationen. Solche Ausschnitte heilkundlichen Wirkens im frühen Salerno belegen die herausragenden Kenntnis der dort wirkenden Gelehrten. Besser faßbar werden die Strukturen der bedeutenden Schule jedoch erst im 11. Jahrhundert.

Infolge der Ablösung der byzantinischen Herrschaft in Unteritalien 1059 durch die Normannen und deren spätere Eroberung Siziliens wurde die Bedeutung der Hafenstadt Salerno weiter aufgewertet. Einhergehend mit den politischen Veränderungen setzte sich der Aufschwung der Schule von Salerno ungehemmt fort. Im Zuge des 12. Jahrhunderts entwickelte sich das zu jener Zeit unangefochtene geistige Zentrum medizinischer Lehre und heilkundlichen Wissens im Abendland zu einer Art eigenständigen und in Anlehnung an ihr medizinisches Betätigungsfeld bisweilen gar *Civitas Hippocratica* genannten Gelehrtenrepublik. Sie wurde zum Modell späterer Universitätsgründungen im mittelalterlichen Europa.

Nicht wenige der nach der Jahrtausendwende an der Schule von Salerno wirkenden Ärzte hinterließen medizinische Schriften, in denen sich die Vorstellungswelt hochmittelalterlicher Medizin und Naturwissenschaft widerspiegelt. Der von seinen Zeitgenossen als klügster und edelster Geistlicher bezeichnete Arzt Alphanus († 1083), seit 1058 zugleich Erzbischof von Salerno, übernahm die Behandlung des Abtes Desiderius von Monte Cassino. Sein Patient sollte im Jahre 1086 als Papst Viktor III. († 1087) den

Stuhl Petri besteigen. Der in seiner heilkundlichen Praxis erfolgreich wirkende Alphanus setzte sich gründlich mit den Theorien des hippokratischen Corpus und den Lehren des Galen auseinander. Auf dieser Grundlage schuf er sein Werk über die vier Säfte im menschlichen Körper, das einen wegbereitenden Platz in der Entwicklung der medizinischen Literatur im Abendland einnahm.

Kurz vor Alphanus hatte sich mit Gariopontus († um 1050) noch ein weiterer ärztlicher Lehrer in Salerno einen Namen gemacht. Gariopontus folgte den Lehren der klassischen medizinischen Autoritäten Hippokrates und Galen, stellte im Rahmen seines heilkundlichen Wirkens jedoch auch eigene Beobachtungen an. So beschreibt er detailliert etwa die Symptome von Nieren- und Blasensteinleiden wie auch die Entzündung der Blase. Der Drang zu eigener Erfahrung spiegelt sich auch in seinen medizinischen Schriften wider. Obwohl sein Werk von den Denkmodellen der klassischen Autoritäten durchzogen ist, strebte Gariopontus doch nach einer eigenen Erweiterung der Erkenntnis. »Wie«, so fragt er in seinem Werk, »willst du heilen, wenn du die Ursachen nicht kennst?«

Der wohl bedeutendste Vertreter der Schule von Salerno während der zweiten Hälfte des 12. Jahrhundert war der 1225 gestorbene Ursus von Lodi. Seine naturphilosophischen Lehrmodelle bauten auf theologischen Grundlagen auf. Sie trugen ihm aber nicht nur die Anerkennung seiner Schüler ein, sondern begründeten in der Nachwelt zugleich seinen Ruf als eines der herausragendsten naturwissenschaftlichen Denker im mittelalterlichen Europa.

Doch nicht nur Männer wirkten an der Schule von Salerno. Eine Heilkundige namens Trotula, über deren Lebensweg und -umstände keine weiteren Zeugnisse vorliegen, hinterließ zwei Werke, die sich in der mittelalterlichen Heilkunde großer Beliebtheit erfreuten. Ihr Hauptwerk widmet sich unter dem Titel *De passionibus mulierum seu de remediis mulieribus* (Über die Leiden der Frauen oder die Heilmittel für Frauen) gynäkologischen Fragen. Die zweite Schrift behandelt die Zusammensetzung von Arzneimitteln. Die Inhalte ihrer Werke deuten auf eine Abfassungszeit an der Wende zum 12. Jahrhundert hin. Trotula ist die bekannteste der heilkundigen Frauen in Salerno, doch war sie nicht die einzige. Eine Heilkundige namens Abella, über die sonst nichts bekannt geworden ist, verfaßte ein Werk über die schwarze Galle, einen der vier Körpersäfte, die der menschliche Körper nach den Lehren des Galen enthalten sollte. Daneben taucht eine Heilkundige namens Rebecca Guarna in Salerno auf. Sie stammte aus einer vermögenden Familie und war nicht das einzige Familienmitglied, das die medizinische Ausbildung an der

Schule von Salerno genoß. Schon während des zwölften Jahrhunderts entwickelten sich in Familien wie den Guarna, den Ferrari oder den Plateari, die ihre Söhne (und bisweilen ihre Töchter) an die berühmten Schule ausbilden ließen, frühe Ärztedynastien. In diesem Rahmen muß auch noch die in sehr viel späterer Zeit praktizierende Calenda (1326–1382) erwähnt werden, die nach dem Verlassen der Schule als Heilkundige in die Dienste Johanns I. von Neapel trat.

Chirurgie in Salerno

An der Medizinschule von Salerno prägten sich im Laufe der Zeit die Anatomie und die Chirurgie als eigene Disziplinen aus. Als deren wohl berühmtestes Werk gilt die am Ende des 12. Jahrhunderts erstellte *Chirurgia* Rogers von Salerno. Die in Zusammenarbeit mit vier weiteren Lehrern der Schule entstandene Schrift, veranschaulicht die praktischen Erfahrungen des Chirurgen im Umgang mit dem menschlichen Körper und fand an den mittelalterlichen Universitäten später weite Verbreitung. Roger beschreibt in seinem Werk Beschwerden des Kopfes, des Rumpfes sowie der Extremitäten. Verletzungen am Haupt empfahl er mit besonderer Sorgfalt zu behandeln. Man solle dem ersten Anschein niemals trauen, rät er auf der Grundlage eigener Beobachtungen. Daneben galt sein Interesse unter anderem der Kauterisierung, dem Ausbrennen mit dem Brenneisen. Roger hatte umfassend Gelegenheit, praktische Erfahrung im Umgang mit Patienten zu machen. Während der Kreuzzüge spielte die Salerno als Hafenstadt nicht nur für den Güternachschub der Kreuzfahrerstaaten eine wichtige Rolle. Verwundete, die die lange Schiffspassage zurück in den Westen lebend überstanden hatten, wurden in Salerno versorgt. Roger beschreibt detailgenau Verletzungen durch Pfeile und weist auf die Gefahren beim Entfernen der Geschosse hin. Er empfiehlt, zum Herausziehen des Pfeils, ein Eisenrohr um den Schaft herum in die Wunde einzuführen. Eine Methode, die dem Patienten große Schmerzen bereitet haben dürfte, ihm aber das Leben retten konnte. Durch die Verwendung des Eisenrohrs verringerte sich das Risiko, das beim Entfernen des Pfeils Gewebe großflächig zeriß und dadurch ein größerer Blutverlust auftrat.

Für den anatomischen Unterricht gelangten allerdings weniger Menschen denn Tiere auf die Seziertische von Salerno. Nicht von ungefähr entstand vor diesem Hintergrund eine Schrift über die Sektion von Schweinen, die *Anatomia porci*.

Diätetik und Rezeptarien

Neben Chirurgie und Anatomie erhielten auch die Lehren von Diätetik und Hygiene ihre festen Konturen in Salerno. Davon zeugen die weit verbreiteten Gesundheitsbücher und Regeln zu maßvollem Leben, die im Umfeld der salernitanischen Schule entstanden. Johannes von Mailand, der in seinem Lobgedicht auf die salertanische Medizin den Ruhm der Institution allerorts mehrte, stellte ebenfalls diätetische und hygienische Aspekte in den Vordergrund seiner Schrift. Der in der Folge wohl populärste diätetisch-hygienische Gesundheitsratgeber unter dem Namen *Regimen sanitatis Salernitanum* – einer von vielen weiteren, die besonders im späteren Mittelalter und in der frühen Neuzeit entstehen sollten – machte sich zwar die herausragende Reputation der Medizinschule zunutze, stammt jedoch nicht von dort. Er wurde in seiner ursprünglichen Form im 13. Jahrhundert im spanischen Toledo verfaßt und erfuhr im Laufe der Zeit umfangreiche Ergänzungen.

Doch auch die Pharmazie als eine eigene Disziplin entwickelte sich unter dem Einfluß der Schule von Salerno zu ihrer mittelalterlichen Blüte empor. Die antiken Kräuter- und Rezeptbücher, die Rezeptarien, bildeten den Grundstock für die in Salerno entstandenen Grundlagenliteratur mittelalterlicher Arzneimittelkunde. Zwei sogenannte Antidotarien, im wörtlichen Sinne Bücher von den »Gegenmitteln«, ragen aus diesem Kreis besonders hervor. Der sogenannte *Antidotarius magnus*, eine vor dem Jahre 1100 zusammengestellte Rezeptsammlung, enthält bereits mehr als 1000 Rezepturen. Um die Mitte des 12. Jahrhunderts erstellte Nicolaus von Salerno den nach ihm benannten *Antidotarium Nicoli*. Dieser wurde zu einem pharmazeutischen Standardwerk mittelalterlicher Heilkunde. Das Werk des Nicolaus zählt auch die zur Schmerzlinderung bei Operationen wichtigen Betäubungsmittel auf. Sie wurden auf sogenannte Schlafschwämme geträufelt, die den Patienten zur Betäubung unter die Nase gehalten wurden. Die Theorie und selbst die Tatsache, daß mit dem *Antidotarium Nicoli* endlich ein einheitliches Gewichtssystem zur Portionierung von Arzneimittelbestandteilen vorgeschlagen wurde, darf jedoch nicht darüber hinwegtäuschen, daß Chirurgen bis weit in die Frühe Neuzeit hinein nur ungern auf die Möglichkeit der weiterhin riskanten medikamentösen Betäubung ihrer Patienten zurückgriffen.

Als König Manfred von Sizilien († 1266) alle Schulen seines Königreichs schloß, um die 1224 eingerichtete Universität von Neapel zu fördern, blieb die Medizinschule von Salerno von dieser Maßnahme verschont. Dennoch verlor sie rasch den Anschluß und verschmolz allmählich mit der neugegründeten Universität.

HEINRICH II. – EIN HEILIGER KAISER

Im Januar 1002 starb Kaiser Otto III. im Alter von nicht einmal 22 Jahren in der Burg Paterno unweit von Rom an den Folgen einer Krankheit. Der zeitgenössische Chronist Bischof Thietmar von Merseburg († 1018) berichtet, innere Pusteln, die hin und wieder hervorbrachen, hätten die inneren Teile von Ottos Körper befallen.[140] Heiteren Aussehens und treu im Glauben sei Otto aus der Welt geschieden. Otto war unverheiratet, hinterließ keine Nachkommen und hatte vor seinem Tod offenbar nicht versucht, Einfluß auf seine Nachfolge zu nehmen. Die Nachfolgefrage war somit unklar und einer raschen Einigung unter den Großen auf einen Thronfolgekandidaten standen unterschiedliche Interessen der einzelnen Parteien entgegen. Strittig ist in der historischen Forschung bis heute, welche Kriterien »die Ansprüche auf die Königsherrschaft in dieser Zeit begründeten«.[141] Es ist bislang eine offen diskutierte Frage, ob die Verwandtschaft mit dem Vorgänger durch

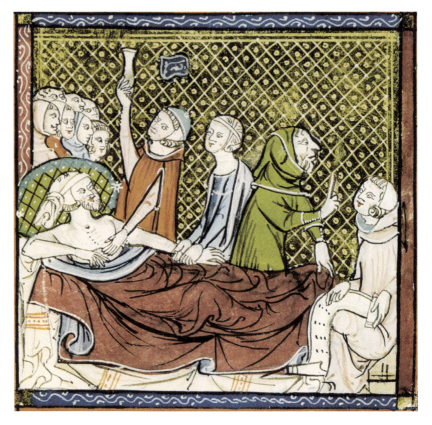

DARSTELLUNG EINES KRANKENLAGERS. EIN ARZT SCHAUT DEN URIN, EIN ZWEITER FÜHLT DEN PULS. AM ENDE DES BETTES SITZT EIN NOTAR, UM DEN LETZTEN WILLEN AUFZUZEICHNEN. ER UNTERHÄLT SICH GERADE MIT EINEM GEISTLICHEN, DER DEM KRANKEN DIE BEICHTE ABGENOMMEN HAT.

WILHELM DER EROBERER
ZWISCHEN BISCHOF ODO UND
ROBERT.

Geblüts- oder Erbrecht die Kandidatenauswahl zwingend beeinflußte, oder ob in einer freien Entscheidung der Großen die Eignung eines möglichen Königs ausschlaggebend für dessen Wahl war.

Nach Ottos Tod versuchten gleich drei Kandidaten ihre Ansprüche auf die Thronfolge durchzusetzen: Herzog Heinrich von Bayern, dessen Vater Heinrich der Zänker († 995) ein Neffe Kaiser Ottos des Großen gewesen war, Herzog Hermann von Schwaben sowie der Markgraf Ekkehard von Meißen, deren Verwandtschaft mit dem ottonischen Herrscherhaus sich nicht direkt aus den Quellen erschließen läßt.

Thietmar von Merseburg berichtet ausführlich über den weiteren Gang der Ereignisse. Der Tod des Herrschers wurde solange geheimgehalten, bis sich das zerstreute Heer gesammelt hatte, um den Trauerzug mit den Gebeinen Ottos zu dessen selbst gewählter Grablege nach Aachen zu geleiten. Im bayerischen Polling wurde der Zug unter Führung des Reichskanzlers Heribert von Köln vom bayerischen Herzog Heinrich erwartet. Der Chronist betont, Heinrich habe die Begleiter des kaiserlichen Leichnams Mann für Mann trotz vieler Versprechungen erfolglos für seine Wahl zu gewinnen versucht. Der bayerische Herzog geleitete den Leichenzug zunächst nach Augsburg. Er nahm die Reichsinsignien an sich und forderte den Kölner Erzbischof Heribert, den er in Haft nehmen ließ, zur Übersendung der Heiligen Lanze auf, die dem Zug vorausgeschickt worden war. Der Erzbischof mußte seinen Bruder als Geisel zurücklassen, bis die Lanze bei Heinrich eingetroffen war. Die Eingeweide Ottos III. ließ Heinrich in der Kapelle des heiligen Ulrich, an der Südseite des Klosters der heiligen Märtyrerin Afra in zwei Gefäßen würdig beisetzen. Zum Seelenheil des Verstorbenen stiftete er zudem Land aus seinem eigenen Vermögen. Darauf hin geleitete er den kaiserlichen Leichnam bis nach Neuburg an der Donau und ließ auf eindringliches Bitten des Pfalzgrafen Heinrich, seines Schwagers, schließlich den gesamten Trauerzug und seine Begleiter unbehelligt nach Aachen weiterziehen.

Die Nachfolge

Am Ostersonntag 1002 wurde der Leichnam Ottos III. im Chor des Aachener Münsters beigesetzt. Das Begräbnis ging zugleich mit einer politischen Entscheidung einher, denn die Mehrheit der Anwesenden sprach sich für eine Wahl Hermanns von Schwaben zum Nachfolger aus. Weit weniger Unterstützung erfuhr der Markgraf Ekkehard von Meißen, der seine Ansprüche in Sachsen geltend machte, aber dort keine Mehrheit für seine Sache gewinnen konnte. Eine Stammesversammlung in Werla sollte die Lage klären. Abermals suchte Heinrich auf der Versammlung in Werla über einen Gesandten mit Versprechungen Stimmen für sich zu gewinnen und hatte gemäß dem Bericht Thietmars Erfolg. Die Mehrheit der Versammelten erklärten: »Heinrich werde mit Gottes Hilfe der Erbfolge gemäß das Reich regieren; sie ständen ihm zu Diensten in allem, was er wünsche. Und das bestätigten sie mit erhobener Rechten.« Ekkehard von Meißen jedoch wollte sich dieser Entscheidung nicht beugen und unterstrich dieses mit einem symbolischen Akt der Provokation: Gemeinsam mit seinen Anhängern Herzog Bernhard von Sachsen und Bischof Arnulf von Halberstadt verzehrte er das Festmahl, das in der Pfalz für die Schwestern Ottos und die Teilnehmer der Versammlung aufgetragen worden war. Ekkehard überlebte diese Tat nicht lange. In der Pfalz Pöhlde wurde er Thietmar zufolge durch einen Lanzenstoß in den Nacken getötet, den ihm Graf Siegfried der Jüngere von Northeim beigebracht hatte.

Am 7. Juni 1002 wurde Heinrich von seinen fränkischen und bayerischen Anhänger in Mainz zum König erhoben und durch den Erzbischof Willigis gesalbt und gekrönt. Während Hermann von Schwaben auch noch nach diesem Schritt seine Ansprüche nicht aufgab und gegen die Anhänger Heinrichs in Schwaben vorging, versicherte sich dieser in jenen Teilen des Reiches, wo noch keine Huldigung erfolgt war, der Billigung der weltlichen und geistlichen Großen. In Merseburg traf Heinrich am 24. Juli auf die versammelten Großen Sachsens und den Polenkönig Boleslaw Chrobry. Diese leisteten ihm schließlich ihre Huldigung, nachdem Herzog Bernhard die Heilige Lanze genommen und Heinrich mit der Sorge um das Reich betraut hatte.

Am 8. September fand schließlich in Aachen die Huldigung der Lothringer statt, mit der der Konflikt um die Nachfolgefrage endgültig entschieden war. Am 1. Oktober ersuchte Hermann in Anerkennung Heinrichs den neuen König um Vergebung, die ihm auch gewährt wurde. Die Regierungszeit Heinrichs war gekennzeichnet durch Spannungen mit Polen, ausgelöst durch die Besetzung der Mark Meißen durch den polnischen König Boleslaw Chrobry, die erst 1013 und 1018 mit den Friedenschlüssen von Merseburg und Bautzen ein Ende fanden, indem Boleslaw die Lausitz zum Lehen erhielt. Inwieweit die Umschrift auf der Bulle Heinrichs II., *Renovatio regni Francorum*, Erneuerung des fränkischen Reiches, eine programmatische Neuorientierung gegenüber der Politik Ottos III. bedeutete, ist indes in der Forschung umstritten. Immerhin läßt sich auch unter Heinrichs Regentschaft keine Aufgabe der Italienpolitik erkennen. Im Gegensatz zu seinen Vorgängern versuchte der am 14. Februar 1014 durch Papst Benedikt VIII. in Rom zum Kaiser gekrönte Heinrich allerdings, der wachsenden Macht der Herzogtümer entgegenzuwirken und »stärkere Verfügung« über diese wie auch über die Bistümer zu gewinnen.[142]

Heinrich und seine Gattin Kunigunde gestalteten Bamberg, wo der König begraben werden wollte, zum zentralen Ort der Herrschaft und erreichte gegen einige Widerstände 1007 die Einrichtung des Bamberger Bistums. Die Ehe Heinrichs mit Kunigunde blieb kinderlos. Am 13. Juni 1024 starb der letzte der »Ottonenherscher«. Einhundertzwanzig Jahre nach seinem Tod, im Jahre 1146, wurde er durch Papst Eugen III. heiliggesprochen. Im Jahre 1200 erfolgte die Heiligsprechung Kunigundes. Mit der Wahl Konrads II. 1024 in Kamba trat die Dynastie der Salier die Herrschaft an. Bald darauf, nach 1025, wurde der Grundstein für den Kaiserdom in Speyer gesetzt, der Grablege der Salier.

CLUNY – DAS »LICHT DER WELT«

DIE HEILIGE LANZE.

Das burgundische Kloster Cluny, dessen Mönchsgemeinschaft im 11. Jahrhundert in voller Blüte stand, prägte zu dieser Zeit die geistlichen Entwicklungen des Abendlandes und hatte zudem gewichtigen Anteil an zentralen politischen Vorgängen. Die herausragende Bedeutung Clunys und seiner Äbte spiegelt sich am deutlichsten in dem Satz wieder, den kein geringer als Papst Urban II., zuvor Großprior von Cluny und Kardinalbischof von Ostia, in seiner Urkunde für das burgundische Kloster im Jahre 1097 niederschreiben ließ. Die Gemeinschaft, so Urban, erstrahle wie eine zweite Sonne auf Erden, so daß auf sie die Worte des Matthäusevangeliums zuträfen: »Ihr seid das Licht der Welt«.[143] Seit seiner Gründung ein Jahrhundert zuvor hatte sich die cluniazensische Gemeinschaft in der vom Papst übertragenen Aufgabe der Reform benediktinischer Klöster bewährt, war bei den Großen zu hohem Ansehen gelangt und hatte reiche Schenkungen erhalten. Der erste deutsche Papst Gregor V. († 999) hatte Cluny im Jahre 998 die Exemtion erteilt, die Befreiung von der Autorität des Bischofs von Mâcon und die direkte Unterstellung unter den Heiligen Stuhl. Von besonderer Bedeutung für die innere Entwicklung und Stabilität der cluniazensischen Gemeinschaft waren die ungewöhnlich langen Amtszeiten der ersten Äbte des Mutterklosters Cluny. Während des gesamten 11. Jahrhunderts wurde das Kloster von nur zwei Äbten geführt: Odilo, der fünfte Abt von Cluny, wirkte 55 Jahre Jahre im Dienste der Gemeinschaft von 994 bis 1049, sein Nachfolger, Hugo I. von Semur, von 1049 bis 1109 gar noch länger. Beide waren herausragende Persönlichkeiten.

Odilo entstammte einer Familie von Großen aus der Auvergne, der Herren von Mercoeur, die dem Chorherrenstift Saint Julien de Brioude nahe standen. Vor seinem Eintritt ins Kloster hatte er dort als Chorherr gewirkt. Odilo »verstand sich [...] als Träger der Tradition Clunys, die er unter Maiolus kennengelernt hatte«.[144] Als er 994 zum Nachfolger des Abtes Maiolus gewählt wurde, übernahm er die Führung der cluniazensischen Gemeinschaft in schwieriger Zeit.

Der heilige Abt Maiolus, der Hunger und das Heilige Feuer

Abt Maiolus war hochbetagt am 11. Mai 994 auf seiner Reise nach Paris in Souvigny gestorben. Der König Hugo Capet, der 987 die Herrschaft angetreten und die Dynastie der Karolinger abgelöst hatte, hatte den Abt gedrängt sich zu Gesprächen über die Reform des Königsklosters Saint

DIE KATHEDRALE VON BAYEUX.

Denis zu ihm zu begeben. Um die Jahrtausendwende litten weite Landstriche, darunter besonders Burgund, wieder einmal unter einer großen Hungersnot. Wie schon zuvor ging diese erneut mit einem massenhaften Auftreten des Antoniusfeuers (oder Heiligen Feuers) einher. Das Antoniusfeuer ist keine übertragbare Infektionskrankheit. Vielmehr war die auffällige Häufung von Krankheitsfällen das Resultat massenhafter Vergiftungen. Zwischen den Symptomen, die die mittelalterlichen Autoren schildern, und den beiden Formen der heutzutage unter dem Namen Ergotismus bekannten Krankheit sind deutliche Parallelen erkennbar.[145] Die Krankheit wird ausgelöst durch den Verzehr von Mutterkorn, der Dauerform eines Schlauchpilzes, der den Roggen befällt. Getreide war im mittelalterlichen Europa das Hauptnahrungsmittel. Die Ärmeren mußten sich dabei vornehmlich mit dem für sie erschwinglichen Roggen begnügen.[146] Hunger und Erkrankungsrisiko standen in direktem Zusammenhang. Ausgerechnet solche Witterungsverhältnisse, die sich ungünstig auf das Getreidewachstum und damit auf den Ernteertrag auswirkten, waren für ein vermehrtes Auftreten der Mutterkornpilze förderlich. Deshalb gelangten gerade in Notzeiten große Mengen des giftigen Mutterkorns in das Mehl. Die später für das 17. und 18. Jahrhundert ermittelten Anteile von bis zu einem Drittel am Gesamtvolumen lassen erahnen, daß sich die Verhältnisse während des Hochmittelalters kaum anders gestaltet haben dürften.[147] Unmittelbar nach der Ernte wirkt der Giftstoff am stärksten.

Beide Formen des heute bekannten Ergotismus – die erste gekennzeichnet durch Krampfanfälle, die zweite durch den Brand – beginnen mit Würgereiz, Erbrechen, Kopfschmerzen sowie einem unangenehmen Kribbeln am gesamten Körper.[148] Hinzu kommen in beiden Fällen Halluzinationen. Der weitere Krankheitsverlauf gestaltet sich unterschiedlich. Im ersteren Fall treten zu den Anfangssymptomen insbesondere an Armen und Beinen schmerzhafte Kontraktionen von Muskelgruppen auf. Sie gipfeln in Muskelschwund und andauernden Krampfzuständen. Dazwischen werden die Kranken von Durst- und Hungergefühlen gequält. In manchen Fällen werden zentrale Nervenbahnen dauerhaft geschädigt, es kommt zu veitstanzähnlichen Anfällen und einer spürbaren Beeinträchtigung des Geisteszustandes.

Für die zweite Form des Ergotismus ist eine Verengungen der Blutgefäße bis hin zur Unterbindung der Blutzirkulation charakteristisch. In der Folge bilden sich zunächst Blasen auf der Haut. Die befallenen Gliedmaßen werden durch den Brand schwarz und lösen sich, wie von mittelalterlichen Chronisten geschildert, schließlich ab. Die brennenden Schmerzen, die damit einhergehen, trugen der Krankheit im Mittelalter ihren bezeichnenden Namen Heiliges Feuer oder Antoniusfeuer ein.

Im 10. Jahrhundert war das Heilige Feuer mehrfach und besonders stark in Teilen Frankreichs aufgetreten.[149] So war schon 912 und 945 die Ilede-France betroffen, daneben die Champagne. Am Ende des Jahrhunderts häuften sich wieder einmal die Mißernten und entfachten das Heilige Feuer in einem zuvor nie gekannten Ausmaß. Zwischen 993 und 994, in dem Jahr, in dem Odilo Abt von Cluny wurde, erfaßte es unter anderem das Limousin, das Angoumois und das Périgord. Zugleich wütete es in zahlreichen Regionen des Deutschen Reiches, das bereits zuvor unter Hunger und außergewöhnlich hoher Sterblichkeit zu leiden gehabt hatte.[150] Es fehlten noch die Kenntnisse, medizinischen Mittel und institutionelle Strukturen, um dem Problem begegnen zu können. Die Auseinandersetzung mit der wiederkehrenden Bedrohung durch das Heilige Feuer erfolgte nicht zuletzt deshalb vor allem auf einer religiösen Ebene. Hilfesuchend wandten sich die Menschen an die Heiligen und hofften, mit ihren Gebeten Gottes Gnade zu erwirken. Bevor der Eremit Antonius mehr als ein Jahrhundert später allmählich zum herausragenden und in weiten Teilen Europas verehrten Heiligen im Kampf gegen das Heilige Feuer wurde, waren es im Norden Frankreichs die Jungfrau Maria und im Südwesten der heilige Martial, an die die Verzweifelten ihre Gebete richteten.[151] Doch der traditionelle Kreis an Heiligen erfuhr angesichts der Not Erweiterungen.

Unter dem Eindruck von Hunger und Heiligem Feuer begann die Suche nach neuen Hoffnungsträgern. Diesen fanden die Erkrankten 994 in dem soeben verstorbenen Abt Maiolus. Unmittelbar nach dessen Ableben begann die cluniazensische Gemeinschaft, beflügelt durch den neuen Abt Odilo, ihren langjährigen Abt als Heiligen zu verehren. Odilo verfaßte eine Lebensbeschreibung des Maiolus, hob den Maiolustag mit den Hymnen in besonderer Weise hervor und förderte das Priorat Souvigny nach Kräften. Die Schriften über das heiligmäßige Leben des Maiolus und Berichte über Heilungswunder an dessen Grab trugen nicht unwesentlich dazu bei, die Verehrung des verstorbenen Cluniazenserabtes auf eine breite Grundlage zu stellen. Als im Jahre 997, nur drei Jahre nach seinem Tod, das Heilige Feuer einmal mehr entflammt war, strömten dem Bericht des burgundischen Mönchs Rodulf Glaber, Rodulfs des Glatzkopfs, zufolge unzählige Menschen von überallher in der Hoffnung auf Heilung zum Grab des Maiolus nach Souvigny.[152] Dort, ebenso wie an den Ruhestätten der Gebeine des heiligen Martin in Tours und des soeben heiliggesprochenen Bischofs Ulrich in Augsburg, hätten sich viele Wunderheilungen ereignet. Dieses Geschehen blieb nicht ohne Folgen. Wenig später scheint die Heiligsprechung des Maiolus erfolgt zu sein. Zwar sind keine Zeugnisse dieser Kanonisierung überliefert, doch wird er bereits in einer am 22. April 998 ausgestellten Urkunde des Papstes Gregor V. ausdrücklich als der »heilige Maiolus« bezeichnet.[153] Die Kräfte des neuen Heiligen sollten bald wieder auf die Probe gestellt werden, denn auch in den folgenden Jahrhunderten verschwand das Heilige Feuer nicht.

Kurz nach der Jahrtausendwende folgten die nächsten Mißernten. In allen Ländern, so verzeichnen die Hildesheimer Annalen, herrschte 1006 wieder großer Hunger.[154] Der Chronist Rodulf Glaber betont, die Not sei so groß gewesen, daß die Hungerleidenden selbst vor Kannibalismus in ihren eigenen Familien nicht zurückgeschreckt seien.[155] Auch der Mönch Sigebert von Gembloux berichtet in seiner Chronik von der Hungersnot und der großen Sterblichkeit durch Krankheit. Etwa achtzig Jahre später schildert der Benediktiner als Augenzeuge massenhafter Mutterkornvergiftungen in Lothringen die Wirkung des Heiligen Feuers.[156] Ein »Pestilenzjahr« sei das Jahr 1089 besonders im westlichen Teil Lothringens gewesen. Dort, so schreibt er, verfaulten viele, deren Inneres das Heilige Feuer verzehrte, an ihren zerfressenen und schwarz wie Kohle werdenden Gliedern. Entweder starben die Unglückseligen elendig oder setzten ein noch elenderes Leben fort, nachdem ihre verfaulten Hände und Füße abgetrennt waren. Zahlreiche wurden von nervösen Krämpfen gequält. Schon 1094 folgte die nächste Hungersnot mit den altbekannten Begleiterscheinungen. Auch in der Folgezeit sollte das Heilige Feuer seine Opfer fordern, doch bildete sich seit dem Ende des 11. Jahrhunderts in einem kleinen Dorf in der Dauphiné eine religiöse Gemeinschaft heraus, die schon bald über zahlreiche Niederlassungen in ganz Europa verfügte und sich der Kranken hilfreich annahm – die Antoniter.

Abt Odilo, die Armen, Allerseelen und der Gottesfrieden

Die Gemeinschaft von Cluny tat offenbar ihr möglichstes, um die Not der Hungernden und Armen zu lindern. Am Beginn einer Fastenzeit in der zweiten Hälfte des 11. Jahrhunderts sollen gar 17000 Bedürftige mit 250 geräucherten Speckseiten versorgt worden sein.[157] Insbesondere die engen Beziehungen der Äbte zu den Herrschern ermöglichte ihren besonderen Einsatz für die Fürsorge der Armen. Odilo wie auch sein Nachfolger Hugo wurden auf ihren Reisen zum Kaiserhof, zum französischen Königshof und zum Papst immer wieder am politischen Geschehen beteiligt. Hugo von Semur war gar Pate bei der Taufe des späteren Salierkaisers Heinrich IV. im Jahre 1051. Die Kaiserin Adelheid († 999) etwa, die Witwe Kaiser Ottos des Großen, deren Lebensbeschreibung Odilo verfaßte, erwies dem Bericht zufolge an den Jahresgedächtnistagen ihrer Freunde und Vertrauten ihre Wertschätzung für die Gemeinschaft von Cluny durch besondere Barmherzigkeit gegenüber den Armen, denen sie eigenhändig ihre Gaben austeilte. Welche Bedeutung Odilo selbst der Versorgung Bedürftiger zumaß, läßt sich am deutlichsten daran erkennen, daß er Apfel und Szepter, die kaiserlichen Insignien, und eine goldene Krone Heinrichs II., die dieser den Cluniazensern nach seiner Kaiserkrönung 1014 überreicht hatte, für die Armen einschmelzen ließ.

Doch zu den Mißernten, Hungersnöte und krankheitsbedingtes Massensterben, die durch die Sünde und Schuld des Menschengeschlechts hereingebrochen seien und mit denen sich nach den Berichten geistlicher Chronisten wie Rodulf Glaber die Zeichen für das Nahen des Jüngsten Gerichts zum Jahre 1000 mehrten, gingen Friedlosigkeit und Gewalt einher. In den königsfernen Gebieten war mit dem Ende der karolingischen Herrschaft die spürbare Königsmacht verschwunden, so daß sich die weltlichen Großen und auch bischöfliche Stadtherren dort zusehends eigenständig gegen die Einfälle von Normannen und Sarazenen ins Westfrankenreich hatten erwehren müssen. Damit begann der Aufbau eigenständiger Adelsherrschaften, die sich in Ermangelung einer königlichen Zentralgewalt bald zu lokaler oder gar regionaler Herrschaftsgewalt entwickelte. Opfer der Auseinandersetzungen um die Macht unter den verschiedenen Adelsgeschlechtern wurden vor allem die Unbewaffneten, die Bauern und Kaufleute, die Mönche und Nonnen, die Frauen und Kinder. Bischöfe und Äbte hatten zur Befriedung seit 989 Synoden in Charroux, Narbonne und Limoges einberufen, auf denen alle Anwesenden in einer Verschwörung, der sogenannten *coniuratio*, ein Bündnis des Friedens zwischen den Menschen und Gott gelobten. Wer diesen Gottesfrieden *(pax Dei)* brach, wurde mit dem Bann und dem Verlust des Asylrechts in den Kirchen bestraft. Der Schutz von Leben und Besitz Unbewaffneter sollte durch den Gottesfrieden gewährleistet sein. Schließlich wurde mit der Waffenruhe Gottes *(treuga Dei)* jegliche Gewaltanwendung außerhalb festgelegter Zeiten unter Strafe gestellt. Anfangs galt die Waffenruhe nur an den christlichen Hochfesten, dann an allen Sonntagen und zuletzt an jedem Tag, der mit Christi Leiden in der Karwoche in Verbindung stand. Damit war die gewaltsame Austragung von Fehden faktisch nur noch von Montagfrüh bis Mittwochabend möglich. Über die Einhaltung der Waffenruhe wachten eigens eingerichtete Friedensmilizen. Friedensbrechern drohten neben geistlichen Strafen, vor allem der Exkommunikation, auch die der weltlichen Gerichtsbarkeit. Die Cluniazenser spielten in der Gottesfriedensbewegung ebenfalls eine aktive Rolle – ebenso wie in der geistigen Vorbereitung des ersten Kreuzzuges. Neue Maßstäbe setzte die Gemeinschaft von Cluny auch für das Totengedenken. Die Verbrüderung im Gebetsgedenken an die Verstorbenen zu deren Seelenheil war ein herausragendes Anliegen Odilos. Dieses Anliegen gipfelte neben der systematischen Erstellung von Totengedächtnisbüchern, den sogenannten Necrologien, in der Einsetzung eines neuen

Festes. Die »jahrhundertealte Sehnsucht der Christen [...], nach dem Tod in die Gemeinschaft der Heiligen aufgenommen zu werden«, sollte nun mit diesem Fest Rechnung getragen werden.[158] So wurde unter Odilos Abtszeit, wohl um 1030, erstmals das Gedenken »Allerseelen« am 2. November, dem Tag nach Allerheiligen, begangen. Schon im 11. und 12. Jahrhundert beging man den Allerseelentag auch außerhalb cluniazensischer Klöster in Lüttich und Mailand, seit dem 14. Jahrhundert schließlich auch in Rom.

DAS REFORMPAPSTUM

Der Einfluß Clunys erstreckte sich indes nicht nur auf die Reform von Klöstern. So wurden im 11. Jahrhundert Forderungen nach grundlegenden Veränderungen in der Gesamtkirche laut, die im Reformpapstum zum Ausdruck kamen. Seine Vertreter, als deren wohl berühmtester Papst Gregor VII. († 1085) mit der nach ihm benannten »gregorianischen Reform« herausragt, verfolgten vor allem drei Ziele. Sie strebten erstens danach, die seit dem Frühmittelalter praktizierte Einsetzung von Laien in geistliche Stellen, die sogenannte Simonie, zu beenden. Zum zweiten lehnten sie die Priesterehe ab und forderten von Klerikern den Zölibat. Drittens unterstrichen die Reformer die Freiheit der Kirche gegenüber der Einflußnahme von Laien und beabsichtigten so eine Rückkehr zu deren ursprünglicher Reinheit. Diese Bestrebungen blieben nicht ohne Konflikte mit den weltlichen Machthabern, insbesondere den römisch-deutschen Königen. In der ersten Hälfte des 11. Jahrhunderts setzten diese häufig Bischöfe (und sogar Päpste) ein und beeinflußten immer wieder kirchliche Belange. Vorgänge, die gerade vor dem Hintergrund der Gründung des Bistums Bamberg durch Heinrich II. deutlich werden und sich darüber hinaus am sogenannten Eigenkirchenwesen zeigen, der »hoheitlichen Verfügung über Kirchen durch Laien«.[159]

Im Jahre 1046 sorgte der salische Kaiser Heinrich III. († 1056) auf der Synode von Sutri für eine Beendigung des Papstschismas. Der Kaiser setzte die rivalisierenden Päpste Benedikt IX., Silvester III. und Gregor VI. ab und seinen eigenen Kandidaten Suidger von Bamberg als Clemens II. auf den Stuhl Petri. Mit Poppo von Brixen als Damasus II. 1048, Bruno von Toul als Leo IX. 1049 und Gebhard von Eichstätt als Viktor II. 1055 folgten drei weitere deutsche Päpste nach. In dieser ereignisreichen Zeit, 1054, erfolgte aufgrund des immer lauter werdenden Universalanspruchs der östlichen wie der westlichen Kirche der endgültige Bruch, das Große Schisma, zwischen Rom und Konstantinopel.

Im Jahre 1059 verkündete der durch das Bündnis mit den süditalienischen Normannen gestärkte Papst Nikolaus II. schließlich die Papstwahlordnung, wonach die Kardinalbischöfe den Papst nominieren sollten. Unter Papst Gregor VII. schließlich sollte der Konflikt um das von Herrschern beanspruchte Recht zur symbolischen Amtseinsetzung von Bischöfen und Äbten, der Investitur, im sogenannten Investiturstreit gipfeln. Auch hierin spielte der Abt von Cluny seine Rolle.

DIE NORMANNISCHE EROBERUNG ENGLANDS – WILHELM DER EROBERER, DER TEPPICH VON BAYEUX UND DAS »DOMESDAY BOOK«

Nach jahrhundertelangem Kampf gegen die Angelsachsen war den Dänen 1013 schließlich die Eroberung ganz Englands gelungen. König Aethelred († 1016) hatte vergeblich versucht, durch Zahlung hoher Tribute, des sogenannten Danegelds, die als die erste allgemeine Steuer von den Untertanen erhoben wurde, den Ansturm der Dänen zu verhindern. Der dänische König Knut der Große († 1035), der auch Norwegen beherrschte, trat im Jahre 1016 die Herrschaft über England an. Er heiratete Aethelreds Witwe und nahm den christlichen Glauben an. Aethelreds Sohn Eduard, später Eduard der Bekenner genannt, floh in die Normandie, die Heimat seiner Mutter. Als er 1042 auf die Insel zurückkehrte und als letzter angelsächsischer König auf den Thron gelangte, setzte er zahlreiche normannische Ratgeber und Bischöfe ein. So wurde etwa Robert, der Abt von Jumièges, 1044 zunächst zum Bischof von London und 1051 zum Erzbischof von Canterbury eingesetzt. Diese Politik Eduards führte bald darauf – nicht zuletzt wohl unter normannischem Einfluß – zum Zerwürfnis des Königs mit seinem Schwiegervater Godwin, dem Grafen von Wessex. Nachdem Eduard den Konflikt zunächst für sich entscheiden konnte und Godwin mitsamt seiner Familie, darunter Königin Edith, ins Exil nach Flandern zogen, kehrte die Unterlegenen bald darauf zurück. Dieses Mal waren sie auf die Auseinandersetzung besser vorbereitet und hatten in England die nötige Unterstützung gefunden, Eduard eine Niederlage beizubringen. Erzbischof Robert von Canterbury legte sein Amt nieder und wie er flohen nun viele Normannen. Eduard sah sich indes genötigt, sich vorerst mit Godwin zu arrangieren. Doch der König hatte keine Nachfolger und die Grundlagen für einen Thronstreit schienen gelegt.

Wilhelm († 1087), ein unehelicher Sohn des Normannenherzogs, sah abgesehen von einem ihm angeblich geleisteten Versprechen Eduards des Bekenners um das Jahr 1051 hinsichtlich der Nachfolge, seine Ansprüche auf den englischen Königsthron in erster Linie durch die Schwester seines Großvaters begründet.[160] Diese Schwester Herzog Richards II. († 1027) namens Emma († 1051) war in der Folge mit zwei englischen Königen, Aethelred und Knut, verheiratet gewesen. Und wenngleich sie keinerlei Thronansprüche vererben konnte, so war sie doch eine einflußreiche Frau in der englischen Politik gewesen, die normannische Sitten und Gebräuche in den Königshof eingeführt hatte.

Der Teppich von Bayeux

Nach dem Tod Eduards wählten die Großen im Januar 1066 allerdings nicht Wilhelm, sonder Harald Godwinson, den Grafen von Wessex und Sohn Godwins zum neuen König. Die weiteren Vorgänge sind in farbigen Wollfäden auf einem ausgedehnten Leinenband von etwa 70 Metern Länge, dem sogenannten Teppich von Bayeux, einem einzigartigen kulturgeschichtlichen Zeugnis, detailreich dargestellt. Insgesamt über 1500 Gestalten von Männern, Frauen, Pferden, Vögeln und Fabeltieren sowie Schiffe und Gebäude sind mit der Stickerei widergegeben. Die Bildserien zeigen, wie sich Herzog Wilhelm in seinen Rechten verletzt sah, da Harald ihm auf zwei Reliquienschreine den Treueid geschworen habe. Wilhelm ließ eine gewaltige Flotte bauen. Auch die Arbeit an den Schiffen ist auf dem Teppich von Bayeux verewigt worden. In der Normandie, der

HARALD GODWINSON LEISTET WILHELM DEM EROBERER IN DER DARSTELLUNG DES TEPPICHS VON BAYEUX DEN TREUEEID AUF ZWEI RELIQUIENSCHREINE.

Betagne, in Frankreich und in Süditalien warb der Normannenherzog Krieger für seinen bevorstehenden Feldzug an. Harald, der die Vorbereitungen auf der anderen Seite des Ärmelkanals verfolgte, konzentrierte seine Flotte bei der Insel Wight und stellte sein Heer im Süden Englands auf. Die Vorbereitungen zum Angriff auf England zogen sich indes in die Länge. Erst im August war Wilhelm angriffsbereit, doch mußte er aufgrund widriger Winde noch einen weiteren Monat warten, bis die Schiffe endlich in See stechen konnten. Für Harald, der schon so lange auf den Angriff gewartet hatte, waren die Umstände zu diesem Zeitpunkt alles andere als günstig. Angesichts der Ernte hatte sich sein Heer zerstreut. Die Stürme hatten auch seiner Flotte geschadet und so waren Schiffe, die nach London fahren sollten, gesunken. Zudem landeten im September 1066 rund 300 Wikinger-Langboote unter Führung des norwegischen Königs Harald Hadrada im Norden Englands und marschierten auf York zu. In der Schlacht bei Stamford Bridge gelang es Harald Godwinson am 25. September 1066 schließlich, die Angreifer vernichtend zu schlagen. Dem Bericht der *Heimskringla* zufolge, die das Leben und Wirken der Norwegerkönige beschreibt, waren die Angelsachsen von allen Seiten gegen die Norweger angerannt und hatte sie mit Speeren und Pfeilen niedergemacht. Auch Harald Hadrada fand den Tod. Einem Quellenzeugnis zufolge überlebten so wenige Invasoren die Schlacht, daß nur 24 Langboote zurückkehrten.

DIE SCHLACHT BEI HASTINGS.

Die Schlacht bei Hastings

Doch dem Triumph Harald Godwinsons folgte schon bald die Niederlage. Auch sein Heer hatte Verluste hinnehmen müssen. Auf einem Bankett aus Anlaß des Sieges erreichte ihn die Nachricht von der Landung Wilhelms. Im Eilmarsch setzte sich Haralds Heer wieder in Bewegung und erreichte irgendwann zwischen dem 7. und dem 11. Oktober London. Nur fünf Tage blieben Harald, um weitere Soldaten auszuheben. Am Abend des 13. Oktober ging sein Heer auf dem Senlac Hill, der später Battle Hill genannten Anhöhe, bei Hastings in Stellung. Harald wie auch sein Gegner Wilhelm verfügten über ein zahlenmäßig etwa gleichstarkes Heer von rund 7000 Mann. Der Normannenherzog siegte. Harald, der der Darstellung auf dem Teppich von Bayeux zufolge wohl von einem Pfeil am Auge verwundet worden war, wurde hinter seinem Banner stehend tödlich getroffen. Mit der Niederlage bei Hastings waren die Kampfhandlungen jedoch noch nicht beendet. Wilhelms Heer zog auf London. Auf dem Marsch wurden die Männer zwar von einer häufig tödlichen Erkrankung des Magen-Darm-Trakts, der Ruhr, heimgesucht, die sich oft als Begleiterin von Heereszügen zeigte, doch scheinen sich die Verluste in Grenzen gehalten zu haben. Schließlich kapitulierte auch das belagerte London. Der normannische Herzog Wilhelm wurde am Weihnachtstag 1066 in Westminster zum König gekrönt.

In der Folgezeit verwendete Wilhelm alle Anstrengungen darauf Ruhe und Ordnung im Königreich wiederherzustellen und den Aufbau einer Verwaltung voranzutreiben. Normannen besetzten nun die weltlichen und geistlichen Machtpositionen. Zu einer Zeit, da sich das Papsttum inmitten des Investiturstreits mit dem Kaiser befand, vermochte Wilhelm ohne Einmischung aus Rom Bischöfe und Äbte einzusetzen. Nicht zuletzt die gut organisierte Abführung des Peterspfennigs an den Heiligen Stuhl dürfte diese Nachsicht bewirkt haben. Derweil prägten die Normannen auch das Geistesleben der Insel. Die angelsächsische Literatur- und Rechtssprache wurde durch das Französische und Lateinische allmählich vollständig verdrängt. Das vorbildliche Funktionieren der normannischen Verwaltung wurde 1085 in einem für das Mittelalter einmaligen Zeugnis überdeutlich. Angesichts einer neuen dänischen Invasion, ordnete Wilhelm eine genaue Zählung aller Einwohner Englands und ihres Viehs sowie die Aufzeichnung ihrer Pflichten und die Größe ihres nutzbaren Landes an. So entstand eine statistische Erhebung, die unter dem Namen *Domesday Book*, Buch des Jüngsten Gerichts, reiche Auskunft über das England des ausgehenden 11. Jahrhunderts gibt.

DER INVESTITURSTREIT

Zu den sicher bedeutendsten Ereignissen für die Entwicklung des Verhältnisses zwischen weltlichen Herrschern und dem Papsttum im 11. Jahrhundert und 12. Jahrhundert zählt zweifellos der Investiturstreit, der in unterschiedlichen Regionen Europas zeitversetzt ausgetragen wurde. Im Mittelpunkt dieses schweren Konflikts, mit dem sich die historische Forschung immer wieder befaßt hat und der hier nur in groben Zügen umrissen werden kann, stand die Einsetzung von Bischöfen und Äbten durch Laien. Nachdem Gregor VII. im Jahre 1073 auf den Stuhl Petri gelangt war, versuchte er die angestrebten Reformen zur Beendigung der Simonie und des Verbots der Priesterehe praktisch umzusetzen. Simonistische Kleriker wurden abgesetzt, unkeusche Priester ihres Amtes enthoben. Zugleich entsandte er Legaten nach Deutschland und Frankreich, die auch dort für die Verwirklichung der Reform wirken sollten. Im Jahre 1075 formulierte er in einem *Dictatus Papae* genannten Memorandum die Grundzüge päpstlicher Herrschaft. Demnach sah sich der Papst als oberster und unumschränkter Herrscher über die Universalkirche nicht nur zur Absetzung von Bischöfen, sondern auch zu der des Kaisers berechtigt. Der Papst allein kann sich der kaiserlichen Insignien bedienen, heißt es darüber hinaus im *Dictatus Papae*. Diese Programmschrift für eine päpstliche, die rechte Weltordnung, bedeutete zugleich eine Aberkennung des sakralen Charakters des Königtums. Ware das Verhältnis zwischen Papst Gregor VII. und Heinrich IV. zu dieser Zeit noch nicht getrübt, sollte sich dies schon bald ändern. Heinrich IV. setzte Tedald, den Subdiakon seiner Hofkapelle zum Erzbischof von Mailand ein und ignorierte den vom Papst für dieses Amt bestellten Atto. Auch in Fermo und Spoleto ernannte Heinrich Bischöfe. Der Papst reagierte auf diesen Schritt mit einem Brief an den König, in dem er diesen nachdrücklich an seine Gehorsamspflicht. Heinrich indes verschärfte den Konflikt durch die am 24. Januar 1076 in Worms stattfindende Reichsversammlung. In einem Schreiben, das 26 Bischöfe unterzeichneten, wurde der Vorwurf erhoben, der Papst sei unrechtmäßig auf den Stuhl Petri gelangt. Er habe sein Macht mißbraucht, um das Volk aufzuwiegeln und Zwietracht in den Kirchen zu säen. Deshalb werde man ihm nicht länger gehorsam sein. Eine Verschärfung der Provokation erfolgte noch dadurch, daß Gregor in dem Schreiben stets nur als der »Bruder Hildebrand«, nicht aber als Papst angesprochen wird.

Daneben ließ Heinrich zwei weitere Schreiben mit ähnlichem Tenor an die Römer wie auch an den Papst verfassen. Während den Römern nahegelegt wurde, den unrechtmäßigen Papst zu stürzen, forderte Heinrich

HEINRICH IV. BITTET MATHILDE VON TUSZIEN KNIEND UM VERMITTLUNG IN CANOSSA. AN SEINER LINKEN SEITE WIRKT ALS FÜRSPRECHER SEIN TAUFPATE HUGO VON SEMUR, DER ABT VON CLUNY.

»Hildebrand, nicht mehr den Papst, sondern den falschen Mönch« zur Abdankung auf. Er, der König könne als Gesalbter von niemandem gerichtet werden.

Auf der am 14. Februar 1076 im Lateran beginnenden Fastensynode wurden die Schreiben der Bischöfe und des Königs verlesen, worauf Gregor am Folgetag noch einmal seinen Anspruch auf die alleinige Herrschaft über die geeinte Christenheit bekräftigte und den Bann gegen Heinrich aussprach. Gleichzeitig befreite er Heinrichs Untertanen von allen geleisteten Eiden. Gregor hatte seine Ankündigung aus dem *Dictatus Papae* wahrgemacht und die Absetzung eines Königs erklärt. Und

DIE ABTEI VON NIEUL-SUR-L'AUTISE IM POITOU WURDE 1086 IM ZUGE DER TROCKENLEGUNG DES MARAIS ERRICHTET. IN DEM BENACHBARTEN, HEUTE ZERSTÖRTEN HERZOGSPALAST WURDE 1122 ELEONORE VON AQUITANIEN, DIE MUTTER RICHARDS I. »LÖWENHERZ« GEBOREN.

obwohl die Folgen noch eine zeitlang auf sich warten ließen, der Bann in Mainz für ungültig erklärt wurde und Heinrich versuchte, seine Herrschaft fortzuführen, formierte sich im Reich doch bald eine Opposition gegen den für abgesetzt erklärten König. Diese drängte auf Neuwahl, konnte sich aufgrund unterschiedlicher Interessen jedoch nicht einigen.

Angesichts dieser Situation entschied sich Heinrich, mit dem päpstlichen Legaten zu verhandeln. Heinrich versprach nun unter anderem Gehorsam gegenüber dem Papst und die Entlassung seiner gebannten Getreuen. Doch die Fürsten verlangten eine Aufhebung des Bannes noch binnen

Jahresfrist nach der Exkommunikation. Gregor wurde ins Reich eingeladen, um am 2. Februar 1077 in Augsburg den Konflikt beizulegen. Der Papst, der zugleich ablehnte, daß Heinrich zu ihm nach Rom reiste, nahm die Einladung an.

Der Gang nach Canossa

Seine Absetzung fürchtend, beeilte sich Heinrich dem Papst entgegenzuziehen. In Canossa kam es zu der entscheidenden Begegnung zwischen dem Papst und König Heinrich. Der Papst hatte sich bei der Nachricht von Heinrichs Herannahen in die Burg Canossa Mathilde von Tusciens zurückgezogen, um sich vor einem möglicherweise zu erwartenden militärischen Aufmarsch Heinrichs in Sicherheit zu bringen. In Gregors Gefolge befanden sich die Bischöfe Liemar von Hamburg-Bremen, Benno von Osnabrück und Gregor von Vercelli. Doch Heinrich suchte einen friedlichen Ausgleich. Mathilde von Tuscien, Heinrichs Schwiegermutter Mathilde von Turin und sein Taufpate Abt Hugo von Semur verwendeten sich beim Papst für Heinrich. Am 25. Januar 1077 erschien Heinrich barfüßig und im Büßergewand vor der Burg. Drei Tage ließ ihn Gregor dennoch warten, bevor er ihn zu sich kommen ließ und von seinem Bann löste.

Der berühmte Bußgang nach Canossa ist in der historischen Forschung unterschiedlich bewertet worden. Jacques Le Goff etwa spricht davon, Heinrich habe Gregor mit seiner Demütigung im Schnee genarrt.[161] Dem taktischen Erfolg des Bußgangs, der Heinrich in dieser Situation die Herrschaft erhielt, steht die Reichweite der Demütigung entgegen, die das Ansehen des Königs beeinflußte.

Trotzdem der Bann nun gelöst war, wählten die Fürsten schon im März 1077 den Schwabenherzog Rudolf von Rheinfelden zum Gegenkönig, der allerdings drei Jahre später im Kampf fiel. Bis zu seinem Tod im Jahre 1106 sollte sich Heinrich noch mit einem weiteren Gegenkönig, der Erhebung seiner Söhne und nicht zuletzt dem Papst auseinandersetzen. Seine Krönung zum Kaiser am Ostersonntag des Jahres 1084 hatte der von ihm selbst eingesetzte Gegenpapst Clemens III. vorgenommen.

Der Investiturstreit zog sich in anderen Ländern Europas, so in Frankreich, noch bis 1107 fort. In England, wo der Streit ebenfalls 1107 mit einem sogenannten Konkordat beigelegt wurde, behielt der König einen wesentlichen Einfluß auf die Bischofswahl, verlangte vor der Weihe die Huldigung, verzichtete aber auf die Investitur mit den geistlichen Symbolen.[162] Derweil war der Konflikt zwischen den Päpsten und den Saliern noch nicht beendet. Erst im Vorvertrag von Sutri 1111 verzichtete Heinrich V. († 1125) überraschend auf die Investitur. Papst Paschalis II. verpflichtete seinerseits die Bischöfe zur Rückgabe königlicher Rechte, der *regalia*. Die Spannungen zwischen dem Kaiser und dem Stuhl Petri setzten sich indes auch in den Folgejahren fort. Im sogenannten Wormser Konkordat 1122 zwischen Heinrich V. und Papst Calixt II. verzichtete der Kaiser unter anderem auf die Investitur mit Ring und Stab. Gleichzeitig verpflichtete er sich, freie Wahlen und Weihe der Kleriker zuzulassen und den widerrechtlich angeeigneten Kirchenbesitz zurückzugeben. Der Papst wiederum willigte ein, die kanonischen Wahlen künftig in Gegenwart des Königs stattfinden zu lassen. Des weiteren wurde festgeschrieben, daß der Gewählte im »Deutschen« Reich *(regnum teutonicum)* vor seiner Weihe – in Italien und Burgund innerhalb von sechs Monaten danach – mit dem Szepter durch den König investiert wurde und zu den üblichen Leistungen *(servitium regis)* gegenüber dem weltlichen Herrscher verpflichtet war. Die Urkunde verwendet den Begriff *regnum teutonicum*, Deutsches Reich, der sich in der Folgezeit durchsetzte.

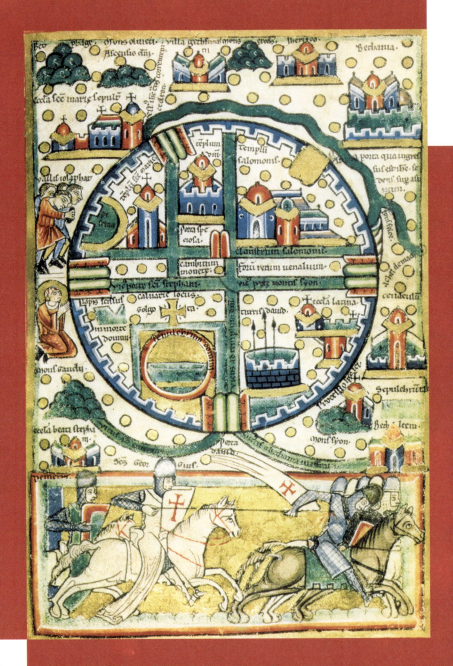

JERUSALEM – DIE HEILIGE
STADT UND IHRE HEILIGEN
STÄTTEN.

AUF DEM WEG NACH JERUSALEM.
DIE KREUZZÜGE IM 12. JAHRHUNDERT

1100	Heinrich I. wird König von England
1108	Ludwig VI. der Dicke wird König von Frankreich
1119/1120	Anfänge des Templerordens
1122	Wormser Konkordat
1127	Gründung des Königreichs Beider Sizilien durch Roger II.
1144	Beginn der Gotik (Abteikirche von Saint-Denis)
1140	Verurteilung Abaelards auf dem Konzil von Sens
1147	Beginn des 2. Kreuzzuges
1165	Heiligsprechung Karls des Großen durch den Gegenpapst Paschalis II.
1170	Ermordung des Thomas Beckett in Canterbury
1179	III. Laterankonzil
1187	Eroberung Jerusalems durch Saladin
1189	Richard I. Löwenherz wird König von England
1189	Beginn des 3. Kreuzzuges
1190	Tod Kaiser Friederichs I. Barbarossa auf dem Kreuzzug
1190	Gründung einer deutschen Spitalgemeinschaft, des späteren Deutschen Ordens vor Akko
1191	Kaiserkrönung Heinrichs VI.
1194	Geburt Friedrichs II. in Jesi
1198	Innozenz III. wird Papst
1199	Richard I. Löwenherz stirbt bei Chaluze

Am Ende des 11. Jahrhunderts hatte das wohl größte militärische Unternehmen des Mittelalters begonnen – die Kreuzzüge. Mit der Eroberung Jerusalems im Juli 1099, der Einrichtung von Kreuzfahrerstaaten in der Levante und den Rückschlägen der Kreuzfahrer seit den 1140er Jahren, sollten die Kreuzzüge das gesamte Abendland über zwei Jahrhunderte nachhaltig beeinflussen. Die Betrachtung des ersten Kreuzzugs, der Entstehung geistlicher Ritterorden und des Zusammenlebens von Abendländern und Orientalen in der Levante stehen im Folgenden im Mittelpunkt des Einblickes in ein überaus ereignisreiches, durch Wandel gekennzeichneten Jahrhunderts. Es ist das Jahrhundert Heinrichs des Löwen, der Ermordung des Erzbischof von Canterbury Thomas Beckett und Richards I. Löwenherz. Es erlebte nicht zuletzt den Beginn der Gotik, eingeleitet mit dem 1144 abgeschlossenen Wiederaufbau der Abteikirche von Saint Denis unter Abt Suger. In ihrer Gesamtheit ist diese Zeit erst jüngst Gegenstand zweier grundlegender Werke geworden, die die hier gegebenen in ihrer Perspektive beschränkten Eindrücke vervollständigen und vertiefen.[163]

Im 12. und 13. Jahrhundert stand das Papsttum auf dem Höhepunkt seiner Macht. Verkörperung findet diese insbesondere in der Gestalt Papst Innozenz' III. († 1216). Er betrachtete sich nicht mehr nur als Stellvertreter Petri, sondern vielmehr als Statthalter Christi auf Erden (Vicarius Christi). Die weltlichen Herrscher, so der Anspruch des Papstes, sollten von diesem ihre Lehen empfangen. Auch in den Strukturen der Kirche, die eine Zentralisierung der päpstlichen Gewalt durch die Legaten unter gleichzeitigem Versuch bischöfliche Autorität zu beschneiden, vollzog sich unter Innozenz III. am Beginn des 13. Jahrhunderts immer deutlicher ein Wandel. Als ein Wegbereiter dieser Entwicklung wirkte um die Mitte des 12. Jahrhunderts der Zisterzienserabt Bernhard von Clairvaux († 1153), von dem im Zusammenhang mit dem zweiten Kreuzzug 1145 bis 1148 noch die Rede sein wird. Für die geistigen Grundlagen zur Vorbereitung des ersten Kreuzzuges spielten jedoch noch die Cluniazenser eine entscheidende Rolle.

URBAN II., DAS KONZIL VON CLERMONT UND DER BEGINN DES ERSTEN KREUZZUGS

Seit dem Jahre 638 befand sich Jerusalem unter muslimischer Herrschaft. Dennoch besuchten in den folgenden Jahrhunderten auch weiterhin abendländische Pilger weitgehend unbehelligt die heiligen Stätten. Christen wie Juden gelten im Islam als »Völker des Buches« (ahl al-kitāb) und genossen deswegen als Schutzbefohlene (ḏimmi) einen speziellen Rechtsstatus. Ein Bestandteil dieses Rechtsverhältnisses ist neben der Zahlung einer speziellen Grundsteuer die Entrichtung einer Kopfsteuer, genannt ǧizya. Diese hatten auch die christlichen Pilger zu leisten, die das Heilige Land besuchten. Verfolgungen von Angehörigen anderer Religionsgemeinschaften blieben in den islamisch beherrschten Gebieten des Nahen Ostens während der mittelalterlichen Jahrhunderte Ausnahmen. Allerdings war es im Jahre 1009 unter dem Kalifat des Eiferers al-Hakim sehr wohl zu einer Bedrückung von Christen und gar zur Zerstörung der Grabeskirche gekommen. Schon bald darauf hatte sich die Lage allerdings wieder beruhigt und in der Folgezeit galt Jerusalem als Zentrum jüdischer, christlicher und islamischer Gelehrsamkeit.

Auf der anderen Seite des Mittelmeeres, auf der Iberischen Halbinsel, standen die Christen von Asturias und Léon seit der Eroberung durch die Muslime im 8. Jahrhundert zur Bewahrung ihrer Unabhängigkeit im Kampf mit den arabischen Eroberern. Um das Jahr 1031 hatte die Reconquista, die Rückeroberung, eingesetzt. Wurde schon in diesem Zusammenhang versucht, den Krieg gegen die Ungläubigen zur Rückeroberung ehedem christlicher Gebiete als einen gerechten Kampf nach Gottes Willen zu rechtfertigen, so erwuchsen jenseits der Pyrenäen aus der Notwendigkeit zum Schutz Unbewaffneter im Sinne der Gottesfriedensbewegung die geistigen und mit dem Aufkommen des Rittertums die gesellschaftlichen Voraussetzungen für den Kreuzzug.

Im Osten hatten sich die politischen Kräfteverhältnisse durch das Vordringen der Seldschuken auf byzantinisches Gebiet wie auf das der fatimidischen Kalifen entscheidend verändert. Alp Arslan, dem Nachfolger des 1055 in Bagdad das Kalifat antretenden Toghril-Beg, gelangen bedeutende Gebietsgewinne und selbst die zeitweilige Einnahme Jerusalems. Als er das byzantinische Heer bei Mantzikert vernichtend schlug, wurde deutlich, daß die jahrhundertelang durch Byzanz geschützte Ostflanke der Christenheit in Gefahr stand, überrannt zu werden.

Auf dem Konzil von Piacenza im März 1095 hatte der byzantinische Basileus Alexios I. angesichts der wachsenden Bedrohung seines Reiches um militärische Unterstützung durch die abendländische Christenheit

PORTRÄT DES ZISTERZIEN-
SERABTS BERNHARD VON
CLAIRVAUX.

DER AUFBRUCH ZUM KREUZ-
ZUG.

CIVITAS IHERUSALEM.
HOLZSCHNITT VON BERN-
HARD VON BREITENBACH
UND ERHARD REUWICH,
MAINZ 1486.

gebeten. Diese Bitte bezog sich indes eher auf die Entsendung eines begrenzten Heeresaufgebots von Söldnern und nicht auf ein großes Kreuzzugsheer. Daß die byzantinischen Gesandten in Piacenza als zusätzliches Argument die mögliche Befreiung Jerusalems von der muslimischen Herrschaft ins Spiel brachten, mag ein übriges zu der späteren Entwicklung beigetragen haben.

Als der Cluniazenser Odo von Lagery als Urban II. im März 1088 auf den Stuhl Petri erhoben worden war, verfolgte dieser zielstrebig die Ideen Gregors VII. zu einem Kreuzzug weiter.[164] Die Bitte des Basileus auf dem Konzil von Piacenza bot Urban II. nun Gelegenheit, die Kreuzzugspläne umzusetzen. Seine Reise zur Vorbereitung des Konzils von Clermont hatte den Papst unter anderem nach Cluny geführt. Dort weihte er den neuen Hochalter der am 2. Oktober 1088 begonnen Kirche Cluny III. Diese war zum Zeitpunkt ihrer Fertigstellung die größte Kirche des Abendlandes und übertraf selbst Alt-Sankt Peter in Rom. Auf seiner Reise, zu der nicht zuletzt der demonstrative Akt der Altarweihe in Cluny gehörte, hatte sich Urban einer möglichst großen ideellen Unterstützung des Kreuzzugsplanes – vor allem bei seinen einstigen Brüdern – versichern wollen. Er wurde nicht enttäuscht.

Das Konzil von Clermont

Am 27. November 1095 rief Urban II. in Clermont, gelegen in der Auvergne, in einer zweifellos flammenden, wenngleich nicht im Wortlaut überlieferten Predigt zum Kreuzzug auf. Er griff wahrscheinlich das Bild von der Befreiung Jerusalems von den »Ungläubigen« auf, das die Gesandten des byzantinischen Basileius in Piacenza gezeichnet hatten. Dabei dürfte er sich bewußt gewesen sein, welche Vorstellungen dieses bei seinen Zuhörern hervorrief. Nicht genug damit, stellte Urban II. jedem, der sich dem Kreuzzug anschlösse, einen vollständigen Ablaß seiner Sünden in Aussicht. Wenngleich sich jeder Teilnehmer am Kreuzzug aus unterschiedlichen Gründen zur Teilnahme am Kreuzzug entschloß und sich der Gefahren durchaus bewußt gewesen sein mag, spielte dieser Aspekt doch eine wichtige Rolle.[165]

Die einsetzende Begeisterung für den Kreuzzug hatte nicht zuletzt soziale Hintergründe. Einmal mehr herrschte 1095 vielerorts eine große Hungersnot. Sie suchte die Menschen so schwer heim, daß der Verfasser der *Gesta abbatum Gemblacensium*, den Schilderungen des Wirkens der Äbte des Klosters Gembloux, vom »Schwert Gottes« sprach.[166] Der Hunger dürfte in kaum zu unterschätzendem Maße als auslösender Faktor des sogenannten Volkskreuzzuges gewirkt haben, der sich noch vor dem der aus unterschiedlichen Richtung aufbrechenden Ritter in Bewegung setzte. Diese Kontingente, die erst im August 1096, fast ein Jahr nach dem Konzil von Clermont schließlich aufbrachen, unterschieden sich in ihren organisatorischen Strukturen und in ihrer Zusammensetzung sehr von dem der weitgehend unorganisierten Volkskreuzzüge. Die fünf Heere, die es vor allem zu nennen gilt, und die von hochrangigen Fürsten, wenngleich nicht Königen geführt wurden, waren erstens das insgesamt größte der West- und Südfranzosen, angeführt durch den Grafen Raimund von Toulouse und Saint Gilles († 1105), zweitens das des Herzogs von Niederlothringen, Gottfried V. von Bouillon († 1100) und seines Bruders Balduin († 1158), drittens das des Herzogs Robert II. von der Normandie († 1134), des Grafen Stephan von Blois († 1102) und Roberts II. von Flandern († 1111), viertens das des königlichen Bruders Hugo von Vermandois und fünftens schließlich das der süditalienischen Normannen Bohemund von Tarent († 1111) und seines Neffen Tankred. Alle diese Heerführer waren zweifelsfrei bedeutende Fürsten, die mit Königen verwandt, im Kriegshandwerk geübt und Herren über einen mehr oder weniger großen Grundbesitz waren. Dies soll nicht darüber hinwegtäuschen, daß auch in ihrem Heer keineswegs nur Ritter, sondern auch Kleriker, Bauern, Frauen und sogar Kinder fanden. Dabei gilt es anzumerken, daß sich auch Frauen sehr zur Verwunderung der Muslime in das spätere Kampfgeschehen eingriffen, etwa als treffsichere Bogenschützinnen.[167] Einen offiziellen Oberbefehlshaber unter den Fürsten, die diese Heereskontingente anführten, gab es nicht. Als sich das erste im Sommer 1096 auf den Weg nach Jerusalem machte, war der Kreuzzug des Volkes ihm bereits vorangemarschiert.

Der Kreuzzug des Volkes

Die Teilnehmerinnen und Teilnehmer des Volkskreuzzuges, vor allem im Norden Frankreichs, folgten dem zwielichtigen Wanderprediger, der unter dem Namen Peter von Amiens oder Peter der Einsiedler († um 1115) bekannt wurde.[168] Dem Bericht des Chronisten Guibert von Nogent zufolge, führte er bei seinen Predigten christusgleich einen Esel mit sich, dessen Haar wunderwirksame Kräfte nachgesagt wurden und der deshalb stets von den Gläubigen gerupft wurde. Auch ein wohl verarmter französischer Adeliger mit dem bezeichnenden Namen Gautier Sans-Avoir, wörtlich Walter Habe-Nichts, und die aus dem Gebiet des »Deutschen« Reiches stammenden Gottschalk und Folkmar konnten Gruppen unterschiedlicher Größe um sich versammeln. Im Frühjahr 1096 standen die Horden des Volkskreuzzuges bereits am Rhein. Rheinabwärts ziehend, verübten sie ein Massaker an den jüdischen Einwohnern der nach ihren Anfangsbuchstaben »Kehillot SCH"UM« (Gemeinden von Speyer (Spira), Worms (Wormaiza) und Mainz (Magenza)) genannten Zentren jüdischen Geisteslebens in Speyer, Worms und Mainz. Die Feinde Christi seien nicht

KREUZFAHRER STÜRMEN EINE STADT.

MUSLIMISCHE REITER IM KAMPF GEGEN KREUZRITTER.

erst im Heiligen Land zu suchen, lautete ihre Rechtfertigung. Hatten die Juden dieser Städte seit Jahrhunderten in weitgehender Eintracht mit ihren christlichen Nachbarn gelebt, sollten sich ihre Gemeinden während der mittelalterlichen Jahrhunderte nie mehr von diesen Übergriffen erholen. Die jüdischen Gemeinden in Trier, Köln, Neuss und Xanten fielen zeitgenössischen Berichten zufolge ebenfalls der Mordlust und Habgier der aufgestachelten Massen zum Opfer.[169] Weder Heinrich IV. noch die Bischöfe vermochten die Juden wirksam zu schützen. Der Weg dieses Volkskreuzzuges, von dem nur wenige Teilnehmer überhaupt Kleinasien erreichten, soll hier nicht weiter beschrieben werden.

Der Kreuzzug der Ritterheere

Die Ritterheere brachen im Herbst/Winter 1096 auf unterschiedlichen Routen in Richtung Konstantinopel auf. Der Basileus Alexios I. verlangte

KAISER FRIEDRICH I. BARBAROSSA ERTRINKT AUF DEM ZWEITEN KREUZZUG AM 10. JUNI 1190 IN DEN FLUTEN DES SALEPH.

von den Anführern der Heere einen Treueeid, den alle nach einigem Widerstand in irgendeiner Form schließlich leisteten. Nacheinander überquerten die Ritterheere den Bosporus und vereinigten sich schließlich im Juni 1097 vor Nicaea. Schon am 19. Juni kapitulierte die Hauptstadt des Sultans der Rumseldschuken Qilidsch Arslan (gest. 1106) vor dem Heer der Kreuzfahrer und den byzantinischen Soldaten des Basileus Alexios I. und wurde wieder in das byzantinische Reich eingegliedert. Die Kreuzfahrerheere setzten ihren Zug durch Anatolien und Kilikien fort. Dabei kam es immer wieder zu Gefechten mit seldschukischen Truppen Qilidsch Arslans. Am 21. Oktober 1097 erreichte das Hauptheer der Kreuzfahrer schließlich Antiochia und begann mit der Belagerung. Die Heere Balduins von Boulogne und Tankreds hatten sich vom Hauptheer getrennt und waren ostwärts gezogen. Sie eroberten Tarsos, Adana und Mamistra.

Im Winter 1097 bat Toros, der armenische Regent von Eddesa, der von Balduins Erfolgen in Kilikien gehört hatte, den Grafen zum Schutz vor den Seldschuken in die Stadt. Im Februar 1098 traf Balduin mit 80 Rittern in Edessa, dem heutigen Urfa, ein und wurde nach armenischem Ritus von Toros adoptiert. Am 10. März 1098 übernahm Balduin die Herrschaft in Edessa, nachdem sein »Adoptivvater« während Unruhen in der Stadt ermordet worden war, ohne daß der Kreuzfahrer eingeschritten wäre. Mit der Grafschaft Edessa, dem ersten der vier Kreuzfahrerstaaten, war den Kreuzfahrern ein östlicher Vorposten von strategischer Wichtigkeit in die Hände gefallen. Balduin lieferte die Stadt nicht dem byzantinischen Basileus aus. Derweil verstärkte sein Heer die Belagerung Antiochias, das nach vielen Monaten schließlich fiel. Für den endgültigen Sieg der Kreuzfahrer gegen das Entsatzheer Kerbogas spielte eine Reliquienfälschung eine bedeutende Rolle. Als die Kreuzfahrer nach langer Belagerung Antiochia schließlich einnahmen und ihrerseits zu Belagerten wurden, half die Auffindung der sogenannten *lancea Domini,* der Passionslanze des Herrn, infolge einer Vision zum endgültigen Sieg.

Die Eroberung Jerusalems

Im Sommer 1099 waren die überlebenden Kreuzfahrer am Ziel ihrer Hoffnungen und Wünsche angelangt. Die Heilige Stadt Jerusalem, wo die Abendländer allen zeitgenössischen Quellen zufolge ein Blutbad unter den Bewohnern anrichteten, fiel in ihre Hände. Gottfried von Bouillon, der dort, wo Christus einst die Dornenkrone getragen hatte, zeitgenössischen Berichten zufolge nicht zum König gekrönt werden wollte, nahm den Titel eines »Verteidigers des Heiligen Grabes« *(Advocatus Sancti Sepulchri)* an.

Doch Edessa ging schon 1144 wieder verloren. Der zweite Kreuzzug, der die Eroberung von Damaskus anstrebte, brachte keinen Erfolg. Als der Sultan Salah ad-Din nach seinem Sieg gegen das größte Heer, das die Kreuzfahrer je aufgestellt hatten, bei den Hörnern von Hittin in Galiläa auch noch Jerusalem eroberte, schien die Heilige Stadt der Christenheit auf ewig verloren. Die Könige Richard I. Löwenherz († 1199) und Philipp II. August von Frankreich († 1223) ebenso wie der Stauferkaiser Friedrich I. Barbarossa brachen 1190 zum dritten Kreuzzug auf. Friedrich I. erreichte das Heilige Land nicht. Er ertrank am 10. Juni 1190 in den Fluten des Saleph. Philipp II. August kehrte, angeschlagen von einer Krankheit, bald in die Heimat zurück. Während die wichtige Hafenstadt Akko nach ihrer Rückeroberung zur Hauptstadt der auf einen Küstenstreifen zusammengeschrumpften Kreuzfahrerstaaten wurde, blieb die Hoffnung auf eine Wiedererlangung Jerusalems unerfüllt.

DIE GEISTLICHEN RITTERORDEN

Zwei Jahrzehnte nach der Etablierung der Kreuzfahrerstaaten im Heiligen Land bildeten sich Orden von neuer Art heraus: die geistlichen Ritterorden. Die meisten Kämpfer aus dem Abendland blieben nicht dauerhaft im Heiligen Land. Das Lateinische Königreich Jerusalem besaß kein stehendes Heer. Anscheinend folgte die Bildung eines militärisch geprägten christlichen Ordens dem Vorbild der muslimischen *ribāt,* Grenzfestungen, in denen muslimische Männer für einen befristeten Zeitraum ihren Waffendienst leisteten. Über eine erste Entwicklungsstufe der sogenannten Belchite-Bruderschaft auf der Iberischen Halbinsel, die das Modell des ribāt insbesondere unter dem Aspekt des befristeten Dienstes nahezu vollständig übernahm, entstand um das Jahr 1118/1119 aus der Bruderschaft der Templer der erste geistliche Ritterorden.

Die Templer

Nur wenig ist über die genauen Umstände und die Chronologie der Ordensentstehung bekannt. Den Quellen zufolge schloß sich um 1118/1119 eine kleine Zahl von Rittern unter Führung des aus der Champagne stam-

ROBERT VON MOLESME, DER BEGRÜNDER DER ZISTERZIENSISCHEN GEMEINSCHAFT, HÄLT DAS 1098 VON IHM UND DEM HEILIGEN ALBERICH GEGRÜNDETE KLOSTER CÎTEAUX IN SEINEN HÄNDEN.

menden Hugo von Payns zusammen, um die Pilgerwege zwischen der Küste und Jerusalem zu sichern. König Balduin II. überließ der neuen Gemeinschaft im Jahre 1120 den Templum Salomonis, die Al-Aqsa Moschee, als Quartier. Auf dem Konzil von Troyes erhielten die Templer 1128 ihre erste geschriebene Regel, die vom Einfluß des Zisterzienserabtes Bernhard von Clairvaux geprägt ist, obwohl sie entgegen der Behauptung romantisierender Quellen wohl nicht von diesem selber verfaßt wurde.[170] In der Folgezeit wurde die Regel mehrfach überarbeitet. Mit der päpstlichen Bulle *Omne datum optimum*, die Innozenz II. im Jahre 1139 für die Templer ausstellte, wurden noch einmal die Aufgaben und Ziele der

Gemeinschaft festgelegt. Gleichzeitig verlieh der Papst den Templern neben andern Privilegien das der Exemtion, der unmittelbaren Unterstellung unter die Gewalt des Heiligen Stuhls. Zu dieser Zeit waren die Templer bereits zu einer militia Christi, einem Heere Christi, angewachsen. Unter seinem zweiten Meister Robert von Craon († 1149) formte sich der Orden um militärischen Rückgrad des Heiligen Landes.

Die Hospitaliter

Dem Vorbild der Templer folgten die Hospitaliter oder Johanniter. Sie wandelten sich von einer rein auf Krankenpflege und Pilgerversorgung ausgerichteten Gemeinschaft zu einem hospitalischen und zugleich militärischen Orden.

Grundlage der Gemeinschaft war das Johanniterspital in Jerusalem, das vor 1080 durch Kaufleute aus dem italienischen Amalfi zur Beherbergung und Versorgung bedürftiger Pilger gestiftet worden war. Die Anfänge der Bruderschaft, die zum Zeitpunkt der Eroberung Jerusalems durch die Kreuzfahrer im Sommer 1099 angeblich unter Führung ihres sagenumwobenen ersten Meisters Gerhard von Tenque stand, sind in der historischen Forschung immer wieder Gegenstand der Diskussion geworden. Fest steht, daß die Quellen aus der Frühzeit der Gemeinschaft äußerst spärlich sind. In den ersten Jahrzehnten des 12. Jahrhunderts lassen sich die Organisation und die Leistungen der Hospitaliter besser erkennen.

DER KRAK DES CHEVALIERS, DIE MÄCHTIGE FESTUNG DES ORDENS DER HOSPITALITER.

Raymond von Puy (1125–1153), der Meister der Gemeinschaft, verfaßte um 1130 eine erste Regel. Die spätere, 1182 von dem Ordensgroßmeister Roger von Moulins aufgestellte neue Regel enthält unter anderem ausführliche Bestimmungen über die Organisation der Krankenpflege im Spital von Jerusalem. Diese orientierten sich an den Vorbildern der Krankenpflegeeinrichtungen in der islamischen Welt. Darin finden sich unter anderem die folgenden Bestimmungen, die hier aufgrund ihrer Einmaligkeit in der mittelalterlichen Krankenpflege in einem längeren Auszug wiedergeben seien:[171] »Ich befehle, daß die Vorschriften der Gemeinde und die Vorteile der Armen alle Tage ohne irgendeinen Verstoß eingehalten und gewahrt werden. [...] Zum zweiten bestimmen wir, daß vier weise und gelehrte Ärzte im Spital seien, die Kenntnisse über den Urin haben und über die zahlreichen Krankheiten der Kranken, daß sie diese beraten und entsprechend der Krankheit Arznei geben.

Zum dritten setzten wir fest, daß die Betten der Kranken in solcher Länge und Breite (gefertigt) sein sollen, daß sie darin ruhen können und jedes Bett soll mit seinem Tuch, das dazu gehört, ausgestattet sein. Zum Vierten gebieten wir, daß ein jeder Kranker im Spital einen Pelz zum Anziehen hat und Filzschuhe, um zur Verrichtung seiner Notdurft zu gehen und ein (schaf)wollenes Häubchen. Weiterhin bestimmen wir, daß man den Kindern der Frauen, die in großer Armut ihre Kinder gebären, Wiegen gebe, daß sie nicht mit ihren Kindern liegen und die Kinder Schaden haben durch die Mutter. Darnach gebieten wir, daß die Toten eine Bahre im Spital haben wie die Brüder und mit einem roten Tuch mit weißem Kreuz bedeckt werden.«

Die genauen Bestimmungen zeigen den Ausnahmecharakter des Hospitals. Nirgends im mittelalterlichen Abendland existierte ähnliches. Standen im Jerusalemer Johanniterspital gleich vier Ärzte zur Versorgung der Kranken zur Verfügung, so gab es in den abendländischen Hospitälern keine medizinischen Dienstleistungen durch eigens angestellte Heilkundige. Zudem verfügte das Johanniterspital zeitgenössischen Quellen zufolge über eine beachtliche Größe, wenngleich die genannte Zahl von 1000 Betten deutlich übertrieben scheint.

In das weiten Netz von Niederlassungen, den Komtureien, über die die Hospitaliter wie auch die Templer im Heiligen Land und in Europa bald verfügten, gab es keine solche medizinische Betreuung der Kranken. Die europäischen Ordenshäuser sorgten vielmehr für den benötigten Nachschub. Nicht zuletzt der Bau und Unterhalt von Burgen im Heiligen Land verschlang Unsummen. Daneben war stets Bedarf an neuen Kämpfern aus dem Abendland.

Die Lazariter

Neben den Templern und Hospitalitern wirkte spätestens zur Mitte des 13. Jahrhunderts ein ungleich kleinerer hospitalischer Ritterorden im Kampf gegen die Muslime: Der Orden des Heiligen Lazarus. Er war aus einer Bruderschaft des Leprosenhauses vor den Toren Jerusalems hervorgegangen, die um 1140 erstmals erwähnt wird. Diese war wohl die ungewöhnlichste religiöse Pflegegemeinschaft des Mittelalters. Sie widmete sich seit Beginn ihrer Gründung nicht nur der Pflege Aussätziger. Vielmehr bekleideten die Kranken selber die bedeutendsten Posten in der Bruderschafts- und späterhin der Ordenshierarchie. Gemäß den ältesten, nicht überlieferten Bestimmungen des Ordens sollte dessen Oberhaupt stets ein Leprakranker sein. Wie die anderen Ritterorden entfalteten auch die Lazariter ein größeres Netzwerk in Europa, zu dessen Aufbau zurückkehrende Kreuzfahrer wesentlich beitrugen. Allmählich wandelte sich die ursprünglich wie die Johanniter nur auf hospitalische Aufgaben ausgerichtete Gemeinschaft der Lazariter zu einem Ritterorden. Wesentlich für diesen Wandel war nicht zuletzt die Templerregel. Dieser zufolge sollten leprakranke Templer in den Orden des Heiligen Lazarus zu Jerusalem eintreten. Die Militarisierung führte zugleich zum Strukturwandel der Gemeinschaft. Als sich 1253 kein leprakranker Lazariter fand, der gemäß den Statuten die Meisterwürde übernehmen konnte, weil alle kranken Brüder des Hauses von Jerusalem im Kampf gefallen waren, wandte man sich zwecks Änderung der Statuten an den Papst. Künftig stand ein gesunder Meister dem Verband vor.
Nach dem Fall des Heiligen Landes wurde die Niederlassung Boigny in der Nähe von Orléans zum Haupthaus der schon 1262 von Papst Urban IV. als Ritterorden (*ordo militia*) angesprochenen Lazariter. Innerhalb des deutschsprachigen Reichsgebiets verfügte der Orden über Filialen im thüringischen Gotha, Schlatt im Breisgau und Seedorf in der Schweiz sowie über einige kleinere oder schon früh aufgegebene Häuser. Um die Versorgung der Leprakranken, die zentrale Aufgabe der Gemeinschaft, kümmerten sich die Lazariter ebenso wie die Johanniter nicht in all ihren Niederlassungen.

Der Deutsche Orden

Aus der Pflegebruderschaft eines Feldlazaretts vor den Toren der belagerten Stadt Akko an der levantischen Küste 1189/1190 entwickelte sich rasch der Deutsche Orden. Im Unterschied zu den anderen Pflegebruderschaften gehörten zu dieser Gemeinschaft vor allem Brüder aus dem

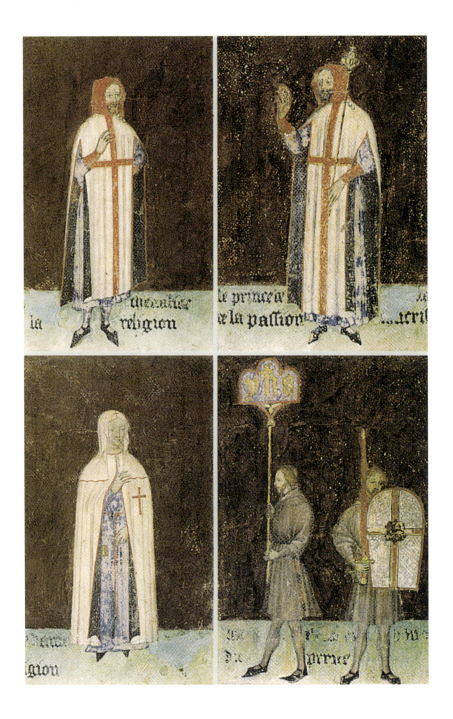

ORDENSRITTER.

DIE KREUZFAHRER GEHEN AN LAND.

deutschsprachigen Reichsgebiet. Mit dem Fall des Heiligen Landes 1291 bezog der Deutsche Orden sein neues Hauptquartier zunächst in Venedig, um dieses 1309 ein weiteres Mal in die ostpreußische Marienburg zu verlegen. Er verfügte wie die anderen Ritterorden über ein Netz abendländischer Niederlassungen, in denen in angeschlossenen Hospitälern Bedürftige versorgt wurden.

Das Hospital des Deutschen Ordens in Jerusalem war viel kleiner als das der Johanniter. Allerdings sah die Regel vor, daß auch im Deutschordensspital Ärzte ihren Dienst tun sollten.

Zusammenleben zwischen den Kulturen in den Kreuzfahrerstaaten

Um 1120 schreibt der Chronist Fulcher von Chartres, diejenigen, die einst Abendländer gewesen wären, seien nunmehr zu Orientalen geworden. Die Kreuzfahrer, die sich in den eroberten Gebieten ansiedelten, entwickelten offenbar schon bald ein eigenes Selbstbewußtsein. Im Gegensatz zu den Neuankömmlingen aus dem Okzident nannten sich die Alteingesessenen und die im Land geborenen *pulllani* oder *poulains*, die Fohlen. Sie schufen sich ihr eigenes »Frankreich jenseits des Meeres«, ihr *France d'Outremer*. Dabei übernahmen sie eine Reihe zweckmäßiger orientalischer Lebens- und Speisegewohnheiten, nicht zuletzt auch in Hinsicht auf die Körperpflege. Einige Abendländer beherrschten das Arabische bald so gut, daß sie als Übersetzer, sogenannte Dragomanen (von arab. turǧumān), wirkten. Heiraten zwischen Abendländern und orientalischen Christen waren bis in die höchsten Kreise des Königreichs hinein keine Seltenheit. Morphia, die Frau König Balduins II. etwa, war eine Armenierin. Verboten waren indes die Heirat oder das Konkubinat mit einer Nicht-Christin, die das Konzil von Nablus 1120 unter hohe Strafen stellte.

Besonders der Amir von Shaizar, Usama ibn Munqid, berichtet in seinem autobiographischen Werk von der Begegnung mit den Kreuzfahrern und ihrer Anpassung an orientalische Lebensgewohnheiten. So erzählt Usama von einem Mann in Antiochia, der eine ägyptische Köchin beschäftigt und den Genuß von Schweinefleisch verschmäht. Zwischen jenen Franken, die schon lange im Lande lebten, und jenen die neu angekommen seien, bestehe ein großer Unterschied, weiß Usama zu berichten.[172] Erstaunt schildert der fromme Muslim, wie Abendländer beiderlei Geschlechts gemeinsam das Badehaus aufsuchen und sich der Körperpflege widmen. In der Tat suchten Frauen und Männer etwa das genuesische

Badehaus in Akko gemeinsam auf.[173] Allerdings scheint diese Praxis nicht die Regel, sondern eher die Ausnahme gewesen zu sein.

Anhand der Darstellung gerichtlicher Entscheidungsfindungsprozesse durch Duelle, die das vierte Laterankonzil 1215 verbot, gewähren die Ausführungen Usamas sogar einen ironisch gefärbten Seitenhieb auf die fränkische Rechtspraxis in den Kreuzfahrerstaaten, die hier jedoch nicht näher erläutert werden soll.

DARSTELLUNG KAISER
FRIEDRICHS II. AUS SEINEM
BERÜHMTEN FALKENBUCH.

GRENZEN DES GLAUBENS, GRENZEN DER WELT.
HÄRETIKER UND HANSEATEN IM 13. JAHRHUNDERT

1204	Konstantinopel wird im 4. Kreuzzug von westlichen Kreuzfahrern erobert
1207	Dominikus missioniert im Gebiet von Albi
1209	Erste franziskanische Gemeinschaft
1209–1229	Albigenserkreuzzüge
1212	Kinderkreuzzug
1214	Schlacht von Bouvines
1215	Viertes Laterankonzil. Magna Charta Libertatum in England. Anfänge der Dominikaner. Königskrönung Friedrichs II. in Aachen
1220	Der Staufer Friedrichs II. wird zum Kaiser gekrönt
1226	Tod des Franz von Assisi
1228	Franz von Assisi wird heiliggesprochen
1231	Konstitutionen von Melfi
1232	Friedrich II. bestätigt das Statutum in favorem principum
1233	Papst Gregor IX. überträgt den Bettelorden die Inquisition
1234	Dominikus wird heiliggesprochen
1241/1242	Mongoleninvasion in Polen und Ungarn
1243–1248	Bau der Sainte Chapelle in Paris
1245/50 –1273	Zeit des Interregnums
1249	Damiette wird im 7. Kreuzzug unter Führung König Ludwigs IX. von Frankreich eingenommen
1258	Die Mongolen erobern und zerstören Badgad
1259	Frieden von Paris zwischen Ludwig IX. von Frankreich und Heinrich III. von England
1268	Der letzte Staufer Konradin wird in Neapel hingerichtet
1270	König Ludwigs IX. von Frankreich stirbt auf dem 8. Kreuzzug vor Tunis
1285	Philipp IV. der Schöne wird König von Frankreich
1291	Ende der Kreuzfahrerherrschaft im Heiligen Land mit dem Fall Akko
1297	Heiligsprechung Ludwigs IX. von Frankreich

Im 12. und 13. Jahrhundert entwickelte sich das abendländische Städtewesen zu voller Blüte. Gleichzeitig lebte der Handel auf, in dem die Hanse für den Nord- und Ostseeraum eine wichtige Rolle zu spielen begann. Auch weiterhin brachen Abendländer zu Kreuzzügen auf, die jedoch zunehmend einen anderen Charakter als die des späten 11. und 12. Jahrhunderts annehmen sollten. Der von Papst Innozenz III. († 1216) ausgerufene vierte Kreuzzug endete 1204 mit der Eroberung und Plünderung Konstantinopels durch das Kreuzfahrerheer, die die Kluft zwischen griechischen und lateinischen Christen nachhaltig vertiefen sollte. Knapp 60 Jahre herrschten die Lateiner in der Folge über Byzanz, bevor dem zum Kaiser aufgestiegenen General Michael VIII. Palaiologos († 1282) am 25. Juli 1261 schließlich die Rückeroberung gelang. Auch der »Kinderkreuzzug« des Jahres 1212 unterscheid sich wesentlich von den vorangegangenen Unternehmungen. An ihm nahmen nicht nur Kinder, sondern gemischte Gruppen aus Mittellosen, Alten, Frauen, Jugendlichen und Angehörigen des niederen Klerus teil, die sich in der Nachfolge Christi auf den entbehrungsreichen Marsch begeben wollten. Der Kreuzzug war weder organisiert, noch war er von Papst Innozenz III. unterstützt worden. Als sich die Prophezeiung, daß das Meer sich vor der Schar öffnen würde, nicht eintrat, kehrten die meisten der bis dahin Überlebenden über die Alpen in ihre Heimat zurück.[174] Nachdem auch der fünfte Kreuzzug (1217–1221) gescheitert war, gelang es dem exkommunizierten Stauferkaiser Friedrich II. mit seinem Kreuzzug von 1227 bis 1229 noch einmal, Jerusalem für kurze Zeit vertraglich von den Muslimen zurückzugewinnen. Der französische König Ludwig IX. begab sich in der Folge zweimal auf einen Kreuzzug nach Nordafrika, eroberte mit seinem Heer 1249 erfolgreich das ägyptische Damiette und starb 1270 vor Tunis. Im Jahre 1291 fiel die Hafenstadt Akko, der letzte Stützpunkt der lateinischen Christen im Heiligen Land.

Doch das 13. Jahrhundert erlebte auch Kreuzzüge in Europa. Zwischen 1209 und 1239 ging der Papst mit militärischen Mitteln in den sogenannten Albigenserkreuzzügen gegen die Häresie der sogenannten Katharer im Südwesten Frankreichs vor. Ungefähr um diese Zeit war es vor dem Hintergrund eines erneuten geistigen Wandels in der abendländischen Christenheit zur Gründung der franziskanischen und der dominikanischen Gemeinschaft gekommen. Sowohl Franz von Assisi († 1226) als auch Dominikus, die Begründer der beiden Gemeinschaften, wurden schon bald nach ihrem Tod heiliggesprochen. Im Jahre 1231 übertrug Papst Gregor IX. († 1241) den Bettelorden, den Dominikanern und Franziskanern, die Inquisition.

Während die Verfolgung von Anhängern der in päpstlich-zeitgenössischem Sinne in häretischen Albigenser vollem Gange war, erlebte Europa die Blüte der sogenannten Gotik. Gotteshäuser entstanden als emporstrebende steinerne Zeugen des Glaubens, die bis heute ein sichtbares Zeugnis der technischen und architektonischen Fähigkeiten spätmittelalterlicher Baumeister und Handwerker ablegen.

Und während die Auseinandersetzung mit den Muslimen im Nahen Osten und auf der Iberischen Halbinsel noch immer nicht vorüber war, zeichnete sich in Gestalt der Mongolen bereits eine neue, noch viel unberechenbarere Gefahr am Horizont ab.

KAISER FRIEDRICH II., DIE WISSENSCHAFTEN UND DIE FALKEN

Stupor mundi, das Staunen der Welt, »war Friedrich II. seinen Zeitgenossen. Seine Bildung rief Bewunderung und scheues Raunen hervor, manchen war er unheimlich, ein Zauberer.«[175] Kein Zitat wäre wohl besser geeignet, um die zwiespältige Persönlichkeit des Stauferkaisers Friedrich II. († 1250) zu charakterisieren. In der Tat lagen die Wissenschaften dem Kaiser am Herzen. Die arabische und jüdische Philosophie, vor allem die aus dem Arabischen wiederentdeckten Lehren des Aristoteles, interessierten Friedrich ebenso wie die Naturwissenschaften und die Medizin. Zentrum der Übersetzungen war, wie erwähnt, zu dieser Zeit das spanische Toledo. Michael Scotus, der Hofastrologe Friedrichs II. hatte dort gewirkt, bevor ihn sein Weg zu dem Stauferkaiser geführt hatte. Der Kreis all derer, die Friedrichs wissenschaftliche Neugier im Laufe der Jahre erfahren sollten, war groß. Roffred von Benevent, ein Professor des römischen Rechts an der Universität von Bologna, wirkte am Hofe Friederichs. Kontakt suchte der Herrscher aber auch zu dem Pisaner Leonardo Fibonacci, der als erster Abendländer die arabischen Zahlen in Europa zu verbreiten suchte, mit dem berühmten jüdischen Übersetzer Shmuel ibn Tibbon und zu Petrus Hispanus, dem späteren Papst Johannes XXI.

Die vielfältigen wissenschaftlichen Interessen des Kaisers schlugen sich nicht nur in seiner Gesetzgebung, den sogenannten Konstitutionen von

PORTRÄT DES HEILIGEN
FRANZ VON ASSISI.

Melfi nieder, die unter anderem die Ausbildung von Heilkundigen exakt regelten, sondern auch in eigenen Beobachtungen der Natur. So verfolgte Friedrich den Lauf der Gestirne und betrachtete die ihn umgebende Welt. Der für seine Umwelt – insbesondere wohl für seine Gegner – unverständliche Wissensdrang Friedrichs hatte zu einer ganzen Reihe von Gerüchten geführt, die dem Kaiser höchste Skrupellosigkeit zur Gewinnung von Erkenntnissen unterstellten. So habe er angeblich einen Mann in ein Faß sperren und dort sterben lassen, um zu beobachten, wo dessen Seele bliebe. Jenseits dieser antikaiserlichen Propaganda bleiben die eigenen Berichte Friederichs, in denen er Experimente mit Tieren beschreibt. So ließ er beispielsweise Falken die Augen vernähen, um auf diese Weise

DER BAU DES SALOMONI-
SCHEN TEMPELS, DARGE-
STELLT WIE DER BAU EINER
GOTISCHEN KATHEDRALE.

festzustellen, ob die Greifvögel ihre Beute durch Sehen oder Riechen fänden. Daneben ließ er Brutkästen aufstellen, um die Entwicklung der Jungen vom Brüten über das Schlüpfen verfolgen zu können.

Falken und der Falknerei galten des Kaisers größte Leidenschaft. Er sammelte die edlen Vögel aus allen Teilen der bekannten Welt und unterhielt diesbezüglich eine rege Korrespondenz. Diese Vorliebe fand ihren Ausdruck nicht nur in der Übersetzung eines arabischen Buches über die Jagd mit den Falken, sondern gipfelte auf Zureden seines Sohnes Manfred in der Abfassung eines eigenen, einzigartigen Werkes über »Die Kunst mit Vögeln zu jagen« *(De arte venandi cum avibus)*. Doch nicht nur die Falken, auch die Baumeister und ihre Handwerker strebten zur Mitte des 13. Jahrhunderts dem Himmel entgegen.

STEINERNE ZEUGNISSE DES GLAUBENS

»In einem Zeitraum von drei Jahrhunderten – von 1050 bis 1350 – wurden in Frankreich mehrere Millionen Tonnen Steine für den Bau von 80 Kathedralen, 500 großen Kirchen und einigen zehntausend Pfarrkirchen gehauen.«[176] Der Abt Suger von Saint Denis hatte mit dem Wiederaufbau der Abteikirche von Saint Denis um die Mitte des 12. Jahrhunderts den Beginn für eine neue Form der Architektur gesetzt, die sehr viel später als Gotik bezeichnet werden sollte. Die neue Bauweise setzte höchste Fähigkeiten in der statischen Berechnung voraus. Damit nicht genug, verlangte der »gotische« Baustil eine vollkommen andere Art der Bautechnik und -organisation. Der stilistische Wandel ging mit einem sozialen einher. Die fachliche Aufsicht über den Bau der großen Gotteshäuser lag nun nicht länger in der Hand von Geistlichen, sondern von geschulten Laien, den Baumeistern. Im Jahre 1240 wurde der Grundstein für den Kölner Dom gelegt. Er blieb ein Bauwerk, das sich auf spätmittelalterlichen und frühneuzeitlichen Stadtansichten stets als unvollendet und mit Kränen bestückt präsentierte. Erst am Ende des 19. (!) Jahrhunderts wurde der Großbau fertiggestellt. Unvollendet blieben indes die Kathedrale von Regensburg und das 1250 begonnene Straßburger Münster.

Der Bau an einer solchen Kathedrale bedeute für viele Arbeiter vom Tagelöhner bis zu den spezialisierten Steinmetzen und Glasmalern Lohn und Brot. Dabei gliederte sich die Arbeitswoche zumeist in fünf bis sechs Tage. Der Sonntag und die religiösen Feiertage waren arbeitsfrei. Am Samstagnachmittag endete die Arbeit, wie etwa das Rechnungsbuch des Pariser Augustinerklosters für das Jahr 1299 zeigt.[177]

Zugleich bedeutete der Bau großer Kirchen eine logistische und technische Herausforderung bislang unbekannten Ausmaßes.. Es mußten Steine und Bauholz herangeschafft und bearbeitet werden. Mit dem Emporschießen der Wände wuchs zugleich die Schwierigkeit, die Baumaterialien in schwindelerregende Höhe zu schaffen und dort zu verarbeiten. Kräne, über Laufräder gerieben, transportierten die zentnerschweren Steinquader hinauf. Nicht selten ließen Bauarbeiter und -meister bei der schweren Arbeit ihr Leben. Doch auch diejenigen, die über viele Jahre am Bau einer Kathedrale beteiligt waren, erlebten nicht immer die Fertigstellung des Großbauprojekts. Entscheidend für den Baubeginn und zwischenzeitliche Unterbrechungen war vor allem die Finanzkraft. Der aufblühende Handel trug einen wesentlichen Teil dazu bei, den Bau oder die Erweiterung von Gotteshäusern in Angriff zu nehmen.

DIE KAUFLEUTE »VAN DER DÜDESCHEN HANSE« Während des 13. Jahrhunderts stieg die Hanse allmählich zu einer eigenen Macht im herrscherfernen Norden des Reiches auf. Den Höhepunkt erreichte die inzwischen zu einem Städtebund entwickelte Hanse im 14. Jahrhundert, als sie nach den kriegerischen Auseinandersetzungen mit dem dänischen König Waldemar IV. Atterdag († 1375) im Frieden von Stralsund im Jahre 1370 direkten Einfluß über die dänische Thronfolge erhielt und wichtige strategische Befestigungen am Öresund übernahm. Zu diesem Zeitpunkt hatte die Hanse allerdings schon eine etwa zweihundertjährige Entwicklung und deutliche strukturelle Wandlung hinter sich.

Hintergrund des Zusammenschlusses von Kaufmannsgruppen – späterhin von ganzen Städten – war die Rechtsunsicherheit gewesen, mit der sich der Kaufmann außerhalb seiner Heimatstadt konfrontiert war. In der Ferne war er zunächst einmal ein rechtloser Fremder, der keinerlei Sicherheit für sein Leben und seine Ware in Anspruch nehmen konnte. Um 1157 erteilte der englische König Heinrich II. Kölner Kaufleuten, die ihre Waren in London absetzten, erstmals umfangreiche Schutzprivilegien. Auf dieser Grundlage aufbauend, schlossen sich deutsche Kaufleute wenige Jahre später zu einer Vereinigung der Gotlandfahrer zusammen. Das wenige Jahre zuvor gegründete Lübeck steigt zum Hauptumschlagplatz der Waren auf und entwickelt sich in der Folgezeit zum »Haupt der Hanse«. Am Ende des 12. Jahrhunderts entstand die deutsche Kaufmannsniederlassung in Nowgorod, später Petershof genannt. Die Einrichtung weiterer Niederlassungen hansischer Kaufleute folgten, so 1281

MIT LAUFRÄDERN WURDE DAS BAUMATERIAL IN DIE HÖHE BEFÖRDERT.

in London mit dem sogenannten Stalhof (nach den Bleiplomben der Tuchballen benannt), in Brügge und 1350 in Bergen mit der »Deutschen Brücke«. Um die Mitte des 14. Jahrhunderts hatte sich der Personenverband der Kaufleute aus verschiedenen Städten endgültig zu einem Städteverband entwickelt. Erstmals ist 1358 von den Kaufleuten der »düdeschen Hanse« die Rede, einem Bund, der in der Blütezeit der Gemeinschaft bis zu 200 Städte umfaßte. Einige dieser Städte waren von besonderer Bedeutung, so etwa Lübeck, dessen Stadtrecht bei der Gründung neuer Stadtgemeinschaften im Ostseeraum auf die neuen Gemeinwesen übertragen wurde. Bindend bei strittigen Rechtsfragen war damit rein formal die Entscheidung des Lübecker Stadtrates. Eine Praxis, die nicht selten zu Konflikten mit den Territorialherren dieser Städte, so vor allem dem Deutschen Orden, führte. Trieben die Hanseaten ihren Handel vor allem über die Nord- und Ostsee, stießen andere Reisende zur Mitte des 13. Jahrhunderts bis zu den Grenzen der damals bekannten Welt vor.

GESCHÄFTIGES TREIBEN
IM HAMBURGER HAFEN.

AUF DEN SPUREN DREIER MISSIONSREISEN ZU DEN MONGOLEN INS INNERE ASIENS

Am Beginn des 13. Jahrhunderts, als das Papsttum im Zenit seiner Macht stand und die beiden großen Bettelorden der Dominikaner und Franziskaner eine neue Form des Mönchtums aufzeigten, nahm die Missionstätigkeit einen gewaltigen Aufschwung. Dabei richtete sich der Blick der Missionare nun aus gutem Grund weiter nach Osten.

Im April des Jahres 1241 war eine neue Macht von bedrohlicher Schlagkraft endgültig in das Bewußtsein des christlichen Abendlandes gerückt: Die Tataren. Unbemerkt von den Europäern, hatte das kriegerische Reitervolk seit der zweiten Hälfte des 12. Jahrhunderts innerhalb weniger Jahrzehnte weite Teile Asiens unterworfen und war 1223 schon einmal sporadisch nach Europa vorgestoßen. Als der mongolische Stammesführer Dschingis Khan 1206 auf der Versammlung der Stammesoberhäupter zum Großkhan über alle Stämme der Mongolei erhoben wurde, war die Expansion der neuen Supermacht aus der zentralasiatischen Steppe nicht mehr aufzuhalten. Die chinesischen Teilreiche fielen ihr in der Folge ebenso zum Opfer wie Georgien und Armenien im Jahre 1238 und Kiev im Jahre 1240. Durch ihren Sieg bei Liegnitz in Schlesien und Mohi am Sajò in der ungarischen Theiß-Ebene hatte sich der tatarische Einflußbereich noch weiter in Europa vorgeschoben. Doch die Schreckgespenster verschwanden aus Polen und Ungarn ebenso plötzlich wie sie gekommen waren. Die Furcht vor einer Rückkehr der Reiterhorden blieb jedoch, und das Abendland begann, sich gegen einen weithin unbekannten und unberechenbaren Feind zu rüsten. Der Bau neuer Festungsanlagen und Aufrufe zum Kreuzzug blieben indes nicht die einzigen Maßnahmen, um dem Problem zu begegnen.

Spione im Mönchsgewand

Im Jahre 1243 hatte in Gestalt Innozenz III. ein gelehrter Jurist und scholastisch hochgebildeter Papst den Stuhl Petri eingenommen. Seine gezielten Bemühungen um Kontakt mit den Tataren stehen am Anfang eines intensiven Gesandtenaustausches mit dem furchterregenden Reitervolk seit der Mitte des 13. Jahrhunderts. Das Ziel der Entsendung von Missionaren war nicht allein die Verbreitung der christlichen Botschaft. Vielmehr war man an Informationen über die militärische Stärke der Tataren und deren weitere Eroberungsabsichten interessiert. Insgeheim schwang die Hoffnung mit, die Annahme des Christentums unter den Tataren könnte diese zu starken Verbündeten im Kampf gegen die Muslime werden lassen. Als Papst Innozenz im Jahre 1245 durch das Konzil von Lyon die Entsendung von Kundschaftern zu den Tataren bestätigen ließ, hatten die drei Gesandtschaften unter Führung der Dominikaner Ascelinus und Simon von Saint Quentin sowie des Andreas von Longjumeau ebenso wie des Franziskaners Johannes von Plano Carpini ihre Reise ins Ungewisse bereits angetreten. Der päpstlichen Anordnung folgend, begaben sich Bruder Ascelinus und seine Begleiter zunächst in das Heilige Land, um von dort weiter nach Vorderasien zu einem tatarischen Befehlshaber vorzurücken. Der Bericht, den die Gesandtschaft nach ihrer

Rückkehr verfaßte, ist nur durch seine fragmentarische Aufnahme in die weitverbreitete zeitgenössische Enzyklopädie ihres Ordensbruders Vinzenz von Beauvais bekannt. Demnach erreichte die Gesandtschaft am 24. Mai 1247, knapp zwei Jahre nach ihrem Aufbruch, das Lager des Tatarengenerals Batschu. Auf seiner Reise hatte Ascelinus seinen Ordensbruder Guiscard von Cremona aus dem Konvent in Akko mit sich genommen, der zuvor sieben Jahre im georgischen Tiflis gewirkt hatte und zumindest eine orientalische Sprache beherrschte. Das päpstliche Sendschreiben wurde im Lager Batschus zunächst ins Persische und dann ins Tatarische übersetzt. Die Tataren verfügten dem Bericht zufolge über griechische und türkische Dolmetscher, die die Übertragung vornehmen konnten. Die griechischen Dolmetscher übersetzten anschließend auch das Antwortschreiben an den Papst, denn trotz der eindringlichen Aufforderung des Tatarengenerals, den Großkhan persönlich aufzusuchen, zogen Ascelinus und seine Begleiter die Rückkehr in die Heimat einer Weiterreise vor.

Auch der aufgrund seiner Kenntnisse orientalischer Sprachen – des Arabischen und/oder des Persischen – für die Reise prädestinierte Andreas von Longjumeau gelangte nicht bis zum Großkhan. Während er zunächst erfolgreiche Unionsverhandlungen mit mehreren nestorianischen und jakobitischen Metropoliten führte, gelangte er schließlich zu einem namentlich unbekannten Tatarengeneral im nordpersischen Täbris.

Die Reise des Johannes von Plano Carpini

Einzig der Franziskaner Johannes von Plano Carpini und seine Begleiter stießen über den Landweg durch Deutschland, Polen und Rußland bis zur ostasiatischen Residenz des Großkhans vor. Im Breslauer Konvent schloß sich sein Ordensbruder Benedikt von Polen als Dolmetscher der Gruppe an. Dieser war jedoch lediglich für die Durchquerung der polnischen und russischen Gebiete als Dolmetscher von einigem Nutzen. Seine Kenntnisse des Tatarischen beschränkten sich hingegen auf die Wiedergabe alltäglicher Gespräche. Das Schreiben des Papstes vermochte er nicht zu übersetzen. Der Khan Batu in Kiptschak stellte Johannes auf seine Bitte hin einen russischen Dolmetscher zur Verfügung, der gemeinsam mit Bruder Benedikt von Polen den Papstbrief aus dem Lateinischen zunächst ins Russische, dann ins Persische und schließlich ins Tatarische übertrug. Am Hof des Großkhans Güyük, wohin Plano Carpini schließlich gelangte, stand ein großer Dolmetscherstab zur Übersetzung der Verhandlungen

DIE MONGOLEN, VON MAN-CHEN ZEITGENOSSEN ALS DIE VÖLKER GOG UND MAGOG ANGESEHEN, BRECHEN MORDEND UND PLÜNDERND AUS DEN BERGEN AUF, IN DENEN SIE EINGESCHLOSSEN WAREN.

zur Verfügung. Bei den Dolmetschern handelte es sich vor allem um Ungarn und Russen, darunter auch Kleriker, die sich mitunter bereits seit Jahrzehnten bei den Tartaren aufhielten und deren Sprache offenbar gut beherrschten. Ein Russe namens Temer dolmetschte Johannes' Unterredung mit dem Großkhan. Dieser Temer war in einer Gesandtschaft des russischen Großfürsten Jaroslaus an den tatarischen Hof gekommen. Da Johannes die Frage, ob man am päpstlichen Hof ein russisches, persisches oder tatarisches Antwortschreiben ins Lateinische übersetzen könne, verneinen mußte, wurde eine lateinische Übersetzung noch vor der Rückreise der Delegation in Karakorum gefertigt. Johannes' Reise galt trotz der eigenen Verständigungsprobleme als voller Erfolg. Sein Bericht, der unter anderem wertvolle Hinweise auf mongolische Waffen, Techniken, Motive und Handlungsweisen enthält, galt bald als grundlegende, breit rezipierte Schrift zur Koordinierung der Mongolenabwehr. Doch nicht nur Kleriker, auch Kaufleute wie die berühmten Polos stießen im 13. Jahrhundert zu den Grenzen der bekannten Welt vor.

DUNKLE SCHATTEN ÜBER EUROPA.
HUNGER, KRIEG, SCHWARZER TOD UND VERFOLGUNGEN

1302	Papstbulle Unam Sanctam
1302	Sporenschlacht bei Kortrijk
1304	Tod des Papstes Bonifaz VIII.
1307	Verhaftung der Templer in Frankreich
1309	Beginn der päpstlichen Residenz in Avignon
1312	Auflösung des Templerordens
1314	Tod Philipps IV. von Frankreich
1315–1317	Hungersnot in ganz Europa
1320/1321	Verfolgung von Juden und Leprakranken in Aquitanien
1322	Schlacht bei Mühldorf
1323	Papst Johannes XXII. verdammt im Armutsstreit die franziskanische Lehre von der Armut Christi und seiner Apostel
1328	Mit dem Tod von Karl IV. stirbt in Frankreich die direkte Linie der Kapetinger aus
1328	Philipp VI. von Valois wird König von Frankreich
1338	Kurverein zu Rhens
1339	Beginn des Hundertjährigen Krieges
1346	Schlacht bei Crècy
1347	Tod Ludwigs des Bayern
1347–1350	Schwarzer Tod in Europa
1348	Gründung der Universität Prag
1356	Goldene Bulle
1358	Bund »van der düdeschen Hanse«
1360	Friede von Brétigny
1370	Frieden von Stralsund
1377	Papst Gregor XI. kehrt nach Rom zurück

Das 14. Jahrhundert ist nicht ohne Grund in der historischen Forschung oft als ein Jahrhundert der Krisen bezeichnet worden. Die amerikanische Historikern Barbara Tuchman untertitelt ihr bekanntes Werk gar »Das dramatische 14. Jahrhundert«. Selbst wenn keines der mittelalterlichen Jahrhunderte frei war von Naturkatastrophen, Kriegen, Hungersnöten und Seuchen, so sticht deren besonderes Ausmaß zwischen 1300 und 1400 in auffälliger Weise hervor. Das Klima verschlechterte sich mit dem Anbrechen der kleinen Eiszeit merklich. Landwirtschaftliche Nutzflächen gingen dadurch zurück. Wüstungen – verlassene Siedlungen – entstanden. Gleichzeitig wuchs der Hunger. Es steigerten sich die Spannungen zwischen dem König von Frankreich und dem Papst. Einer der mächtigsten Orden des Mittelalters, der Templerorden, wurde zerschlagen. Im Deutschen Reich kam es zu einer folgenreichen Doppelwahl. Juden und Leprakranke erlitten in Aquitanien Verfolgung und Unterdrückung. Die direkte Linie der in Frankreich herrschenden Kapetinger starb aus und es folgte ein Krieg, der mehr als hundert Jahre währen und nie gekannte Verwüstungen zur Folge haben sollte. Überschwemmungen richteten in einer Jahrtausendflut 1342 massive Schäden an. Der Schwarze Tod verursachte wenige Jahre später ein Massensterben zuvor unbekannten Ausmaßes. Schließlich folgte noch die unglückselige Wahl zweier Päpste, mit der das große abendländische Schisma begann.
Doch das 14. Jahrhundert ist auch gekennzeichnet durch die bahnbrechenden Bestimmungen Kaiser Karls IV. zur Wahl des deutschen Königs in der Goldene Bulle und die Machtentfaltung der Hanse im Ostseeraum mit dem Frieden von Stralsund 1370. Doch folgen wir den Ereignissen der Reihe nach.

VORBOTEN DES HUNDERTJÄHRIGEN KRIEGES   Am Beginn des 14. Jahrhunderts war der französische König einer der mächtigsten Herrscher in Europa. Seit 1285 wurde Frankreich von Philipp IV. mit dem Beinamen »der Schöne« regiert, einem Enkel Ludwigs IX. Seine Herrschaftszeit war vor allem geprägt durch den Konflikt mit Papst Bonifaz VIII., den spektakulären Prozeß gegen den Templerorden und die Übersiedlung des Papsttums nach Avignon sowie durch die wirtschaftliche Krise des Königreichs, die Auseinandersetzungen um den Einfluß in Flandern und nicht zuletzt die Spannungen mit England um das Herzogtum Guyenne, die einen Grundstein zum Ausbruch des Hundertjährigen Krieges legen sollten.

Das Herzogtum Guyenne erstreckte sich auf einen Landstrich entlang der französischen Atlantikküste, der die Saintonge, Bordeaux mit dem Bordelais, die Diözesen Dax und Bayonne sowie zu dieser Zeit noch das Agenais und Bazadais umfaßte. Das Gebiet war dicht bevölkert, wirtschaftlich kräftig und stand insbesondere durch den Weinhandel in enger Beziehung zu England. In guten Jahren wurden bis zu 800000 Hektoliter Wein von Bordeaux aus verschifft, von denen etwa ein Drittel für den englischen Markt bestimmt war.[178] Die englischen Könige hielten das Herzogtum als Lehen der französischen Krone. Als Lehensmänner waren sie dem König von Frankreich demnach zum Lehenseid verpflichtet. Angesichts dieser Konstellation waren die besten Voraussetzungen für einen Dauerkonflikt zwischen England und Frankreich gegeben, der sich zur Mitte des 13. Jahrhunderts bereits manifestiert hatte und mit dem Frieden von Paris 1259 vorerst beigelegt worden war.

Auslösender Moment der neuerlichen Auseinandersetzung im Jahre 1293 waren Fehden zwischen französischen und englischen Seeleuten, genauer gesagt Bretonen und Männern aus Bayonne, um Fischgründe und Fracht gewesen. Aufgebrachte Seemänner aus der Normandie versenkten Schiffe aus Bayonne im Hafen von Royan. Der Krieg zur See begann. Philipp der Schöne versuchte nun die Situation hochzuspielen und Nutzen aus ihr zu ziehen. Er sah die Zeit gekommen, den kriegerischen Ambitionen König Eduards I. von England entgegenzuwirken und das Herzogtum Guyenne endlich in ein Lehen wie jedes andere zu verwandeln. Am 27. Oktober 1293 ließ Philipp den Herzog von Guyenne an seinem Hof vorsprechen. Eduard I. vermochte trotz der Zusicherung, Philipp mit allen Rechten als seinen rechtmäßigen Souverän anzuerkennen, den drohenden Krieg nicht mehr abzuwenden. Der französische König verweigerte Edward das Geleit. Das bedeutete, der englische König mußte mit seiner Verhaftung rechnen, wenn er sich an den Hof Philipps nach Paris begäbe. Derweil entsandte der französische König eine starke Armee in das Herzogtum Guyenne, das am 21. März 1294 für beschlagnahmt erklärt wurde. Auf beiden Seiten bereitete man sich auf den Fortgang des Konflikts vor.

Mit der Anwerbung von Soldaten begann auch die Suche nach Verbündeten und Geldquellen zur Finanzierung des Krieges. Luxemburg, Holland und der Hennegau (im heutigen Belgien) unterstützten schon aus Feindschaft zu Flandern den König von Frankreich. Auch Kastilien und Aragon erklärten sich – nach einigem Zögern und diplomatischen Interventionen – zugunsten Philipps des Schönen. Flandern, Brabant, Bar und Savoyen hingegen standen an der Seite Englands. Auch König Adolf von Nassau († 1298) hatte sich für England entschieden, eine beachtliche Geldsumme für diese Entscheidung erhalten und eine Förderung des hansischen Handels bewirkt. Daß er dennoch nie aktiv in die englisch-französischen Auseinandersetzungen eingriff, weil die französische Krone mit Geldzahlungen eine solche Zurückhaltung erkauft hatte, hatte nicht zuletzt auch innenpolitische Gründe. Adolfs doppeltes Spiel ließ ihn in einiger Sicherheit, daß weder Frankreich noch England einen seiner politischen Rivalen unterstützen würden. Vor seiner Absetzung auf Initiative der Reichsfürsten – dazu noch ohne vorangegangenen Bann des Papstes – bewahrte ihn diese Taktik dennoch nicht. Herzog Albrecht von Österreich, der gleichzeitig von den Kurfürsten zum König gewählt worden war, setzte die Absetzung Adolfs mit militärischen Mitteln durch. Am 2. Juli 1298 fiel er in der Schlacht bei Göllheim in der Pfalz. Im Jahre 1309 wurden seine sterblichen Überreste, die zunächst in dem nahegelegenen Zisterzienserinnenkloster Rosenthal beigesetzt worden waren, auf Befehl König Heinrichs VII. in den Dom zu Speyer überführt.

Ernsthaft zum Krieg gegen Frankreich rüsteten mithin nur Eduard I. und der Graf von Flandern. Der französische König ging siegreich aus dem bewaffneten Konflikt hervor. Schon 1295 und 1296 besetzten seine Truppen den größten Teil des Herzogtums Guyenne. Der Versuch eines englischen Gegenschlags wurde abgewehrt. Im Sommer 1297 besetzten die Franzosen schließlich den Westen Flanderns mit Ausnahme der Stadt Douai. Zwischen Engländern und Flamen kam es zum Streit. Während die Flamen Eduard I. beschuldigten, ohne Geld und Soldaten gekommen zu sein, sah sich der englische König seinerseits durch den Grafen von Flandern getäuscht. Anders als erwartet, konnte dieser nicht auf die Unterstützung der flandrischen Städte zählen können. Eduard sah die Zeit gekommen, Friedensverhandlungen aufzunehmen. Papst Bonifaz VIII. übernahm die Rolle des Vermittlers. Am 9. Oktober 1297 wurde in Vyve-Saint-Bavon ein dreijähriger Waffenstillstand zwischen England und Frankreich geschlossen, dem der Vertrag von Montreuil und schließlich, am 20. Mai 1303, der Friedensvertrag von Paris folgten. Philipp der Schöne gab das Herzogtum Guyenne an Eduard I. zurück, der seinerseits dem französischen König den Lehenseid leistete.

Dennoch legten die weiteren Umstände der vorrübergehenden Aussöhnung zwischen England und Frankreich auf ihre Weise einen weiteren Grundstein für den Hundertjährigen Krieg, der rund dreieinhalb Jahrzehnte später begann. Eduard von England war Witwer und ehelichte nun die Schwester Philipps des Schönen. Gleichzeitig wurde der spätere englische König Eduard II. mit Philipps elfjähriger Tochter Isabelle verlobt, deren Sohn als Eduard III. nach dem Erlöschen der kapetingischen Dynastie in ihrer direkten Linie Ansprüche auf den Thron von Frankreich erheben sollte.

Der Konflikt in Flandern

Konnte sich Philipp mit Eduard unter Königen einigen, sah der französische Herrscher keine Veranlassung, auf ähnliche Weise zu einer Beilegung des Konflikts mit dem Grafen von Flandern zu gelangen. Karl von Valois, der Bruder des französischen Königs, besetzte 1300 ganz Flandern. Der Graf und sein Sohn wurden in sichere Verwahrung übergeben. Der König setzte nun einen Gouverneur in Flandern ein, der sich mit einer Reihe unkluger Maßnahmen bald den Unmut weiter Kreise der flandrischen Stadtbevölkerungen zuzog. Am 18. Mai 1302 wurden in Brügge die Repräsentanten des französischen Königs ermordet. Innerhalb weniger Tage breitete sich der Aufstand in weiteren flandrischen Städten aus. Einzig Gent hielt sich aus den Unruhen zurück. Philipp der Schöne entsandte

DER HANDEL MIT ERLESENEN TUCHEN WAR DIE WIRTSCHAFTLICHE GRUNDLAGE DER FLANDRISCHEN STÄDTE.

eine Armee unter Führung Roberts II. von Artois, um die Revolte niederzuschlagen. Am 8. Juli 1302 wurde das gut gerüstete Ritterheer in der sogenannten »Sporenschlacht« von Kortrijk (Courtrai) durch die Flamen, angeführt von Handwerkern aus Brügge, vernichtend geschlagen. Philipp der Schöne sollte diese Demütigung nie vergessen. Nach zwei weiteren Jahren des Krieges traf der französische König die flandrischen Städte schließlich an ihrem empfindlichsten Nerv – ihrer Wirtschaftskraft. Philipp erwirkte von seinem nunmehrigen Schwager, dem englischen König Eduard I., die Ausweisung der flämischen Kaufleute aus England. Unter dem Druck dieser Maßnahme, die die auf den Export ausgerichtete Wirtschaft (insbesondere die in enger Zusammenarbeit mit England florierende Tuchherstellung) in den flandrischen Städten schwer traf, brach die Begeisterung für den Aufstand schnell zusammen. Im Sommer des Jahres 1304 zog die Armee Philipps des Schönen erneut gegen die Flamen zu Felde. Dieses Mal gehörte der Sieg den Franzosen. Im Vertrag von Athis, der am 24. Juni 1305 die Kampfhandlungen beendete, legte der König den besiegten Flamen die Zahlung hoher Entschädigungsleistungen auf. Die Befestigung der Städte wurden geschleift. Auf Kosten der Städte sollten Pilger ferner zu verschiedenen Kultstätten der Heiligen ziehen, um göttliche Vergebung zu erflehen. Der finanziellen Entschädigung sollte auf diese Weise auch die moralische als Strafe für die Erhebung gegen die Krone folgen. Als Pfand bis zur vollständigen Umsetzung der Vertragsbedingungen verblieben Lille, Douai und Béthune in der Hand des französischen Königs. Philipp hatte damit Vertragsbedingungen diktiert, die die flandrischen Städte kaum erfüllen konnten und die kaum geeignet waren, in der Folgezeit einen Frieden zu garantieren.

DER KONFLIKT ZWISCHEN PHILIPP DEM SCHÖNEN UND PAPST BONIFAZ VIII.

Der Krieg Philipps gegen England und Flandern war ein kostspieliges Unterfangen, das die französische Staatskasse nachhaltig belastete. Der französische König brauchte dringend Geld. Die Verringerung des Feinmetallgehalts in den Münzen, die 1295 zu einer schweren Wirtschaftskrise führte, vermochte die leeren Kassen nicht zu füllen. Das Volk wünschte sich sehnlich eine Rückkehr zum »guten Geld« von Philipps Großvater Ludwig IX. Ohne päpstliche Zustimmung entschied sich der Philipp der Schöne, dem französischen Klerus Steuern in Form eines Zehnten abzuverlangen. Die weltliche Autorität griff damit eigenmächtig in die Angelegenheiten der Kirche ein. Dieser Eingriff forderte zwangsläufig die Reaktion des Papstes heraus. Am 24. Januar 1296 erließ

Bonifaz VIII. eine Bannbulle *(Clericos laicos)*, die nachhaltig betonte, daß jegliche Abgabenerhebung vom Klerus durch weltliche Machthaber nur unter Zustimmung des Heiligen Stuhles erfolgen durfte. Klerikern, die ohne päpstliches Einverständnis den geforderten Zehnten an die französische Staatskasse abführten, wurde mit harten Kirchenstrafen gedroht. Nicht zuletzt angesichts der wachsenden Zahl von Prälaten, die eher zur Zahlung der Abgabe an den französischen König als zum Gehorsam gegenüber dem Papst bereit waren, sah Bonifaz in diesem Schritt Philipps eine Bedrohung seines universellen Herrschaftsspruches als Stellvertreter Gottes auf Erden. Als Antwort darauf verbot Philipp der Schöne jegliche Ausfuhr von Gold- und Silbermünzen aus dem Königreich. Der Heilige Stuhl sah sich damit einer wichtigen Einnahmequelle, der Abgaben des französischen Klerus, beraubt. Bonifaz reagierte am 20. September 1296 mit dem Erlaß einer weiteren Bulle *(Ineffabilis amor)*, die direkt auf die Person des französischen Königs zielte. Angesichts so zahlreicher Verstöße gegen die Freiheiten der Kirche und die Mißachtung von Rechten seiner Vasallen und Nachbarn wurde Philipp der schweren Sünde bezichtigt. Als Sünder sollte er sich vor dem Papst verantworten. Nun traten Rechtsgelehrte, die Legisten, auf den Plan, deren Stellung am französischen Hof in den vergangen Jahrzehnten entscheidend an Bedeutung gewonnen hatte. Sie widerlegten spitzfindig die Anschuldigungen und folgerten, der König sei allein Gott und nicht dem Papst gegenüber verantwortlich.

Zwar nahm Bonifaz die von ihm erlassene Bulle *Clericos laicos* nie zurück, lenkte im Streit mit dem König aber vorerst ein und suchte – wohl nicht zuletzt aus ökonomischen Gründen – einen Ausgleich. Am 7. Februar 1297 gestand er dem französischen König das Recht zu, im Falle zwingender Notwendigkeit ohne vorherige Zustimmung des Heiligen Stuhl Abgaben vom Klerus zu erheben. Am 31. Juli ging Bonifaz gar noch einen Schritt weiter, indem er dem König zugestand, selbst darüber zu befinden, wann die Notwendigkeit zu einer solchen Abgabenerhebung gegeben sei. Mehr noch, Bonifaz VIII. erfüllte schließlich das seit dreißig Jahren von französischer Seite vorgetragene Begehren, Philipps Großvater Ludwig IX. heilig zu sprechen. Der trügerische Friede zwischen König und Papst war indes nicht von Dauer.

Als sich Philipp durch das allzu politische Wirken des Bischofs von Pamiers und die Auswüchse dominikanischer Inquisition im Languedoc, die die Stimmung im Volke gefährlich gären ließ, genötigt fühlte, ein weiteres Mal seine weltliche Autorität gegen Vertreter der Kirche durchzusetzen, flammte der Konflikt härter als je zuvor wieder auf. Mit seiner Bulle vom Dezember 1301 *(Ausculta fili)* legte der Papst in dogmatischer Weise die Überlegenheit des Heiligen Stuhles gegenüber weltlichen Herrscher dar und rief für Allerheiligen 1302 zu einem Konzil zusammen. Die Legisten des französischen Königs, an ihrer Spitze der königliche Siegelbewahrer Pierre Flote, wiesen die auf einer Versammlung von Baronen, Prälaten, Rechtsgelehrten und Vertretern der Bürgerschaft in Paris die Thesen des Papstes in aller Schärfe zurück. Die Versammlung erklärte sich eindeutig zu Gunsten des Königs. Gleichzeitig wurde die Teilnahme am päpstlichen Konzil abgelehnt. Der Tod Pierre Flotes in der Schlacht bei Kortrijk brachte keine Entspannung der Situation.

Am 18. November 1302 ging der Papst mit seiner Bulle *Unam Sanctam* noch einen Schritt weiter. Die geeinte Kirche wird darin als über den weltlichen Herrschern stehend bezeichnet. Zugleich nahm der Papst für sich in Anspruch, die alleinige Macht über die Kirche und die Welt zu besitzen, weil alle Macht zum Heil der Seele führe. Der Papst ist demnach also auch und in allem Richter des Königs. Hatte Bonifaz VIII. gehofft, den französischen König mit dieser gewagten Erklärung zum Einlenken zu bewegen und dessen Exkommunikation sowie die Gefahr einer daraus möglicherweise resultierenden Kirchenspaltung abzuwenden, sah er sich einmal mehr in seinen Hoffnungen getäuscht. Der Nachfolger Pierre Flotes, der neue königliche Siegelbewahrer Guillaume de Nogaret, war fest entschlossen, die Position Philipps des Schönen durchzusetzen. Er ging zum Gegenangriff über und bezichtigte, unterstützt von seinen Gefolgsleuten, Bonifaz VIII. offen der Ketzerei, des Ämterkaufs und der widerrechtlichen Aneignung des Heiligen Stuhls. Der französische König forderte nun seinerseits den Papst auf, sich auf dem nächsten Konzil zu verantworten. Bonifaz drohte indes mit der Exkommunikation Philipps. Der französische König reagierte schnell. Er entsandte seinen Siegelbewahrer nach Italien, um den Papst vor das Konzil zu bringen, noch bevor dieser die Exkommunikation Philipps ausgesprochen hatte. Als Exkommunizierter hätte der König in einem Konzil keine Handhabe mehr. Als sich die Nachricht verbreitete, der Papst werde am 8. September 1303 die Exkommunikation Philipps verkünden, sah sich Nogaret zum Handeln gezwungen. In seinem Palast in Agnani wurde Bonifaz VIII. am 7. September Opfer eines Angriffs, in dem nicht zuletzt die mit der Familie Caetani (aus der der Papst stammte) verfeindeten Colonna eine gewichtige Rolle spielten. Bonifaz hätte in dem Tumult beinahe sein Leben gelassen und überlebte den Übergriff nur einen knappen Monat. Philipp IV. hatte seine Macht gegenüber dem Papsttum vorerst behauptet. Doch schon drohte neues Unheil.

DIE ZERSCHLAGUNG DES TEMPLERORDENS

Die leeren Staatskassen waren weiterhin ein Problem. Philipp hatte sich in den 1294 große Summen Geldes von den Lombarden Albizzio und Musciatto Guidi geliehen, ging jedoch schon zur gleichen Zeit von der Geldleihe zu einer systematischen Ausplünderung von Lombarden in Frankreich über. Bereits 1291 kam es zu einer Verhaftung von Lombarden in ganz Frankreich, gefolgt von Beschlagnahmungen lombardischen Vermögens und Vertreibungen während der 1290er Jahre. Schließlich ordnete der König 1311 die Übernahme aller bei Lombarden gemachten Schulden durch die Staatskasse, die Konfiszierung ihrer Habe und ihre Verhaftung an. Nicht besser erging es den Juden. Am 22. Juli 1306 befahl Philipp, alle Juden zu verhaften, ihren Besitz zu beschlagnahmen und sie aus seinem Königreich auszuweisen. Damit jedoch waren des Königs Begehrlichkeiten keineswegs befriedigt. Ziel des nächsten Angriffs war der mächtige und wohlhabende Orden der Templer.

Die Templer, die im 12. und 13. Jahrhundert die »Speerspitze der Christenheit« im Kampf um das Heilige Land gewesen waren, verfügten über ein weitverzweigtes Netz von Niederlassungen in allen Teilen des christlichen Europa, vor allem in Frankreich. Der Grundbesitz des Ordens war beachtlich. Der vermeintliche Reichtum der Templer hat bis in die Gegenwart für eine reiche Mythen- und Legendenbildung gesorgt, die Umberto Eco in seinem berühmten Roman »Das Foucaultsche Pendel« literarisch verarbeitet hat. Zweifelsohne galt der Orden schon unter den Zeitgenossen als reich und war am Beginn des 14. Jahrhunderts alles andere als beliebt. Die Templer, die 1291 um Akko, die letzte Niederlassung der Kreuzfahrer im Heiligen Land gekämpft hatten, traf nach verbreiteten zeitgenössischen Meinungen eine wesentliche Schuld am Untergang der Kreuzfahrerstaaten. Ein vermögender Ritterorden, dem der König im Tempel von Paris ja selbst sein Geld anvertraute, mußte angesichts der angespannten Finanzlage und der Skrupellosigkeit, mit der Philipp bereits gegen Lombarden und Juden vorgegangen war, früher oder später Begehrlichkeiten wecken. Hinzu kam möglicherweise die Sorge, daß sich die militärische Stärke der Templer, die ihre eigentliche Aufgabe verloren hatten, am Ende gar gegen den König selbst richten könnte.

Die Verhaftung der Templer

Am 14. September 1307 erging Philipps Geheimbefehl an seine Baillis und Seneschälle, die königlichen Verwalter, in ganz Frankreich, die zeitgleiche Verhaftung der Templer in Frankreich vorzubereiten. Einen Monat später, am 13. Oktober, kam der Plan zur Ausführung. Wieder spielte der königliche Siegelbewahrer Guillaume de Nogaret eine entscheidende Rolle für den Gang der Ereignisse. Er war der wesentliche Urheber der Anklagen gegen den Orden, die sich im Laufe des folgenden Prozesses schließlich zu einer immer längern Liste erweitern sollten und die die Verhaftungen legitimieren sollte. Vorgeworfen wurde den Templern unter anderem Ketzerei, Blasphemie, das Praktizieren schwarzer Magie, Götzendienst und Homosexualität. Ein Schulderweis bedeutete die Todesstrafe. Allerdings waren die Templer ein geistlicher, rommittelbarer Ritterorden. Dies bedeutete, daß sie nicht der weltlichen Rechtssprechung des französischen Königs, sondern allein der des Papstes unterstanden.

Am 5. Juni 1305 hatte das Konklave den Erzbischof von Bordeaux, Bertrand de Got, zum Papst gewählt, der den Namen Clemens V. angenommen hatte. Für die weiteren Geschicke der Templer fiel ihm eine entscheidende Rolle zu. Der Prozeß gegen den Orden, in dessen Verlauf die Macht des französischen Königs gegenüber einem zögerlichen Papst nur allzu oft deutlich wurde, sollte sich über Jahre hinziehen. Nicht zuletzt diese Umstände führten dazu, daß Clemens V. 1309 seine Residenz in Avignon aufschlug, das zu dieser Zeit noch nicht zum Königreich Frankreich gehörte, aber unmittelbar an dessen Grenze lag. Ein folgenreicher Schritt, mit dem die sogenannte »babylonische Gefangenschaft« des Papsttums begann. Künftig residierten die Päpste prunkvoll in Avignon, das sich nahezu in einen weltlichen Staat verwandelte. Der schillernden Beschreibung Petrarcas zufolge verwandelte sich die Stadt in einen Hort der Prostitution und der Gewalt, avancierte zur Metropole für nicht weniger als 43 Bankhäuser, zog Abenteuer von überall her an und zeichnete sich vor allem durch den üblen Gestank seiner Gossen aus. Erst rund siebzig Jahre später sollten das Papsttum wieder nach Rom zurückkehren.

Ergebnis des langwierigen Prozesses, in dessen Verlauf gefolterte Templer erpreßte Geständnisse vortrugen und widerriefen, einige ihren Orden verzweifelt zu retten versuchen und viele auf dem Scheiterhaufen starben, war schließlich der Untergang der geistlichen Rittergemeinschaft. Am 22. März 1312 erklärte Clemens V. in der Bulle *Vox in excelso* den Orden für aufgelöst. Nutznießer der Auflösung war unter anderem der Orden der Hospitaliter, dem am 2. Mai 1312 die ursprünglich zur Unterstützung des Heiligen Landes gedachten Güter der Templer zugesprochen wurden. Allerdings zog Philipp der Schöne auch jetzt noch einmal Profit aus dieser Rechtsübertragung. Der Großmeister der Hospitaliter erklärte sich im März 1313 bereit, dem französischen König zur Kompensation des angeblichen Verlusts der im Tempel von Paris vor dem Prozeß deponierten Gelder der Staatskasse die Summe von 200000 *livre tournois* zu zahlen. Der Templerorden war zerschlagen. Am 18. März 1314 starb der letzte Großmeister des Ordens Jacques de Molay an der Seite des Ordenspräzeptors für die Normandie, Geoffroi de Charney, in Paris den Flammentod auf dem Scheiterhaufen. Einer Legende zufolge soll de Molay bei seiner Hinrichtung den Tod Philipps des Schönen und des Papstes Clemens V. noch für das selbe Jahr prophezeit haben. Wenige Wochen später, am 20. April 1314, starb Clemens V. Am 29. November folgte ihm Philipp der Schöne nach.

DIE NACHFOLGER PHILIPPS DES SCHÖNEN, HUNGERSNOT IN EUROPA UND DIE VERFOLGUNGEN IN AQUITANIEN

Als Philipp der Schöne starb, schien die Nachfolge auf lange Zeit hin gesichert. Immerhin hatte der König drei erwachsene Söhne hinterlassen: Ludwig, Philipp und Karl. Als der älteste unter diesen trat der 1289 geborene Ludwig X. mit dem Beinamen »der Zänker« die Herrschaft an. Er sollte kaum zwei Jahre regieren. In seine kurze Herrschaftszeit fiel jedoch der Beginn der wohl größten Hungersnot, die das mittelalterliche Europa erlebte.

Zahlreich sind die zeitgenössischen Chroniken, die über das Elend berichten, das durch mehrere Mißernten in Folge ausgelöst worden war. Zu Beginn des 14. Jahrhunderts bekamen die Zeitgenossen die ersten Auswirkungen der sogenannten »kleinen Eiszeit« zu spüren, die bis etwa 1700 andauern sollte. Das Vorrücken polarer und alpiner Gletscher hatte eine folgenreiche Klimaänderung in Gang gesetzt. Im Jahre 1303 und ein weiteres Mal 1306/07 war die Ostsee zugefroren. Kälteeinbrüche häuften sich ebenso wie Stürme und starke Regenfälle. Mancherorts, so in höheren Lagen, wo zuvor Landwirtschaft möglich gewesen war, wuchs nun nichts mehr. Ganze Siedlungen wurden aufgegeben und sogenannte Wüstungen entstanden. Der mit der Klimaänderung einhergehende Rückgang der landwirtschaftlichen Gesamtnutzfläche hatte angesichts des starken Bevölkerungswachstums des vorangegangenen Jahrhunderts aber zwangsläufig verheerende Folgen. Da es keine Möglichkeit gab, den Verlust von Anbauflächen durch eine Steigerung des Ernteertrages – etwa in Form künstlicher Düngung – zu kompensieren, fehlte es zwangsläufig an Nahrung.

Im Jahre 1312 war die Witterung wieder einmal ungünstig gewesen, wurde aber 1315 durch sintflutartige Regenfälle noch verschärft. Der Mißernte folgte eine europaweite Hungersnot, die sich bis ins Jahr 1317 fortsetzte. Der Bad Windsheimer Chronik zufolge war die Not so groß, daß die Menschen *allerleyß, hund, pferd und dieb vom Galgen gefreßen.*[179] In den kommenden Jahren hielt der Hunger an, zumal sich keine Besserung der Witterungsverhältnisse abzeichnete. Zahlreiche Flüsse traten über die Ufer, überschwemmten die Äcker und bewirkten abermals eine Mißernte. In der Magdeburger Schöffenchronik heißt es zu den Ereignissen des Jahres 1316, es sei soviel Vieh gestorben, daß sich die Hungernden vom Fleisch der gefallenen Tiere ernährt hätten.[180] Vor den Stadttoren, aber auch innerhalb der Stadt hätten die Menschen das Fleisch gebraten oder gesotten und verkauft. Die Bäcker, die in ihren Häusern noch Brot hatten, mußten dieses mit Stöcken in der Hand bewachen und sich Scharen von Hungernden erwehren. Die Mönche eines Klosters in der Nähe von Braunschweig hätten täglich bis zu vierhundert Arme gespeist. Doch auch 1317 war die Not noch nicht vorbei. Auch weiterhin blieb es kalt. Im Juni 1318 fiel gar Schnee in Köln.

Das Ende der großen Hungersnot erlebte Ludwig X. von Frankreich nicht mehr. Am 5. Juni 1316 starb der König im Alter von erst 27 Jahren, ohne einen männlichen Nachkommen hinterlassen zu haben. Seine zweite Gemahlin erwartete allerdings ein Kind. Doch der Sohn, der erst nach dem frühen Tod des Vaters das Licht der Welt erblickte, lebte nur fünf Tage. Für Ludwigs noch minderjährige Tochter namens Johanna war der französische Thron außer Reichweite. Noch zu Lebzeiten hatte Philipp

DER PAPSTPALAST IN AVIGNON.

der Schöne die Übertragung der Thronfolge in ewig männlicher Linie in der Apanage von Poitiers erklärt. Johannas Onkel, Philipp V. mit dem Beinamen »der Lange« setzte alles daran, um die alleinige Nachfolge auf dem Thron von Frankreich in männlicher Linie durchzusetzen. Er folgte seinem Bruder Ludwig nach. Auch unter seiner Herrschaft sollte sich die krisenhafte Stimmung, die das 14. Jahrhundert wie ein Leitfaden zu durchziehen scheint, in gewalttätiger Weise bemerkbar machen.

Verfolgung Leprakranker in Aquitanien

Schon 1320 war es im Westen Frankreichs zur Verfolgung von Leprakranken gekommen. Als sich Philipp der Lange im Juni 1321 in Poitiers aufhielt, wurden Gerüchte laut, Leprakranke hätten in ganz Aquitanien die Brunnen und Quellen vergiftet, um alle Christen zu töten oder mit ihrer Krankheit anzustecken. Die Beschuldigten seien verhaftet worden, hätten ihre Untaten zugegeben und seien daraufhin verbrannt worden. Der König, der den Gerüchten offenbar Glauben schenkte, zögerte nicht lange und gab am 21. Juni 1321 den Befehl zur Verhaftung aller Lepra-

DARSTELLUNG VON MONGOLEN ALS MENSCHENFRESSER AUS DER MITTE DES 13. JAHRHUNDERTS. DIE ABBILDUNG DRÜCKT HIER BILDLICH DIE ANGST DER ZEITGENOSSEN VOR DEM UNBEKANNTEN AUS. IM MITTELALTERLICHEN ABENDLAND KAM KANNIBALISMUS ZEITGENÖSSISCHEN BERICHTEN ZUFOLGE WÄHREND GROSSER HUNGERSNÖTE OFFENBAR BISWEILEN VOR.

kranken im Königreich Frankreich. Geständige Gefangene, die das 14. Lebensjahr vollendet hatten, sollten bei lebendigem Leib verbrannt werden. Ansonsten war die Folter anzuwenden, um zum Geständnis zu gelangen. Schwangere Leprakranke sollten erst ihr Kind zur Welt bringen und entwöhnen dürfen, bevor auch sie der Flammentod erwartete. Nicht-Geständige und minderjährige Leprakranke sollten an ihrem Herkunftsort in Haft gehalten werden.

Noch bevor die Verhaftungswelle ihren Höhepunkt erreichte wurden in der allgemeinen »Komplottpsychose« neue Anschuldigungen laut.[181] Juden, so hieß es, hätten die Leprakranken durch Geldzahlungen zu den Untaten angestiftet und ihnen gar das Gift übergeben. Wie ein Lauffeuer verbreitete sich die Nachricht über die Grenzen Frankreichs hinaus. Schon Anfang 1321 berichtete König Sancho von Mallorca dem aragonensischen König Jayme II. von den ungeheuerlichen Umtrieben der Leprakranken in Frankreich.

Im Zuge der Verhöre scheinen die Komplottheorien immer abenteuerlichere Züge angenommen zu haben. Schließlich wurde behauptet, der muslimische Herrscher von Granada sei der Urheber der Verschwörung. Für alle weiteren Beschuldigungen bediente man sich des Anklagemodells aus den Templerprozessen. Von angeblichen Geheimtreffen der Leprosenmeister über Verleugnung des christlichen Glaubens bis hin zu Kreuzesschändung reichte das Register. Der Wahn der Massen kostete in den folgenden Monaten eine unbekannte Zahl von Juden und Leprakranken das Leben. Die Affäre war noch immer nicht beendet, als Karl IV. mit dem Beinamen »der Schöne« als Dritter der Söhne Philipps des Schönen seinem Bruder Philipp schon 1322 nachfolgte. Am 31. Juli 1322 befahl Karl, daß alle Leprakranken in Leprosenhäusern geschlossen unterzubringen seien. Eine Anordnung, deren Umsetzung in die Praxis reine Theorie blieb. Die Zahl der Leprosenhäuser, die zumeist nur wenige Kranke aufnehmen konnten, reichte hierzu nicht aus. Auch Karl IV. regierte nicht lange. Mit seinem Tod im Jahre 1328 erlosch die direkte Linie der Kapetinger.

DOPPELWAHL MIT FOLGEN. LUDWIG DER BAYER GEGEN FRIEDRICH VON ÖSTERREICH

Auch die Geschicke des Deutschen Reiches wurden etwa zur gleichen Zeit von Konflikten um den Thron bestimmt. Im Herbst 1314 war es unter Spaltung der Kurfürstenstimmen zu einer folgenreichen Doppelwahl gekommen. Anstatt der vorgesehenen sieben wählten gleich neun Kurfürsten. Das Ergebnis war ein kriegerischer Wettlauf der beiden »gewählten« Könige um die Krone. Der Wittelsbachers Ludwig, der den Beinamen »der Bayer« tragen sollte, und sein Vetter, der Habsburger Friedrich der Schöne, erhoben Anspruch auf die Macht. Der Konflikt sollte sich bis zum Herbst 1322 hinziehen, als es Ludwig und dem mit ihm verbündeten König Johann von Böhmen sowie dem Burggrafen von Nürnberg in der Schlacht bei Mühldorf am Inn schließlich gelang, Friedrichs Heer zu besiegen und seinen Vetter gefangenzunehmen.

Der militärische Sieg über seinen Rivalen brachte Ludwig dennoch nicht die allgemeine Anerkennung seiner Rechte auf den Thron. Johannes XXII., der seit 1316 in Avignon auf dem Stuhl Petri saß, betrachtete sich selber angesichts der irritierenden Doppelwahl als Verweser des Reiches und erklärte den Thron als unbesetzt. Als Ludwig der Bayer nach seinem militärischen Sieg bei Mühldorf Graf Berthold von Neuffen als Reichsvikar nach Italien entsandte, um dort die Rechte des Reiches zu vertreten, und gleichzeitig den Einfluß des Papstes zu beschneiden trachtete, eröffnete Johannes XXII. einen Prozeß gegen den Wittelsbacher. Der Papst beschuldigte Ludwig, ohne päpstliche Zustimmung zu regieren sowie Ketzer zu unterstützen, und forderte ihn auf, binnen drei Monaten seinem Herrschaftsanspruch zu entsagen und sich statt dessen in Avignon zu verantworten. Ludwig verweigerte sich unter Zurückweisung des päpstlichen Approbationsrechts auf das Schärfste dieser Forderung und bezeichnete nun seinerseits den Papst als einen Ketzer, weil er die Lehre von der Armut Christi und seiner Jünger verurteile. Der Wittelsbacher griff damit das zentrale Thema des sogenannten Armutsstreits zwischen dem Heiligen Stuhl und den Franziskanern auf (der den historischen Rahmen für Umberto Ecos Bestseller-Roman »Der Name der Rose« geliefert hat). Ein Teil des Klerus stellte sich hinter Ludwig und gegen den Papst, den viele ob seiner Einmischung in die politischen Belange des Reiches als einen Störer des Friedens betrachteten. Ausdruck fanden die zeitgenössischen politischen Theorie neben den Schriften des Wilhelm von Ockham vor allem auch in dem bekannten Werk *Defensor pacis*, »Verteidiger des Friedens«, des Marsilius von Padua, die sich wie andere Franziskaner zu Ludwig flüchteten.

In den folgenden Jahren gelang es Ludwig trotz aller Widerstände und des päpstlichen Banns, seine Position zu behaupten und sich 1328 in Rom zum Kaiser krönen zu lassen, wenngleich die Krönung in Abwesenheit des Papstes in eher ungewöhnlicher Form erfolgte. Zehn Jahre später, 1338, sollte der Kurverein zu Rhens unter dem Einfluß des Erzbischofs Balduin von Trier in einem Weistum, einem Rechtssatz, festschreiben, daß die Königswahl keiner päpstlichen Bestätigung mehr bedurfte. Dennoch

DIE LANGBÖGEN DER ENGLÄNDER ERWIESEN SICH GEGENÜBER DEN SCHWER NACHLADBAREN ARMBRÜSTEN DER FRANZOSEN ALS ÜBERLEGENE WAFFE IM HUNDERTJÄHRIGEN KRIEG.

endete Ludwigs Regierungszeit ebenso turbulent, wie sie begonnen hatte. Am 28. April 1346 hatte Papst Clemens VI. die Kurfürsten zur Wahl eines neuen Königs aufgefordert. Sechs Wochen später wurde der Luxemburger Karl IV. von der Mehrheit der Kurfürsten zum König gewählt. Doch der Auseinandersetzung mit Ludwig mußte sich der neue König nicht mehr lange stellen. Im Oktober 1347 starb Ludwig »der Bayer« an den Folgen eines Schlaganfalls.

ERBSTREIT UM DIE KRONE. DER BEGINN DES HUNDERTJÄHRIGEN KRIEGES Nach dem Tod Karls »des Schönen« von Frankreich stellte sich nunmehr die Nachfolgefrage in Frankreich. Neben Philipp VI. von Valois kam vor allem Philipp von Evreux, beide Neffen Philipps des Schönen, in Betracht. Doch auch Isabelle, die Tochter Philipps des Schönen und Gemahlin des englischen Königs Eduard II., war überzeugt, ihr Sohn Eduard III. könne als männlicher Nachfahre Philipps Anrechte auf den Thron geltend machen. Schließlich fiel die Wahl auf Philipp VI. von Valois, den ältesten und zugleich politisch erfah-

PESTKRANKE.

rendsten der Kandidaten. Doch wenngleich Eduard III. durch seinen für das Herzogtum Guyenne geleisteten Lehenseid die Herrschaft Philipps 1329 vorerst anerkannte, war doch der Konflikt bereits vorprogrammiert. Der Streit zwischen England und Frankreich um das Herzogtum war keineswegs neu. Hinzu kamen nun noch Ansprüche auf den Thron. Im Jahre 1339 erklärte Eduard III. Frankreich den Krieg.

Der zermürbende Krieg, der in Frankreich tiefe Narben hinterließ und mit einer zuvor nie gekannten Härte geführt wurde, war in der Anfangsphase von einer Reihe englischer Erfolge und französischer Niederlagen geprägt. Schlachten wie die bei Crécy 1346, in der der blinde König Johann von Böhmen, der Vater Kaiser Karls IV. fiel, zeigten die Schwächen des französischen Heeres auf. Vor allem die englischen Langbögen erwiesen sich als eine vorteilhafte Waffe gegenüber den eher schwerfälligen Armbrüsten der Franzosen. Es gelang den Engländern in der Folge nicht nur, sich in Aquitanien festzusetzen, sondern auch im nordfranzösischen Calais einen wichtigen Brückenkopf zu bilden. Frankreich geriet derweil unter dem Druck des Krieges allmählich in eine aussichtslose Lage. Um

1360 war ein Großteil Frankreichs von den Engländern besetzt. Johann »der Gute«, der 1350 Philipp VI. auf den französischen Thron nachgefolgt war, war 1356 in der Schlacht bei Poitiers in Gefangenschaft der Engländer geraten. Nachdem er zwischen nach der Stellung zahlreicher Geiseln wieder nach Frankreich zurückgekehrt war, begab er sich anstelle des aus der Gefangenschaft entwichenen Grafen von Anjou – um der Ehre genüge zu tun – 1364 erneut in die Hände des Feindes. Johann der Gute starb wenige Monate später als Gefangener des englischen Königs. Der Hundertjährige Krieg, in Wahrheit eine schier endlose Folge größerer und kleiner Schlachten, wurde zwar immer wieder von Friedensverträgen wie dem in Brétigny 1360 unterbrochen, doch bis zu seinem Ende sollte noch viele ihr Leben auf dem Schlachtfeld verlieren. Während der Krieg in vollem Gange war, nahte aus dem Osten eine Gefahr ganz anderer Art.

DER SCHWARZE TOD

Im Frühjahr 1347 wurde die Stadt Caffa, das heutige Feodosia auf der Krim, eine bedeutende Handelsniederlasssung der Genuesen, von den Tartaren unter Führung des Djanibek Khan belagert. Die Belagerung zog sich bereits seit einigen Monaten hin. Bewohner umliegender Ortschaften waren vor dem Feind geflohen und brachten sich hinter die Mauern Caffas in Sicherheit. Ein Ende der Belagerung schien bereits in Sicht, auch wenn die Strategie der Belagerer, die Belagerten auszuhungern, keinen raschen Erfolg versprochen hatte. Entsatzschiffe hatten mit ihren Nahrungsmittellieferungen zwar immer wieder dafür gesorgt, daß sich die Belagerung in die Länge zog, doch hätten die Eingeschlossenen letztlich die Stadt nicht auf Dauer zu halten vermocht. Als sie sich bereits mit dem Gedanken der Kapitulation trugen, brach im Belagerungsheer Djanibek Khans plötzlich eine Seuche aus.

Gabriele de Mussis, ein Notar aus Piacenza, der seit 1346 in Caffa weilte, schildert als Augenzeuge den weiteren Verlauf der Ereignisse.[182] Seinem Bericht zufolge geriet das tartarische Heer in Panik, als täglich Tausende starben. Selbst wenn die Zahlen – wie so häufig in mittelalterlichen Schriftquellen – viel zu hoch gegriffen sind, muß die Seuche rasch viele Opfer gefordert haben. Die Krankheit äußerte sich nach Gabriele de Mussis durch auffällige Symptome – einem Verklumpen der Körpersäfte an den Gelenken und Leisten. Danach sei ein Fieber gefolgt. Bei seiner Beschreibung der Krankheit orientierte sich der junge Notar an den medizinischen Lehren des spätantiken griechischen Arztes Galen (gest. 199/200/

216), die mehr als ein Jahrtausend die Grundlage der Heilkunde bildeten. Diese basierten auf dem Modell von den vier Körpersäften – Blut, Schleim, gelbe und schwarze Galle –, deren Ungleichgewicht nach zeitgenössischer Auffassung Krankheit verursacht. Lassen sich die ersten drei Säfte unschwer identifizieren, so ist bis heute strittig, was Galen als eigentlich »schwarze Galle« bezeichnete. Eine solche Substanz findet sich nicht im menschlichen Körper. Die Ärzte im Lager der Tartaren, die nach den galenischen Lehren ihre Diagnose stellten, wußten die Kranken nicht zu behandeln.
Die Belagerten schöpften Hoffnung, daß die Angreifer bald ihre Stellungen aufgeben würden. Doch diese handelten, wenn man Gabriele de Mussis glauben möchte, ganz anders. Seinen Ausführungen zufolge banden die Tartaren die Leichen der Seuchentoten auf ihre Wurfmaschinen und schleuderten sie in die Stadt hinein. Bald türmten sich in Caffa Leichenberge auf. Die Einwohner konnten die Toten weder beseitigen, noch fliehen. Soweit es ihnen möglich war, warfen die Belagerten die Leichen ins Meer. Bald ging die Seuche auch in Caffa um. Über die Mittelmeerhäfen der Levante verbreitete sie sich im Laufe des Jahres 1347 schnell weiter und bald kam der Handel zum Erliegen. Mehreren Schiffen soll dem Bericht Gabriele de Mussis zufolge die Flucht aus Caffa geglückt sein. Infizierte Seeleute trugen die Seuche weiter in jene Häfen Italiens, wo sie anlandeten. Dort setzte rasch ein Massensterben zuvor unbekannten Ausmaßes ein. »Wenn jemand erkrankte,« so Gabriele de Musis, »brach er bald darauf zusammen und starb. Dabei steckte er seine ganze Familie an. Entsprechend kamen auch die Totengräber um, welche die Leichen bestatten sollten. Und der Tod kam auf diese Weise sogar durch die Fenster. Städte und Burgen wurden entvölkert, und man weinte um ganze Ortschaften wie um seine Verwandten«.[183]
Zeitgenössische Schriftzeugnisse verwenden für diese Seuche Namen wie *pestis magna*, *pestilentz* oder *groet sterff*. Der Bezeichnung »Schwarzer Tod«, die heute gemeinhin für das seuchenbedingte Massensterben zur Mitte des 14. Jahrhunderts gebräuchlich ist, entstand erst viel später.[184] Erstmals taucht sie während des 16. Jahrhunderts in Skandinavien auf und findet sich gelegentlich auch im 17. Jahrhundert. Doch erst die 1832 unter dem Eindruck der Cholera verfaßte Abhandlung des deutschen Arztes Justus Friedrich Karl Hecker *Der Schwarze Tod im vierzehnten Jahrhundert* und ein Schulbuch zur englischen Geschichte von Elizabeth Cartwright Penrose verhalfen dem Begriff zum Durchbruch.

Zeitgenössische Erklärungsmodelle:
Pesthauchmodell und Pariser Pestgutachten

Die Ärzte suchten auf der Grundlage zeitgenössischer medizinischer Vorstellungen nach einer Erklärung für das große Sterben, standen der Krankheit jedoch weitgehend hilflos gegenüber. Gestützt auf die bereits erwähnten Lehren von den Körpersäften schlossen sie, daß ein Übermaß an Blut die Fäulnis innerer Organe bewirken könne. In dieser Fäulnis lag ihrer Auffassung nach der Grund für den Schwarzen Tod. Durch verdorbene Luft oder den Genuß leicht verderblicher Nahrungsmittel mit starker Geruchsentwicklung, wie etwa Fisch oder einige Obstsorten, gelangte die bedrohliche Fäulnis ins Körperinnere. Doch auch schlechte Ausdünstungen, die sogenannten *Miasmen*, die von verunreinigten Straßen und aus Gewässern, aus Leichen und den Kadavern gefallener Tiere aufstiegen, galten bereits nach antiken Auffassungen als Hauptgrund für epidemische Erkrankungen. Bis zur allmählichen Entdeckung der Erreger in die zweite Hälfte des 19. Jahrhunderts hielt sich die sogenannte Miasmentheorie zur Erklärung auftretender Seuchen. Für die Wirkung dieser vermeintlichen Miasmen waren klimatische Rahmenbedingungen ebenso bedeutsam wie die Windrichtung. Doch auch der Atem der Kranken wurde als potentielle Gefahrenquelle angesehen. Die alltäglichen Beobachtungen trugen ihren Teil dazu bei, diese Annahme zu unterstützen.
Auf der Grundlage solcher Theorien entwickelte der umbrische Arzt Gentile da Foligno im Jahre 1348 sein sogenanntes »Pesthauchmodell«. Da Foligno nahm an, daß krankheitserregende Ausdünstungen von Land und Wasser emporgestiegen, dann aber wieder auf die Erde hinabgesunken seien und diese vergiftet hätten. Eine ungünstige Konstellation von Mars, Jupiter und Saturn, die sich einige Jahre vor dem plötzlichen Auftreten des Massensterbens ereignet hatte, war nach da Folignos Überzeugung verantwortlich für dieses Phänomen. Nachdem die Menschen die giftigen Dünste eingeatmet hätten, seien diese in Herz und Lunge zu einer tödlichen Giftmasse verdichtet worden. Aus dieser Überlegung leitete der umbrische Arzt seine Therapieempfehlung her, die auf eine Stärkung der gefährdeten Organe unter Verminderung des inneren Fäulnisprozesses gerichtet war. Ferner empfahl er ein Zusammenwirken von Obrigkeiten und Ärzten zur Eindämmung der Seuche sowie eine organisierte Versorgung der Erkrankten. Wie vergeblich dieser Einsatz im 14. Jahrhundert sein konnte, zeigt da Folignos eigenes Schicksal. Er kümmerte sich um seine Patienten, bis er selber an der Seuche erkrankte und im Juni

FRÜHNEUZEITLICHER PEST-
DOKTOR, DER SOGENANNTE
DOKTOR SCHNABEL VON ROM,
AUS DEM 17. JAHRHUNDERT.

1348 in Perugia starb. Sein »Pesthauchmodell« wirkte indes lange nach. Es beeinflußte maßgeblich das sogenannte »Pariser Pestgutachten«, das die angesehensten Gelehrten Frankreichs im Auftrag König Philipps VI. († 1350) im Spätsommer 1348 erstellten. Das Gutachten sollte sich der Frage nach Herkunft und Natur des Schwarzen Todes widmen sowie Verhaltensempfehlungen im Umgang mit der Seuche liefern. Es war die rechtzeitige, weite Flucht aus dem Seuchengebiet und eine möglichst späte Wiederkehr, die die medizinischen Autoritäten eingedenk entsprechender antiker Ratschläge vor allem nahelegten. Wer aber nicht fliehen könne, der solle seine Fenster nur in Richtung der für gesund gehaltenen Nordwinde öffnen. Zusätzlich wurde empfohlen, wohlriechende Substanzen zu verbrennen, um die Luft zu reinigen. Von körperlichen Anstrengungen wurde ebenso abgeraten wie vom Genuß leicht verderblicher, geruchsintensiver Speisen.

Ergänzt ließen sich solche vermeintlichen Vorbeugemaßnahmen durch das Einatmen wohlriechender Düfte, die Einnahme von Arzneien – vor allem dem aus vielen Zutaten hergestellten Theriak – sowie durch regelmäßigen Aderlaß zur Reinigung des Blutes. Die Empfehlungen des Pariser Pestgutachtens verbreiteten sich in ganz Europa und dienten späteren Schriften über das Verhalten in Seuchenzeiten, sogenannten Pestconsilia oder -regimina, als Grundlage.

Das klinische Bild der Pest

Von dem Bakterium *Yersinia pestis*, das die Krankheit hervorruft und das während eines Pestausbruchs in Hongkong 1894 erstmals nachgewiesen werden konnte, ahnten die Menschen des 14. Jahrhunderts freilich noch nichts. Ob und inwieweit der Schwarze Tod und die im Mittelalter als *pestis magna* oder *pestilentz* bezeichneten Seuchen mit der von der gegenwärtigen Medizin als »Pest« definierten Krankheitseinheit identisch sind, läßt sich kaum ergründen. Krankheitserreger unterliegen der Evolution und auch Übertragungswege können sich ändern. Besonders die Rolle des Flohs *Xenopsylla Cheopis Roth*, der am Ende des 19. Jahrhunderts als wichtiges Glied in der Überträgerkette der sogenannten Bubonen- oder Beulenpest identifiziert wurde, ist in jüngerer Zeit im Hinblick auf das mittelalterliche Massensterben kritisch diskutiert worden.[185] Die heute mit dem Begriff »Pest« bezeichnete Krankheit tritt jedenfalls in zwei Formen auf: Der Bubonen- oder Beulenpest und der Lungenpest. Die Beulenpest, deren typisches Symptom die namengebende Lymphknotenschwellung in der Leiste, unter der Achsel oder am Hals ist, wird durch den Stich bestimmter Floharten übertragen. Inzwischen sind rund 60 Spezies, unter anderem der Menschenfloh (*Pulex irritans*), als potentieller Überträger identifiziert worden. Die Inkubationszeit der Beulenpest ist kurz. Unter Umständen verstreichen zwischen einer Ansteckung und den ersten Anzeichen der Erkrankung kaum mehr als 48 Stunden. Kurz nach dem Flohstich verfärbt sich die Einstichstelle aufgrund einer Nekrose bläulich-schwarz. Zwei bis drei Tage später kommt es zu einem starken Anschwellen der Lymphknoten, dem sich je nach individuellem Krankheitsverlauf weitere Symptome anschließen. Dieses sind vor allem Fieberschübe, unerträgliche Kopfschmerzen, Blutungen unter der Haut und

Halluzinationen. Nach einem Delirium und anschließendem Koma oder infolge einer Blutvergiftung stirbt der Kranke.

Noch weitaus schneller wirkt die durch Tröpfcheninfektion über den Nasen-Rachen-Raum direkt von Mensch zu Mensch übertragbare Lungenpest. Schon nach nur 24 Stunden können sich die schweren Krankheitssymptome wie Herzrasen, Bluthusten und Atemnot zeigen. Eine Nervenlähmung und die Zerstörung des Lungengewebes führen zum Erstickungstod, der bereits wenige Stunden nach den ersten Anzeichen einer Erkrankung auftreten kann. Bei einem epidemischen Ausbrechen der Pest treten abhängig von den lokalen Rahmenbedingungen beide Formen der Krankheit früher oder später nebeneinander auf. Antibiotika, die heute zur Bekämpfung der Pest eingesetzt werden, standen den mittelalterlichen Heilkundigen noch nicht zur Verfügung. Entsprechend groß war ihre Hilflosigkeit im Angesicht des Massensterbens.

Judenmorde und Geißlerzüge. Die Ausbreitung des Schwarzen Todes im deutschsprachigen Reichsgebiet und in Frankreich

Von Italien aus verbreitete sich der Schwarze Tod zwischen 1347 und 1351 über ganz Europa. Wo immer die Seuche ausbrach, forderte sie innerhalb kurzer Zeit zahlreiche Opfer. Manche Städte aber, so wie die kaiserliche Residenzstadt Prag, wurden vom Schwarzen Tod verschont. Vielmehr erlebte die Stadt an der Moldau 1348 die Gründung der ersten Universität des Deutschen Reiches.

Die süd- und südwestfranzösischen Städte sowie Carcasonne und Bordeaux wurden im Sommer 1348 von der Seuche heimgesucht. Auch Aix-en-Provence und Avignon, der Sitz des Papstes, wurden von dem Massensterben getroffen. Guy de Chauliac, der Leibarzt Papst Clemens' VI., beschrieb nicht nur die Symptome der Seuche, er machte sich wie seine Zeitgenossen seine Gedanken zu deren Entstehung. In einigen Gegenden glaube man, die Juden hätten die Welt vergiftet, so Guy. Ein Vorwurf, dem man im deutschsprachigen Reichsgebiet nur allzu bereitwillig Glauben schenkte.

Im Frühjahr 1348 war die Seuche über Brenner- und Reschenpaß sowie das Pustertal bis nach Tirol und Bayern vorgestoßen. Wenngleich für manche der süddeutschen Städte, so für München, keine verläßlichen Angaben über ein Auftreten des Schwarzen Todes vorliegen, so erlebten auch diese die verheerenden Erscheinungen in deren Umfeld. Unter dem Vorwurf, sie hätten die Brunnen vergiftet, wurden allerorts im deutschsprachigen Reichsgebiet die jüdischen Bewohner der Städte ermordet oder vertrieben. Nicht selten geschahen die Gewaltakte noch bevor die Seuche sich überhaupt geäußert hatte, falls sie sich denn je äußern sollte. Selbst der Papst vermochte dem Wahnsinn nicht Einhalt zu gebieten. Hatte Clemens VI. schon am 26. September 1348 Zwangstaufen von Juden verboten, ihre Ermordung strikt verurteilt und den Raub ihrer Habe untersagt, so fruchteten alle Appelle an die Vernunft wenig. Zwar betonte die päpstliche Bulle zu Recht, daß die Sterblichkeit unter den Juden ebenso hoch sei wie unter den Christen, doch überwogen die finanziellen Interessen von deren Schuldnern gegenüber jedem besseren Argument. Die massenhaften, häufig genug gut vorbereiteten Massentötungen oder -vertreibungen der Juden hinterließen tiefe Narben. Während der mittelalterlichen Jahrhunderte sollten die jüdischen Gemeinden des deutschsprachigen Reichsgebiets nie wieder zu ihrer vorherigen Größe und Blüte zurückfinden.

Gezielte Hetze gegen die Juden betrieben unter anderem die sogenannten Geißler oder Flagellanten. Die Anfänge der Geißlerbewegung reichen nördlich wie südlich der Alpen bis in das 13. Jahrhundert zurück. Sie erreichte jedoch ihren unbestreitbaren Höhepunkt im Zusammenhang mit dem Auftreten des Schwarzen Todes zur Mitte des 14. Jahrhunderts. Nicht selten angeführt von Klerikern, zogen die Geißler seit etwa 1260 barfüßig und sich selbst geißelnd in die Kirchen, um Bußgesänge zu singen und Gott um Erbarmen anzuflehen. Vor allem in Norditalien hatte die Bewegung zahlreiche Anhänger, die sich jedoch zumeist in Bußbruderschaften organisiert hatten, bevor die Geißler im Umfeld des Schwarzen Todes an ungeahnter Popularität gewinnen sollten. Durch asketische Frömmigkeitsbezeigungen suchten sie die drohende Gefahr abzuwehren, und sorgten durch ihr massenhaftes Auftreten für den Unmut der städtischen Obrigkeiten. Die Stadt Aachen etwa stellte das Geißeln in ihren Mauern unter schwere Strafe. Karl IV. hatte im Juli 1349 auf den Einzug zu seiner zweiten Krönung in die Stadt aufgrund der noch immer dort anwesenden Geißlerscharen einige Tage warten müssen. Möglicherweise war es nicht zuletzt dieser Umstand, der Karl schließlich veranlaßte, dem Treiben im Einvernehmen mit dem Papst ein Ende zu setzten. Am 20. Oktober 1349 verbot Clemens VI. die Geißlerbewegung. Ein zeitgenössischer Chronist, der Mindener Dominikaner Heinrich von Herford, bezeichnet sie als »Sekte ohne Haupt«. Zweifelsfrei stifteten die Geißler Unfrieden in den Städten. Ihr Einzug ging den Judenmorden wie auch dem Ausbruch der Seuche voraus. Doch nicht immer läßt sich wie im Falle Kölns ein unmittelbarer Zusammenhang zwischen den Pogromen

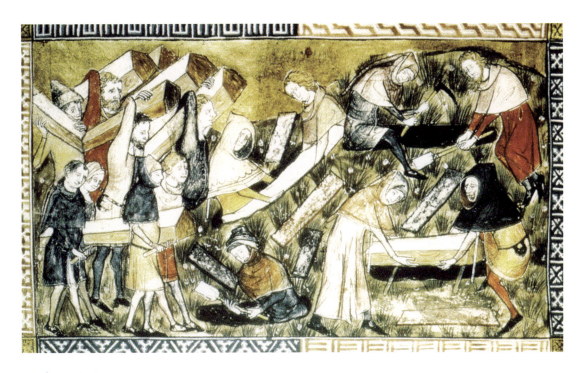

BEGRÄBNIS VON OPFERN DES SCHWARZEN TODES IN TOURNAI.

und dem Auftreten der Geißler herstellen. Ob sie dem Ausbruch des Schwarzen Todes in den Städten durch Seucheneinschleppung Vorschub leisteten, gilt es ebenso im Einzelfall zu untersuchen. Fest steht, daß der Schwarze Tod, wo immer er auftrat, für ein Massensterben bisher unbekannten Ausmaßes verantwortlich war, dem weder die Ärzte noch die städtischen Obrigkeiten im Entferntesten Herr wurden. Und obwohl das Massensterben 1351 so plötzlich verschwand, wie es aufgetaucht war, währte die Ruhe nicht lange. Nur wenige Jahre später sollte sich die Seuche erneut äußern und in der Folgezeit stets wiederkehren. Die Angst mittelalterlicher Menschen hatte ein neues, schreckliches Gesicht bekommen.

KAISER KARL IV. UND DIE GOLDENE BULLE

Noch bevor die zweite Pestwelle Europa überrollen sollte, wurden auf den Hoftagen von Nürnberg und Metz 1356 wichtige verfassungsrechtliche Fragen für das Deutsche Reich behandelt und Entscheidungen getroffen, die jahrhundertelang nachwirken sollten. Das zweifelsfrei wichtigste Resultat langer Verhandlungen und herausragender Markstein der Herrschaftszeit Kaiser Karls IV. war die sogenannte Goldene Bulle. Bis zum Ende des alten Reiches 1806 zählte sie neben einigen Gesetzen aus der Regierungszeit des Habsburgers Maximilian I. zu den »Fundamentalgesetzen des Reiches«.[186]

Karl hatte dem Hoftag eine Ordnung der zu behandelnden Fragen vorgelegt. Darunter war zu entscheiden, wer von den weltlichen Fürsten zu den Kurfürsten gehören sollte. Des weiteren war eine Münzreform sowie die Reduzierung der Zölle und Geleitrechte auf dem Rhein angestrebt. Darüber hinaus sollten der Landfriede und nicht zuletzt die Organisation der Königswahl nach dem Mehrheitsprinzip behandelt werden. Standen Münz- und Zollreform den Interessen der rheinischen Kurfürsten offenbar gegenüber und konnten nicht umgesetzt werden, so verständigte man sich doch auf die künftigen Modalitäten der Königswahl. Die Federführung Karls wird in dem Zeugnis an vielen Stellen sichtbar. So findet sich die deutliche Ermahnung zur Eintracht des Reiches und gegen die Zwietracht unter den Kurfürsten.

Neben Bestimmungen über das sichere Geleit der Kurfürsten zur Königswahl nach Frankfurt und die Reisewege zum Wahlort wird auch die Möglichkeit in Betracht gezogen, daß einer der Kurfürsten zum Zeitpunkt der Wahl im Krieg mit einem anderen Kurfürsten stehen könnte. Um militärische Konfrontationen im Umfeld der Wahl zu vermeiden, beschränkte das Gesetz die Zahl der begleitenden Reiter auf zweihundert, von denen jedoch nur fünfzig bewaffnet sein durften.

Im Mittelpunkt steht schließlich das eigentliche Wahlverfahren. Bevor der König nicht gewählt war, sollten die Kurfürsten den Wahlort nicht verlassen dürfen. Nach dreißig Tagen sollten die Wähler in Anlehnung an die Normen für die Papstwahl nur noch Wasser und Brot bekommen. Darüber hinaus wird der Kreis der Wahlberechtigten ebenso entgültig bestimmt wie die Feststellung der Wahlentscheidung. Als geistliche Kurfürsten bestätigte die Goldene Bulle die von jeher als Wähler auftretenden Erzbischöfe von Mainz, Köln und Trier. Zu den weltlichen Kurfürsten wurden künftig der König von Böhmen, der Pfalzgraf bei Rhein, der Herzog von Sachsen und der Markgraf von Brandenburg bestimmt. Um Unstimmigkeiten hinsichtlich der Wahlberechtigung zu vermeiden, legte die Goldene Bulle ferner fest, daß die Fürstentümer der weltlichen Kurfürsten nicht länger teilbar sein sollten und verfügte, daß sich das Wahlergebnis aus der Stimmenmehrheit ergebe. Vier der sieben Stimmen sollten als Mehrheit anerkannt werden. Da keine Vorkehrungen für den Fall getroffen wurden, daß nicht alle Kurfürsten auch tatsächlich zur Wahl erschienen oder zumindest durch Gesandte vertreten waren, war die Gefahr einer Doppelwahl zwar nicht vollständig, aber doch weitgehend gebannt. In der Tat sollte es nur noch einmal mit der Wahl König Siegmunds 1410 und eines zweiten Königs zu einer Doppelwahl kommen. Bis in das 18. Jahrhundert hinein wurden künftig die Könige gemäß der

Bestimmungen der Bulle gewählt. Welche fatalen Folgen Doppelwahlen haben konnten, sollte sich schon bald nach dem Erlaß der Goldenen Bulle im Ringen um den Stuhl Petri zeigen.

DER BEGINN DES GROSSEN SCHISMAS

Seit dem Juni 1376 weilte Katharina von Siena in Avignon, um Papst Gregor XI. zur Rückkehr nach Rom zu bewegen und ein Zeichen für die Reform der Kirche zu setzen. Ihr Drängen hatte schließlich Erfolg. Im September 1376 verließ der Papst Avignon in Richtung Rom, das er im Januar erreichte. Für eine Reform blieb indes keine Zeit mehr. Schon fünfzehn Monate später, im März 1378, starb Gregor. Der plötzliche Tod des Papstes stellte die versammelten Kardinäle vor ein ernstes Problem. Das Volk von Rom forderte so vehement die Wahl eines Römers, daß sie um ihr Leben fürchten mußten. Dennoch gestaltete sich die Entscheidung des Konklaves anders. Unter spektakulären Umständen verkündeten die Kardinäle am 9. April 1378 schließlich die Wahl des Erzbischofs zum Bari, der den Namen Urban VI. annahm. Doch die Macht des Amtes stieg dem neugewählten Papst offenbar schon bald zu Kopfe. Er zeichnete sich vor allem durch seine unkontrollierten Wutausbrüche sowie wüste Beschimpfungen der Kardinäle aus und drohte dem Kardinal von Limoges gar mit Prügel. Als sich der Papst auch noch in Affären der weltlichen Politik einzumischen begann, waren nicht wenige davon überzeugt, Urban sei wahnsinnig geworden. Nachdem er sich noch dazu standhaft weigerte, nach Avignon zurückzukehren, kam es zum Eklat. Da die Kardinäle einen Papst nicht des Amtes entheben konnten, beschlossen sie kurzerhand die Wahl für ungültig zu erklären. Nur unter dem Druck der Straße sei die Entscheidung gefallen und keinesfalls frei gewesen. Am 20. September 1378 wählten die Kardinäle Robert von Genf als Klemens VII. zum Gegenpapst. Er kehrte im April 1379 mit seinen Kardinälen nach Avignon zurück. Die Spaltung der abendländischen Kirche, das Große Schisma, das ganz Europa in zwei Lager teilen sollte, hatte begonnen.

PORTRÄT PHILIPPS DES GUTEN,
DES HERZOGS VON BURGUND,
VON ROGIER VAN DER WEYDEN.

AUFBRUCHSTIMMUNG IM »HERBST DES MITTELALTERS«.
DAS 15. JAHRHUNDERT ZWISCHEN HÖFISCHEM GLANZ UND STÄDTISCHEM ALLTAG

1414–1418	Das Konzil von Konstanz beendet das Große Schisma
1415	Der Hundertjährige Krieg zwischen England und Frankreich wird wieder aufgenommen. Die Engländer siegen in der Schlacht bei Azincourt
1415	Jan Hus wird als Ketzer in Konstanz verbrannt
1428	Belagerung von Orléans im Hundertjährigen Krieg
1431	Jean d'Arc, die Jungfrau von Orléans, wird in Rouen verbrannt
1431–1449	Konzil von Basel
1438	Nach dem Erlöschen der Dynastie der Luxemburger fällt die Krone mit Ungarn und Böhmen an den Habsburger Albrecht II. von Österreich
1441	Mit dem Frieden von Kopenhagen muß die Hanse die Ostsee für die Holländer öffnen
1444–1449	In der Soester Fehde und der münsterschen Stiftsfehde (1450–1456) scheitert der Versuch des Kölner Erzbischofs Dietrich von Moers zur Wiederringung der kurkölnischen Vorherrschaft
1453	Ende des Hundertjährigen Krieges
1453	Die Türken erobern Konstantinopel
1468	Tod des Johannes Gutenberg, Erfinder des Buchdrucks mit beweglichen Metallettern
1477	Karl der Kühne, der letzte Herzog von Burgund, fällt in der Schlacht bei Nancy
1485	Besetzung Wiens. Matthias Corvinus nimmt den Titel »Erzherzog von Österreich« an
1492	Ende der Reconquista. Columbus betritt die Neue Welt
1494	Kriegszug Karls VIII. von Anjou nach Italien

Niedergang und Aufbruch scheinen im 15. Jahrhundert Hand in Hand zu gehen. Zeichnete sich durch innere wie äußere Krisen der allmähliche Verfall der Hanse ab, so florierte der Seehandel der Holländer und durch den nicht zuletzt wirtschaftlich motivierten Expansionsdrang der Spanier betraten diese als erste die sogenannte »Neue« Welt. Verschwand mit dem nach immer mehr Macht strebenden Herzogtum Burgund gleichzeitig ein glanzvolles Zentrum spätmittelalterlicher Kultur im Herzen Westeuropas, so gelang doch durch die Erfindung des Buchdrucks eine bahnbrechende, nicht nur die kulturelle Welt verändernde Neuerung. »Das 15. Jahrhundert mündete nicht in einen geruhsamen Dämmer, sondern erarbeitete die neuen Strukturen Europas.«[187]

Einmal mehr richteten sich die Blicke Europas nach dem Osten. Der osmanische Sultan Bajezid I. hatte in der Schlacht bei Nikopolis ein Kreuzfahrerheer unter Führung König Siegmunds vernichtend geschlagen. Die Auseinandersetzung mit den Osmanen beschäftigte auch die Habsburger noch lange, die nach dem Erlöschen der luxemburgischen Dynastie 1438 die Geschicke des Deutschen Reiches nebst Ungarn und Böhmen lenken sollten. Im Jahre 1517 erstreckte sich ihr Großreich bis weit in den Balkan hinein und über Kleinasien bis nach Ägypten. Die Osmanen blieben in der Folgezeit eine ernstzunehmende Gefahr an der Ostflanke des christlichen Abendlandes.

Im Jahr der osmanischen Eroberung Konstantinopels 1453 endete der Hundertjährige Krieg Englands mit Frankreich, in dem auch das Herzogtum Burgund aus machtpolitischen Interessen wechselnde Allianzen eingegangen war. So hatte der Burgunderherzog Philipp der Gute Jean d'Arc, die »Jungfrau von Orléans« nach ihrer Gefangennahme für 10000 Goldtaler an die Engländer ausgeliefert. In Rouen wurde sie 1431 verbrannt, während die Burgunder schon 1435 in Arras Frieden mit dem französischen König Karl VII. schlossen.

Das frühmittelalterliche Europa der Klöster hatte sich zu einem Europa der Städte gewandelt. Die Schriftlichkeit, die jahrhundertelang vor allem von Vertretern des geistlichen Standes gepflegt worden waren, war zu einem integralen Bestandteil städtischer Kultur geworden. Der städtische Rat, die Angehörigen der innerstädtischen Kirchen und Klöster, aber auch die Kaufleute und Handwerkszünfte produzierten während des ausgehenden Mittelalters solche Fülle an Schriftgut, in dem sich ihre Lebenswelt facettenreich widerspiegelt. In den Städten, in denen spätmittelalterliche Dokumente in großer Zahl überliefert sind, lassen sich viele Einblicke in die politischen Entwicklungen wie auch in den Alltag der Stadtbewohner gewinnen. Ein winziger Ausschnitte aus dieser städtischen Lebenswelt und der des burgundischen Hofes wird im folgenden ebenso betrachtet wie die Erfindung des Buchdrucks.

DAS ENDE DES GROSSEN SCHISMAS

Für die Kirche, die unter dem Eindruck des Großen Schismas nach einer »Reform an Haupt und Gliedern« strebt, ist es ein Jahrhundert der Konzilien. Im Jahre 1414 trat das erste dieser Konzilien in Konstanz zusammen. Die Reform, aber auch die Einheit der Christenheit standen im Mittelpunkt der Beratungen, zu denen 33 Kardinäle, Hunderte von Bischöfen und eine große Zahl kirchenrechtsgelehrter Doctores sich in der Stadt am Bodensee versammelten. Am 6. April 1415 wurde ein Dekret verkündet *(Haec sancta)*, in dem davon die Rede ist, daß das Konzil seine Gewalt unmittelbar von Christus selbst empfangen habe. Zum Zwecke der Kirchenreform und der Beendigung des Schismas sei deshalb jeder dem Konzil in Glaubensangelegenheiten zu unbedingtem Gehorsam verpflichtet. Dies schloß auch jene ein, die zu dieser Zeit als Johannes XXIII., Benedikt XIII. und Gregor XII. gleichzeitig päpstliche Würden für sich in Anspruch nahmen. Johann XXIII. wurde 1415 durch das Konzil abgesetzt, Gregor XII. erfolgreich zum Verzicht aufgefordert. Im Jahre 1417 erfolgte die Absetzung Benedikts XIII. und die Wahl des Römers Odo Colonna, der nun als Papst Martin V. den Stuhl Petri einnahm und breite Anerkennung erfuhr. Schon einige Wochen zuvor hatten sich die Konzilsteilnehmer geeinigt, in einem bereits festgelegten Abstand weitere allgemeine Konzilien zum Vorantreiben der Reformen einzuberufen.

Die Verbrennung des Jan Hus

Das Große Schisma hatte indes nicht nur dazu geführt, daß gleichzeitig mehrere Päpste sich in der rechtmäßigen Nachfolge Petri sahen, sondern auch die Tür für neue religiöse Strömungen geöffnet. Diese bereiteten der ein Jahrhundert später nicht mehr aufzuhaltenden konfessionellen

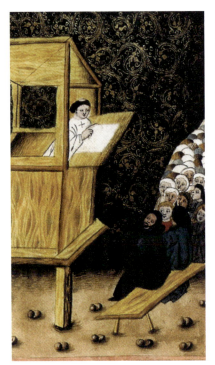
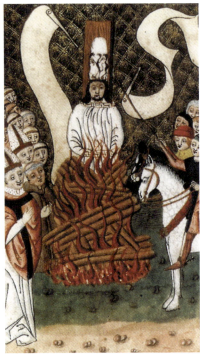

JAN HUS.

Spaltung den Weg. Während an der Wende zum 15. Jahrhundert die einen in der Bewegung der sogenannten »neuen Frömmigkeit« *(Devotio moderna)* nach einer Verinnerlichung des Lebens strebten und das Thomas von Kempen († 1471) zugeschriebene Hauptwerk »Von der Nachfolge Christi« *(De imitatione Christi)* weite Verbreitung fand, wandten sich andere entschieden gegen die bestehende Amtskirche.

Diese Entwicklung nahm ihren Ausgang mit von den Lehren des Engländers John Wyclif († 1384), der um 1380 die erste englische Bibelübersetzung fertigte. In den 70er Jahren des 14. Jahrhunderts hatte Wyclif in einer harschen Kritik an der Kirche gefordert, alle Sakramente mit Ausnahme der Taufe und des Abendmahls, den Ablaßhandel sowie die Heiligen- und Reliquienverehrung abzuschaffen. Wyclif betrachtete in seiner einseitigen Auslegung der Lehren des heiligen Augustinus ein allgemeines Priestertum innerhalb einer Gemeinschaft der Auserwählten als wahre Kirche.

Über Wyclifs Anhänger, die sogenannten Lollarden und solche, die wie Hieronymus von Prag in England studiert hatten, fanden seine Lehren auch auf dem Kontinent Verbreitung. Auch Jan Hus, der in Böhmen als Prediger wirkte, war mit den Ideen Wyclifs in Berührung gekommen und hatte diese unter Ablehnung einiger Überzeugungen und Übernahme anderer zu einer eigenen Kirchenkritik weiterentwickelt. Ohne auf die

PRUNKVOLLES FEST AM HOF
DES HERZOGS VON BURGUND.

Details der Entwicklungen weiter eingehen zu wollen, sei angemerkt, daß es bereits vor dem Konzil von Konstanz zum offenen Konflikt von Hus und seiner Anhängerschaft mit der Amtskirche gekommen war. Auf dem Konzil, zu dem Hus geladen worden war, versuchte dieser vergeblich, seine Lehren zu rechtfertigen. Er wurde als Ketzer verurteilt und öffentlich verbrannt. Mit dem Tod von Hus war die hussitische Bewegung indes nicht am Ende angelangt. Besonders in Böhmen wuchs der Widerstand, der sich in den folgenden Jahrzehnten noch mehrfach auch militärisch entladen sollte.

ZWISCHEN HÖFISCHEM GLANZ UND EUROPÄISCHER POLITIK.
EIN STREIFLICHT AUF DAS HERZOGTUM BURGUND

Im Jahre 1363 übertrug König Johann II. von Frankreich seinem jüngeren Sohn, dem späteren Philipp den Kühnen († 1404), das Herzogtum Burgund. In den folgenden vier Generationen erlebte das Herzogtum unter Johann Ohnefurcht († 1419), Philipp dem Guten († 1467) und Karl dem Kühnen († 1477) den schnellen Aufstieg zu einer starken Mittelmacht zwischen Frankreich und dem Deutschen Reich und einen ebenso raschen Fall. Zur Zeit seiner größten Ausdehnung umfaßte das Herzogtum neben Burgund die Franche-Comté und die Grafschaft Nevers, die Grafschaften Flandern und Artois, die Herzogtümer Brabant und Limburg sowie die Grafschaften Holland, Seeland und den Hennegau, seit 1435 das Vermandois und Ponthieu sowie Luxemburg als Pfand und schließlich Geldern und Zutphen. Jenseits der Politik der Herzöge von Burgund, die auf eine Stabilisierung und Expansion dieser Machtpolitik ausgerichtet waren, wurde das Herzogtum zu einem Zentrum spätmittelalterlicher Kunst und Kultur. Die Hofhaltung war so verschwenderisch, daß sie selbst die des französischen Königs und des Kaisers in den Schatten stellte. Die kostspieligen Feste, die der Hof ausrichtete waren wohlinszenierte Spektakel, in denen eine große Schar von Gauklern und Musikanten wirkten und Köche für die Zubereitung erlesener Speisen sorgten. Zugleich zeigten sich die Herzöge als reiche Mäzene. Zwei der herausragenden Künstler ihrer Zeit, die Förderung durch Philipp den Guten erhielten, waren die Maler Jan van Eyck († 1441) und Rogier van der Weyden († 1464).

Jan van Eyck, Rogier van der Weyden und Philipp der Gute

Das künstlerische Werk der Brüder van Eyck bezeugt wie wohl kaum ein anderes die kulturelle Blüte des Herzogtums Burgund am Beginn des 15. Jahrhunderts. Flandern, die Wirkungsstätte der van Eycks, gehörte zu dieser Zeit zum burgundischen Herzogtum. Die großen flämischen Städte waren Zentren des Welthandels, und nicht umsonst zeigen die Gemälde jener Zeit prunkvolle Geschmeide, Gold und Edelsteine. Inzwischen konnten es sich nicht nur die geistlichen Herren leisten, Auftragsarbeiten bei Künstlern wie den van Eycks fertigen zu lassen. Eines der bekanntesten Bilder Jan van Eycks, die sogenannte Hochzeit der Arnolfini, die sich heute in der Londoner National Gallery befindet, belegt dies auf beeindruckende Weise. Herzog Philipp der Gute, der 1430 nach dem Vorbild des englischen Hosenbandordens den Orden vom Goldenen Vlies gestiftet hatte, war ein eifriger Förderer der Künste. Maler, Bildhauer, Teppichweber, Musiker und Kunstschmiede erhielten Aufträge und reiche Zuwendendungen. Ein von Philipp besonders geschätzter und geförderter Maler war Jan van Eyck, der Schöpfer des 1432 entstandenen berühmten Genter Altars, seinem Meisterstück.[188] Philipp war dem Künstler so verbunden, daß er die Patenschaft für dessen Sohn übernahm. Darüber hinaus betraute er den Maler mit geheimen diplomatischen Missionen und beauftragte ihn im Gefolge einer herzoglichen Gesandtschaft nach Portugal, das Portrait der Prinzessin Isabella zu malen. Mit den Brüdern van Eyck – Jans älterem Bruder Hubert († 1426) läßt sich allerdings kein Werk sicher zuordnen – beginnt die Schule der später so genannten »flämischen Primitiven«, zu denen auch Rogier van der Weyden zählt. Er malte unter anderem das Porträt des Herzogs Philipp des Guten, das noch heute von dessen besonderer Förderung der Künste zeugt.

JOHANNES GUTENBERG UND DER DRUCK MIT BEWEGLICHEN BLEILETTERN

Der kulturelle Aufschwung der Renaissance und nicht zuletzt die Verbreitung der reformatorischen Ideen hängen untrennbar mit der Erfindung des Buchdrucks mit beweglichen Bleilettern zusammen. Mußten Bücher ebenso mühsam wie zeitraubend zur Vervielfältigung einzeln abgeschrieben werden, so ermöglichte das neue Verfahren die relativ preisgünstige Herstellung einer großen Anzahl von Exemplaren.

Johannes Gensfleisch, genannt Gutenberg († 1468) erfand um die Mitte des 15. Jahrhunderts ein Verfahren, die Buchstaben des Alphabets als erhabene Formen auf rechteckige, kleine Metalltypen aus Blei anzubringen, wobei die einzelnen Lettern beliebig in Zeilen angeordnet werden konnten. Gehalten wurden die Zeilen für jeweils ein Blatt durch einen Rahmen. Dieser Druckstock wurde mit Tinte gefärbt und in einer Presse auf ein weißes Blatt Pergament oder Papier gedrückt. Das so gedruckte Blatt wurde vor einer weiteren Vervielfältigung auf Fehler durchgesehen und konnte so korrigiert werden. Nach dem Druck eines Buches konnten die Lettern zum Druck des nächsten wieder neu kombiniert werden.

Wie die meisten Erfindungen, so verlief auch die Gutenbergs erst nach kostspieligen Versuchen und herben Rückschlägen erfolgreich. Das erste Werk, das seine Vervielfältigung durch den Druck erlebte, war im Jahre 1454 die 42zeilige Bibel. Ihr sollten bis in unsere Gegenwart und mit inzwischen natürlich verfeinerten Technik unzählige weitere Druckwerke folgen. Die bis zum Jahre 1500 gedruckten Bücher werden in Ablei-

Eyn manũg d̄ cristēheit widd̄ die durkē

O Almechtig konig in hu̇mels tron
Der uff ertrich ein dorne crone Vn̄
sin crist baner vō blude roit Das heilge
crutze in sterbend not Selb hat getragē
zu d̄ mart' grois Vn̄ d̄ bittū dot nackt
vn̄ blois Dar an vmb mentschlich heil
gelittē Vn̄ vns do mit erloist vn̄ erstrittē
Vn̄ den bose fyant vb wūden Hilff vns
vorbas in allē stūden widd̄ vnser fynde
durcken vn̄ heiden Rache en yren bosen
gewalt leidē Den sie zu cōstantinopel in
kriech ē lant An manchē cristē mentschē
begangē hant Mit fahen martir vn̄ dot
slagē vn̄ ūsmehē Als den aposteln vor
zijtē ist gescheen Vmb die xij stucke des
heilgen glaubē gut Halt xij die gulden
zale in hut Auch werden dis iar xij nu-
wer schin Visiteren die xij zeichē des himmels din Als mā zelet noch din̄ geburt
uffenbar M · ccc · lv · iar Siebē wochē

DER »TÜRKENKALENDER«
VON 1454. DIE ROTEN HER-
VORHEBUNGEN WURDEN VON
HAND AUF DAS BEDRUCKTE
BLATT GEMALT.

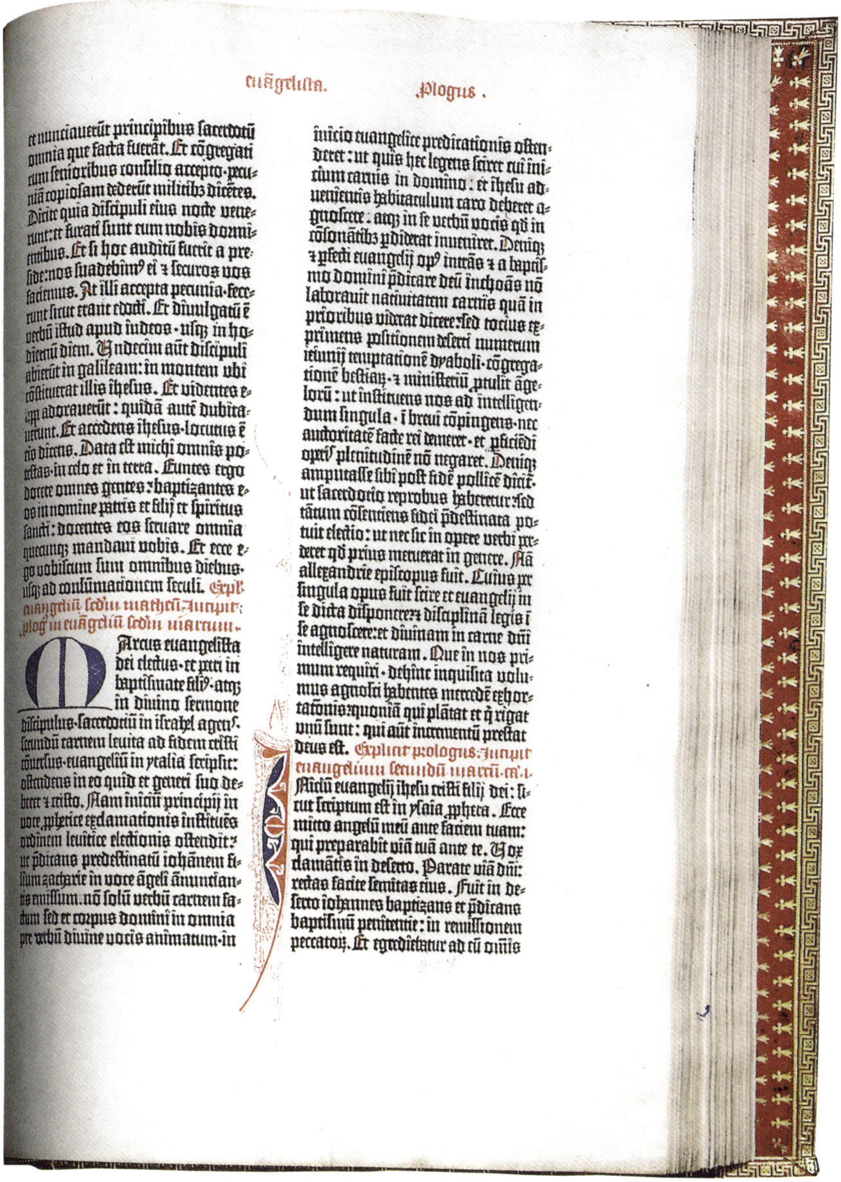

EINE SEITE DER GUTENBERG-BIBEL, GEDRUCKT 1452–1455 IN MAINZ.

tung des lateinischen Wortes für Windeln *Incunabula* als Inkunabeln oder Wiegendrucke bezeichnet.

Noch zu Gutenbergs Lebzeiten verbreitete sich die Drucktechnik mit beweglichen Bleilettern rasant weiter. Die Auflagen erreichten schon vor der Wende zum 16. Jahrhundert Stückzahlen von teilweise über eintausend Exemplaren. Bis dahin sind 260 Druckorte belegt, was für die rasche Ausbreitung der Technik spricht. Frühe Zentren des Druckes wurden Straßburg, Köln und Rom, Basel, Augsburg, Nürnberg, Florenz, Mailand, Lyon und Leipzig.

FENSTER IN EINE SPÄTMITTELALTERLICHE STADT

Es erscheint undenkbar, Aspekte der kultur- und sozialgeschichtliche Entwicklungen des Mittelalters aufzuzeigen, ohne sich der herausragenden Rolle spätmittelalterlicher Städte zu widmen. Allerdings ist es ebenso unmöglich, die vielfältigen Aspekte hier nur ansatzweise aufzeigen zu wollen. Erschwerend kommt hinzu, daß es naturgemäß »die« spätmittelalterliche Stadt gar nicht gibt. Jede europäische Stadt hat – ungeachtet manch struktureller Gemeinsamkeiten – ihre eigene Geschichte. Dieser Vielfalt soll an dieser Stelle durch klischeehafte Verallgemeinerungen kein Unrecht getan werden. Eine Stadt wie etwa das im 6. vorchristlichen Jahrhundert gegründete Marseille hatte nur wenig mit dem erst im 12. Jahrhundert gegründeten Lübeck oder mit Barcelona gemein, um hier exemplarisch drei Küstenstädte zu nennen. Zu unterschiedlich waren jeweils innere Entwicklung und Rahmenbedingungen. Trotz ihrer wirtschaftlichen Stärken und ihrer Ausstrahlung in das Umland suchten die »politisch gesehen isolierten Inseln«, die die Städte darstellten, des häufigeren einen Zusammenschluß in Städtebünden.[189] Der bekannteste und langlebigste dieser Städtebünde ist zweifellos die Hanse. Auf der anderen Seite scheiterten solche Bündnisse nicht nur an den individuellen Interessen ihrer Mitglieder, sondern auch an denen der Territorialherren. Der Graf von Württemberg beispielsweise schlug den 1376 geschlossenen Städtebund vernichtend in der Schlacht bei Döffingen nur zwölf Jahre später. Um beispielhaft ein wirklichkeitsnäheres Bild all der reichen Aspekte zu zeichnen, die die Quellen vom Leben in spätmittelalterlichen Städten zeichnen, konzentriert sich die folgende Betrachtung vor allem auf einige Ereignisse in der niederrheinischen Stadt Wesel am Beginn des Jahres 1439.

Das Bild nordwestdeutscher Städte im 15. Jahrhundert

Die geschätzten Einwohnerzahlen spätmittelalterlicher lagen deutlich unter denjenigen heutiger Städte, wobei die Bevölkerungsdichte allerdings oft um ein Vielfaches höher war. Die meisten Städte wurden begrenzt von Mauerringen, die in der Folgezeit nicht selten weiter ausgebaut und verändert wurden. Das städtische Leben und Sterben spielte sich im Wesentlichen dicht gedrängt innerhalb des ummauerten Areals ab. Der 1180 errichtete Kölner Mauerring umschloß eine Fläche von 400 Hektar, auf der zur Blütezeit der Stadt im 13. und 14. Jahrhundert maximal 40 000 Menschen lebten. Damit war Köln nicht nur die größte, sondern zugleich auch die bevölkerungsreichste Stadt des spätmittelalterlichen Deutschen Reiches.[190] Das etwa achtzig Kilometer rheinabwärts gelegene Wesel, dessen Einwohnerzahl unter Berücksichtigung der Vororte im 15. Jahrhundert auf etwa 6000 Einwohner geschätzt wird, war zu dieser Zeit eine mittelgroße Stadt.[191] Schon um 1142 hatte sich die in einer Urkunde Karl Martells im 8. Jahrhundert erstmals als *Wesele* erwähnte Stadt am Niederrhein zu einem bedeutenden Marktflecken entwickelt. Noch vor der Mitte des 12. Jahrhunderts erhielt Wesel ihre Stadtrechte, die die Grafen Dietrich VII. 1252 und Dietrich VIII. von Kleve 1277 bestätigten. Dabei wurde Wesel mit so reichen Vorrechten ausgestattet, daß es die klevischen, kölnischen und geldrischen Städte am Niederrhein schnell überflügelte. Das Hauptgewerbe Wesels war schon im Hochmittelalter die Tuchherstellung, wobei der Umschlag vor allem im rheinisch-westfälischen Raum erfolgte. Schon um 1070 gehörte Wesel einem Bund von sieben niederrheinischen Orten an, die gegenseitige Marktzollfreiheit und Handelsvorteile untereinander vereinbarten. In der Folgezeit schloß die Stadt weitere Handelsverträge gehörte seit 1350 dem Rheinischen Städtebund an und wurde 1471 auch Mitglied der Hanse. Seit dem 14. Jahrhundert etablierte sich die Stadt als ein Hauptexportplatz für niederrheinische Laken, die vor allem nach Osnabrück und Münster, Dortmund, Soest und Essen, aber auch nach Deventer, Hamburg und bis ins ferne Reval umgeschlagen wurden. Die günstige Lage der Stadt bedingte auch die Blüte des Handels mit den benachbarten, heutigen Niederlanden im 15. und 16. Jahrhundert. Rheinaufwärts gelangten Tuche aus Brabant und Flandern, Heringe, Stockfisch sowie Seesalz aus der Biskaya über Wesel weiter nach Westfalen. Seit 1308 fand in Wesel ein jährlicher Wesel der Ratsmitglieder, Angehöriger der Patriziergeschlechter, statt. Der wirtschaftlichen und institutionellen Blüte standen die hygienischen Verhältnisse auf den Weseler Straßen gegenüber. Wie anderorts, so boten sie angesichts des

HINRICHTUNG DURCH RÄDERN.

beengten Raumes auch in der Stadt am Niederrhein reichen Nährboden für die Ausbreitung von gefährlichen Infektionskrankheiten.[192] In den Straßen sammelte sich neben Fäkalien und Kadavern von verendetem Vieh der Unrat aus Gewerbe und Haushalten. Entsprechend häufig kam es zum Ausbruch von Seuchen, wovon noch die Rede sein soll.

Opfer der Gewalt

Nicht wenige Städte des nordwestdeutschen Raumes führten im späten 14. und 15. Jahrhundert – wie in der Soester Fehde 1444 bis 1449 – erbitterte Kämpfe gegen die Bischöfe von Köln und deren Streben nach einer kurkölnischen Vorherrschaft.
Was diese Behauptung städtischen Selbstverständnisses für die Konfliktteilnehmer bedeuten konnte, zeigt ein erhaltenes Dokument, die Bestätigung der Ratsherren von Recklinghausen für einen gewissen Johannes Marten.[193] Dieser war im Zuge der Fehde zwischen dem Erzbischof Friedrich von Köln und dem Grafen von der Mark, in welcher Marten auf Seiten des Grafen stand, geblendet worden. Der Graf von der Mark hatte Anhängern des Erzbischofs die Augen ausstechen lassen, worauf die Erzbischöflichen ihrerseits einigen Anhängern des Grafen die Augen ausstachen. Während der Gefangenschaft war Marten ein Fuß erfroren, den er amputieren lassen mußte. Nun bescheinigten ihm die Ratsherren, daß er nicht wegen eines Vergehens verstümmelt worden sei. Dieses Schreiben war überlebenswichtig für den Verkrüppelten. War dieser nun zur Sicherung seines Lebensunterhalts auf das Betteln angewiesen, so erlaubte ihm der dokumentierte Beweis seines redlichen Lebenswandels einen besseren Bettelertrag wie auch die Möglichkeit zur Aufnahme in ein Hospital. Diese Einrichtungen, die keine Krankenhäuser im modernen Sinne waren und zu dieser Zeit keine medizinische Versorgung boten, verlangten für die zeitlich befristete Gewährung des Obdachs an Bedürftige wie Marten häufig den Nachweis eines guten Leumunds.
Darüber hinaus steht das Schicksal Johann Martens exemplarisch für das vieler Zeitgenossen im Angesicht roher Gewalt – nicht nur in Zeiten des Krieges – und verstümmelnden symbolischen Körperstrafen. In welcher Dimension Armut und Elend in spätmittelalterlichen Städten in solch gewissermaßen künstlicher Weise erst geschaffen wurden, läßt sich kaum abschätzen. Die Regeln, die kriegerische Auseinandersetzungen während des Hochmittelalters prägten und die auf eine Unterwerfung des Gegners, nicht unbedingt aber auf seine Tötung abzielten, waren

spätestens unter dem Eindruck des Hundertjährigen Krieges verschwunden.

Die Rats- und Gerichtsprotokolle spätmittelalterlicher und frühneuzeitlicher Städte bezeugen ein breites Spektrum unterschiedlicher Grausamkeiten. War schon das Rädern, bei dem die Gliedmaßen des Delinquenten vor dessen Tötung zertrümmert und gebrochen durch die Speichen des Rades »gepflochten« wurden, eine entehrende und grausame Strafe, so schien der Phantasie bei der symbolischen Gestaltung von Hinrichtungen keine Grenzen gesetzt. So wird in einer spätmittelalterlichen Chronik geschildert, wie ein gefangener Dieb an den Füßen kopfüber an ein Gerüst gebunden wurde. Zu seinen beiden Seiten befestigte man Säcke, in denen sich an ihren Schwänzen festgebundene Hunde befanden. Nachdem man die Säcke vom Körper der rasenden Tiere heruntergezogen hatte, bissen diese den Delinquenten zu Tode.

Die Pest in Wesel

Noch ein Blick nach Wesel: Angesichts der guten Quellenlage lassen sich zahlreiche Einblicke in den städtischen Alltag des 15. Jahrhunderts gewinnen, wie sich exemplarisch anhand eines Seuchenausbruchs in der Stadt im Frühjahr 1439 zeigt.

Im Frühjahr 1439 wurde die niederrheinische Stadt wieder einmal von der Pest heimgesucht. Am 2. März hatte die Ratswahl stattgefunden.[194] Schon wenig später sahen sich der frisch gewählte Bürgermeister Johan Vernudeken und der Magistrat mit der einsetzenden Epidemie konfrontiert. Die Stadtrechnung erwähnt am 27. März 1439 erstmals den Ausbruch der Seuche.[195] In dem Eintrag heißt es, um der Pestilenz Einhalt zu gebieten, sei das heilige Sakrament umgetragen worden. Die Kirchenrechnungen von St. Willibrordi deuten darauf hin, daß das Sterben schon vor dem Jahreswechsel eingesetzt haben könnte.[196] So belegt bereits die Rechnung des Jahres 1438 im Vergleich zu anderen Jahren eine dreißig- bis vierzigprozentige Steigerung von Todesfällen, für welche die die obligate Taxe an die Kirche zu entrichten war. Weitere Sakramentsumtrachten mit gleichem Ziel wie am 27. März verzeichnet die Stadtrechnung am 10. und am 17. April. Der mehrfache Eintrag deutet auf die besondere Heftigkeit der Pest und die lange Dauer des Seuchengeschehens hin. Drei Wochen später, am 3. Mai, folgte offenbar eine noch größere Kreuzestracht, die von den Stadtpfeiffern und einem Trompeter begleitet wurde. Die ersten drei Prozessionen gingen zur Bitte um göttliches Erbarmen jeweils mit obrigkeitlichen Almosenausteilungen an die Armen einher. Wie weitere Einträge in der Stadtrechnung zeigen, war solche Mildtätigkeit gegenüber den Bedürftigen keineswegs allein von der frommen Hoffnung bestimmt, Gottes Zorn zu besänftigen. Vielmehr sollten die Zuteilungen erste Folgen der Seuche lindern helfen.

Das Sterben hielt an. Im Spätherbst war die Pest noch immer nicht aus Wesel verschwunden. Nun spendete der Magistrat – dieses Mal weder mit einer Prozession noch der Erwähnung göttlicher Barmherzigkeit verbunden – den Armen am 6. November »Brot und Hering für die Pestilenz«.[197] Nun scheint schließlich auch der Landesherr Interesse für die anhaltend kritische Situation in der Stadt gezeigt zu haben. Am 17. November findet sich ein Rechnungseintrag, wonach der Herzog von Kleve, Adolf IV., den Weseler Stadtvätern ein Pestrezept für arme Leute – *eyn recept bescreven vor arme lude vor die pestilencie* – gesandt hatte.[198] Das Rezept ist leider nicht überliefert. Damit bleibt unbekannt, ob Herzog Adolf auf eine überlieferte Rezeptur zurückgriff oder die Abfassung einer solchen anordnete. Der Weseler Rat betraute den städtischen Apotheker Johannes mit der Herstellung des Medikaments.

Die Mehrheit der Ratsherren floh nicht aus der verseuchten Stadt. Am gleichen Tag, als die Anordnung an den Apotheker erfolgte, richtete der Bürgermeister im Haus des Weinwirts Albert Monycks am Großen Markt ein Ratsessen aus, an welchem neben dem Drosten und seinen Knechten einige Schöffen und Ratsherren sowie andere angesehene Bürger teilnahmen. Diejenigen, die nicht anwesend waren, waren entweder geflohen oder – wie im Falle des nach der Ratswahl verstorbenen Bernt van Harssum zu vermuten steht – an der Pest gestorben.[199]

Der Rat bemühte sich jedoch nicht nur um die medikamentöse Versorgung der ärmeren Stadtbevölkerung. Trotz der weitgehenden Hilflosigkeit Heilkundiger im Angesicht der Pest, wurde ein Arzt zur Anstellung gesucht. Meister Johann von Merinchaven, den der Magistrat erst 1438 in Dienst genommen hatte, hatte die Stadt anscheinend unmittelbar nach dem Ausbruch der Seuche verlassen.[200] Am 15. April 1439, als die Epidemie bereits in vollem Gange war, entsandte der Rat einen Boten zu Meister Johan Witink nach Löwen. Witink, Sohn des langjährigen Ratsmitglieds Evert Witink und selbst *medicus*, sollte seinen Standeskollegen Lodewig van Diest als neuen Stadtarzt für Wesel anwerben.[201] Die Anwerbung verlief erfolgreich, doch nahmen die Verhandlungen einige Zeit in Anspruch. Erst mehr als drei Monate später, am 1. August, konnte sich abermals eine Delegation aus Wesel auf den Weg machen, um den erwarteten Stadtarzt jenseits des Rheins in Sonsbeck abzuholen. Das Eintreffen

Lodewig van Diests scheint sich indes weiter verzögert zu haben. Erst am 17. November notiert die Stadtrechnung das Eintreffen des Arztes, der durch den Offizial von Diest, dessen Bruder und weiteres Gefolge begleitet wurde und mit dem auch der wahrscheinlich an der Vermittlung beteiligte Ratsherr Evert Witink zurückkehrte.[202]

Der große Aufwand, der um diese Anstellung betrieben wurde, wirft ein Schlaglicht auf das Ansehen des *medicus* und die Schwierigkeiten niederrheinischer Städte, aus einer geringen Zahl zur Verfügung stehender Heilkundiger – noch dazu in Seuchenzeiten – einen geeignet erscheinenden neuen Stadtarzt zu rekrutieren. Ob der Meister aus Diest den Erwartungen seiner Dienstherren im Hinblick auf die Eindämmung der Pest entsprach, wissen wir nicht. Bis 1442 wirkte er entsprechenden Einträgen zu seiner Bezahlung in den Stadtrechnungen zufolge jedenfalls in Wesel.[203] Zu einem nicht genau bestimmbaren Zeitpunkt war die Seuche wieder aus der Stadt verschwunden, doch währte die Atempause nicht lange.

EPILOG:
NEUE WELTEN

1517	Thesenanschlag Martin Luthers in Wittenberg
1520	Krönung Karls V. zum römischen König in Aachen
1521	Wormser Edikt gegen Luther und seine Anhänger
1525	Tod Jakob Fuggers des Reichen
1528	Tod Albrecht Dürers
1530	Reichstag zu Augsburg. »Confessio Augustana«
1531	Schmalkaldischer Bund
1536	Tod des Erasmus von Rotterdam
1543	Nikolaus Kopernikus veröffentlicht seine Erkenntnisse zum heliozentrischen Sonnensystem
1543	Erstdruck von Andreas Vesals Werk »De humani corporis fabrica«
1555	Augsburger Religionsfriede
1558	Tod Kaiser Karls V.

Mit der »Entdeckung« Amerikas durch Columbus, dem Ende der Rückeroberung der Iberischen Halbinsel von den Muslimen und der folgenden Vertreibung der Juden aus Spanien im Jahre 1492 brach einmal mehr ein Zeitalter grundlegender Änderungen auf dem europäischen Kontinent an. Die bekannte Welt war scheinbar über Nacht größer geworden. Und selbst wenn sich der Übergang vom Spätmittelalter zur frühen Neuzeit ebensowenig abrupt vollzog wie der von der Spätantike zum frühem Mittelalter, so sollten die kommenden Jahrzehnte doch nicht nur den Beginn der Eroberung der »Neuen Welt«, sondern den Aufbruch zu neuen Vorstellungs- und Erkenntniswelten markieren. Die Zäsuren an der Wende des 15. zum 16. Jahrhundert waren auffällig. Schon der englische Philosoph, Schriftsteller und Politiker Francis Bacon (1561–1626) betonte, mit Kompaß, Schießpulver und Buchdruck sei nun die neue Zeit gekommen. Am 31. Oktober 1517 legte der junge Doctor Martin Luther (1483–1546), einer der angesehensten Professoren der Universität Wittenberg, mit der Öffentlichmachung seiner 95 Thesen den Grundstein für die spätere Spaltung der abendländische Kirche. Hatte die Kirche in den letzten eintausend Jahren auch manche Höhen und Tiefen erlebt – über die Kreuzzüge in der Levante und im Abendland, die »babylonische Gefangenschaft« in Avignon und manche Reformbewegung bis hin zum, durch Konzilien erst spät beendeten Großen Schisma –, so sollte die Reformation im Laufe des 16. Jahrhunderts eine unwiderrufliche Spaltung herbeiführen.

Der Ablaßhandel des Dominikanermönchs Johann Tetzel, der mit dem bekannten Schlagwort »Sobald das Geld im Kasten klingt, die Seele aus dem Feuer springt« manchen Taler in die Kasse Roms brachte, hatte das Faß zum Überlaufen gebracht. Die Gelder, die Tetzel durch den Verkauf seiner Sündenablaßzettel einnahm, waren unter anderem für die Finanzierung von Neubaumaßnahmen am Petersdom bestimmt. Einen Teil der hierzu nötigen Finanzmittel hatte die vermögende Familie der Fugger in Augsburg Papst Leo X. vorgeschossen. Nun befand sich stets ein Repräsentant des Augsburger Geldgebers in Begleitung des Ablaßhändlers, und während die eine Hälfte der einkommenden Beträge direkt nach Rom ging, floß die andere zur Rückzahlung des Kredits in die Kassen der Fugger. Luther wandte sich energisch gegen diesen Ablaßhandel und traf damit den Nerv der Zeitgenossen. Er betonte, die Erlösung der Seele sei ganz ohne Ablaßkauf auf immateriellem Wege durch göttliche Gnade und ihre Annahme im Glauben zu erreichen. Die Erfindung des Mainzers Johannes Gutenberg, der Buchdruck, sorgte für die rasche Verbreitung von Luthers Thesen im ganzen Deutschen Reich. Aus dem Lateinischen ins Deutsche übersetzt, fanden sie nicht nur den Weg zu den Gebildeten, sondern wurden in allen Bevölkerungsschichten aufgenommen.

Schon bald erfaßten die neuen Ideen das ganze Land. Dadurch, daß auch die Kurfürsten den Lehren Luthers nicht abgeneigt gegenüberstanden, erhielt die Angelegenheit plötzlich neben einer theologischen auch eine bedeutende politische Dimension. Damit hatte der Reformator sich gleich zwei mächtige Feinde geschaffen – den Papst und den Kaiser. Die Auseinandersetzung sollte sich über viele Jahre hinziehen, in denen Luther sein Leben in ständiger Bedrohung wußte.

Hatte die Kirche anfangs nicht auf Luthers Thesen reagiert, der Papst diese dann doch als ketzerisch verurteilt und den Reformator nach Rom einbestellt, erging nun am 7. August 1518 die Aufforderung zu deren Widerrufung. Doch der Kardinallegat Cajetan bemühte sich in Augsburg vergeblich, Luther zum Einlenken zu bewegen. Die Folgezeit gestaltete sich äußerst turbulent. Der Reformator floh nach Wittenberg. Der sächsische Kurfürst Friedrich III. »der Weise« bewahrte ihn vor der Auslieferung. Im Dezember 1520, nachdem der Heilige Stuhl zuvor den Prozeß gegen ihn erneut aufgenommen hatte, verbrannte Luther öffentlich die päpstliche Bulle, in der ihm der Bann angedroht wurde. Auch Karl V., der seinem Großvater Maximilian I. nachgefolgt und 1520 in Aachen zum römischen König gekrönt worden war, ging gegen die reformatorischen Thesen vor. Er untersagte die lutherische Ketzerei in Burgund, und in zahlreichen Städten des Deutschen Reiches wurden Luthers Schriften öffentlich verbrannt. Zu den drei Grundschriften, die der Reformator vorgelegt hatte, zählte eine, die in lateinischer Sprache unter dem Titel »Von der babylonischen Gefangenschaft der Kirche« den Papst gar als Antichristen bezeichnete. Daneben standen die deutschen Werke »Von der Freiheit eines Christenmenschen« und »An den christlichen Adel deutscher Nation«. Trotz aller Verfolgung, die er selber und seine Lehren erfahren sollten, schreckte der Reformator in seinem Glaubenseifer in seinen späteren Lebensjahren nicht davor zurück, antijüdisches Gedankengut zu verbreiten. Wie 900 Jahre zuvor Mohammed, so sah sich auch Luther in seiner Hoffnung enttäuscht, seine Lehre könne Juden zur Konversion bewegen. Resultat war seine 1542 entstandene Schmähschrift »Von den Juden und ihren Lügen«. In ihr brachen Elemente der mittelalterlichen Judenfeindschaft erneut durch, der nicht zuletzt

Humanisten wie Johann Reuchlin (1455–1522) durch die Förderung des Studiums der hebräischen Sprache entgegenzuwirken versuchten.

Am 3. Januar 1521 schließlich sprach der Papst den Bann gegen Luther aus und drängte Karl zur Einberufung des Reichstages nach Worms. Vor der Versammlung verteidigte Luther am 18. April 1521 vehement seine Thesen, verließ Worms wenige Tage später unter kaiserlichem Geleit und brachte sich später mit Hilfe des sächsischen Kurfürsten Friedrich des Weisen unter der Verkleidung als »Junker Jörg« auf der Wartburg bei Eisenach in Sicherheit. Schon am 9. Mai 1521 folgten mit dem Wormser Edikt das Verbot der lutherischen Lehre und die Verhängung der Reichsacht gegen den Reformator. Seinen Aufenthalt auf der Wartburg nutzte Luther derweil zur Anfertigung einer deutschen Übersetzung des »Neuen Testaments«, die im September 1522 im Druck vorlag. Grundlage von Luthers Bibelübersetzung war die bereits 1516 herausgegebene griechische Druckausgabe des Neuen Testaments des Erasmus von Rotterdam (1496–1536), des bedeutendsten Vertreters des europäischen Humanismus. Erasmus sollte Luthers Reformation indes ablehnen, als sich der Bruch der Kirche abzuzeichnen begann. Trotz aller Versuche der weltlichen und geistlichen Machthaber, die lutherischen Lehren zu unterbinden, wuchs der Kreis der Anhänger Luthers merklich. Auf dem Reichstag von Speyer reichten sie 1529 eine sogenannte »Protestation« ein, aus der sich der Name der »Protestanten« ableitet. Diese wurde jedoch – wie auch die Augsburger Bekenntnisse ein Jahr später – nicht anerkannt. Ergebnis dieser Ablehnung war der Zusammenschluß der Anhänger der Reformation im Schmalkaldischen Bund 1531. Eine Zeit der Fehden folgte, in denen schließlich Kaiser Karl V. obsiegte. Die reformatorische Bewegung vermochte er, der nicht selten als der »letzte mittelalterliche Kaiser« bezeichnet worden ist und in dessen Großreich von Südamerika, über Spanien bis zum Deutschen Reich »die Sonne niemals unterging«, trotz seiner militärischen Erfolge nicht aufzuhalten.[204] Mit dem Augsburger Religionsfrieden des Jahres 1555 war die Kirchenspaltung formal vollzogen. Die protestantischen Fürsten und die Reichsstädte wurden darin gleichberechtigt. Unter dem Leitsatz *Cuius regio eius religio* (Wessen die Herrschaft, dessen die Religion) richtete sich die Konfession der Einwohner eines Territoriums nach der des Landesherren. Luther selber sollte diesen Durchbruch nicht mehr erleben. Er starb am 18. Februar 1546 in Eisleben. Auch die Herrschaft Kaiser Karls V. war innenpolitisch von Beginn an mit der Auseinandersetzung um die reformatorische Bewegung verknüpft gewesen. Als Herrscher über ein Großreich hatte er die Zeichen der Zeit dennoch nicht aufhalten können. »Der letzte mittelalterliche Kaiser« starb am 21. September 1558 im spanischen Yuste.

DIE BIBEL, JAHRHUNDERTELANG LATEINISCH VON HAND ABGESCHRIEBEN, NUN IN DEUTSCHER SPRACHE, IN DER ÜBERSETZUNG LUTHERS, DURCH DEN BUCHDRUCK IN GRÖSSERER ZAHL VERVIELFÄLTIGT.

Doch nicht nur Glaubensfragen beschäftigten die Zeitgenossen. Im Jahre 1498 hatte Vasco da Gama den Seeweg nach Indien entdeckt. Jenseits des Meeres, in der »Neuen Welt« wie im Osten, gab es vieles zu entdecken. Dem Portugiesen Fernando Magellan (um 1480–1521) gelang die erste Umseglung der Erde. Er war 1519 in Sanlúcar de Barrameda mit fünf Schiffen zu einer Seereise aufgebrochen, die ihn vom heutigen Rio de Janeiro durch die nach ihm benannte Magellanstraße 1521 schließlich bis auf die philippinischen Lazarusinseln führen sollte. Dort starb Magellan. Juan Sebstián Elcano führte die Schiffe nach Spanien zurück. Zwischen 1519 und 1521 eroberte Hernán Cortes das Reich der Azteken. Zehn Jahre später, zwischen 1531 und 1534, folgte die blutige Unterwerfung des Inkareiches unter Franciso Pizarro.

Und auch die Wissenschaft betrat allmählich neue Welten. Georg Agricola (1494–1555) wurde mit seinen Schriften zum Begründer der Mineralogie und Metallurgie. Der in Thorn geborene Astronom Nikolaus Kopernikus (1473–1543), der in Italien zunächst Kirchenrecht sowie Medizin studiert hatte, entdeckte das sogenannte heliozentrische Sonnensystem. Nicht länger stand wie im geozentrischen Modell des Ptolemaeus die Erde im Mittelpunkt des Systems, sondern die Sonne. Sie wird von der Erde und anderen Planten umkreist. Im Jahre 1543 veröffentlichte Kopernikus seine bahnbrechenden Erkenntnisse in den »Sechs Büchern über die Umläufe der Himmelskörper«. Und auch in der Medizin begann ein Aufbruch, der den Versuch unternahm, sich von den Lehren des Griechen Galen zu lösen, die mehr als ein Jahrtausend die abendländische Heilkunde dominiert hatten. Theophrastus Bombastus von Hohenheim, genannt Paracelsus (1493–1541), versuchte trotz aller Anfeindungen seiner gelehrten Zeitgenossen neue Wege zu beschreiben. Dies tat auch Andreas Vesal (1514–1564), der in seinem 1543 erschienen Monumentalwerk *De humani coropris fabrica*, »Von der Beschaffenheit des menschlichen Körpers«, neue Maßstäbe in Anatomie wie Chirurgie setzte und die Autorität Galens in vielem widerlegte.

Schließlich schwang sich auch die Kunst zu einer einmaligen Blüte auf. Die Liste klangvoller Namen, die auf ihre Weise in neue Welten aufbrachen, ist lang. Leonardo da Vinci (1452–1519), Michelangelo (1475–1564), Raffael (1483–1520), Sandro Boticelli (1444–1510), Albrecht Dürer (1471–1528), Hans Holbein d. J. (1497–1543), Tilman Riemenschneider (bis 1531), Hieronymus Bosch (bis 1516) oder Pieter Brueghel d.Ä. (bis 1569) sind nur einige der bedeutendsten Künstler dieser Zeit, in deren Werken sich die zeitgenössische Sicht auf die neuen Welten des 16. Jahrhunderts für immer der Nachwelt bewahrt hat.

AM BEGINN DER NEUZEIT IN
NACHDENKLICHER POSE MIT
ALLERLEI INSTRUMENTEN VOR
EINEM OFFENEN HORIZONT:
DÜRERS »MELENCOLIA I«.

ANMERKUNGEN

1. Barbara Tuchman, Der ferne Spiegel. Das dramatische 14. Jahrhundert, München 1982, S. 13.
2. Hans-Joachim Gehrke, Alexander der Große, München ²2000. Gerhard Wirth, Alexander der Große, Reinbek ¹²2002. Ferner Ian Worthington (Hrsg.), Alexander the Great, London 2003. Albert B. Bosworth (Hrsg.), Alexander the Great in Fact and Fiction, Oxford 2002.
3. Horst Fuhrmann, Einladung ins Mittelalter, München ⁷2002, S. 15.
4. Fuhrmann (wie Anm. 3), S. 11.
5. Vgl. Auswahlbibliographie
6. Johan Huizinga, Herbst des Mittelalters, Stuttgart 1975.
7. Hans-Werner Goetz, Moderne Mediävistik. Stand und Perspektiven der Mittelalterforschung, Darmstadt 1999.
8. Marc Bloch, La société féodale, Paris 1939/1940. Dt.: Die Feudalgesellschaft, Stuttgart 1999. Ulrich Raulff, Ein Historiker im 20. Jahrhundert: Marc Bloch, Frankfurt a. M. 1995. Zur Geschichte der Annales Peter Burke, The French Historical Revolution. The Annales School, 1929–1989, Cambridge 1990. Hervé Couteau-Bégarie, Le phénomenène nouvelle histoire, grandeur et décadences de l'école des Annales, Paris 1989. François Dosse, l'histoire en miettes. Des Annales à la «nouvelle histoire», Paris 1987. Lutz Raphael, Die Erben von Bloch und Febvre. Annales-Geschichtsschreibung und «nouvelle histoire» in Frankreich 1945–1980, Stuttgart 1994.
9. Jacques Revel, Die Annales, in: Joachim Eibach/Günther Lottes (Hrsg.), Kompass der Geschichtswissenschaft. Ein Handbuch, Göttingen 2002, S. 23.
10. Fernand Braudel, La Méditerranée et le monde méditerranéen à l'époque de Philippe II. Paris 1949. Emmanuel Le Roy Ladurie, Les Paysans de Languedoc, Paris 1966. Jacques Le Goff/Pierre Nora (Hrsg.), Faire de l'histoire, 3 Bde., Paris 1974.
11. Jacques Le Goff, Un autre Moyen Age, Paris 1999, S. 16.
12. Jacques Le Goff, Pour un autre Moyen Age, Paris 1977. (dt.: Für ein anderes Mittelalter. Zeit, Arbeit und Kultur im Europa des 5.–15. Jahrhunderts, Stuttgart 1984). Ders., L'imaginaire médiéval, Paris 1985. (dt.: Phantasie und Realität des Mittelalters, Stuttgart 1991).
13. Georges Duby, Le temps des cathèdrales. L'art et la société, 980–1420, Paris 1976. (dt.: Die Zeit der Kathedralen. Kunst und Gesellschaft 980–1420, Frankfurt a.M. ³1999). Ders., Les trois ordres ou l'imaginaire du féodalisme, Paris 1978 (dt.: Die drei Ordnungen. Das Weltbild des Feudalismus, Frankfurt a. M. ³1993)
14. Gerd Althoff (Hrsg.), Die Deutschen und ihr Mittelalter. Themen und Funktionen moderner Geschichtsbilder vom Mittelalter, Darmstadt 1992. Gerd Althoff, Hans Werner-Goetz, Ernst Schubert (Hrsg.), Menschen im Schatten der Kathedrale. Neuigkeiten aus dem Mittelalter, Darmstadt 1998. Arnold Angenendt, Das Frühmittelalter. Die abendländische Christenheit von 400–800, Stuttgart ²2001. Hartmut Boockmann, Einführung in die Geschichte des Mittelalters, München ⁵1992. Fuhrmann (wie Anm. 3). Heinz-Dieter Heimann, Einführung in die Geschichte des Mittelalters, Stuttgart 1997. Johannes Fried, Vom Beginn der deutschen Geschichte (= Propyläen Geschichte Deutschlands Bd.1), Göttingen 1994. Hans-Werner Goetz, Europa im frühen Mittelalter (= Handbuch der Geschichte Europas, Bd.2), Stuttgart 2003.
15. Gert Althoff, Spielregeln der Politik im Mittelalter. Kommunikation in Frieden und Fehde, Darmstadt 1997. Alain Boureau, Das Recht der ersten Nacht. Zur Geschichte einer Fiktion, Düsseldorf/Zürich 1996. Aaron Gurjewitsch, Stumme Zeugen des Mittelalters. Weltbild und Kultur des einfachen Menschen Weimar, Köln, Wien 1997. Fuhrmann (wie Anm. 3). Gert Melville (Hrsg.), Institutionen und Geschichte. Theoretische Aspekte und mittelalterliche Befunde (= Norm und Struktur. Studien zum sozialen Wandel in Mittelalter und Früher Neuzeit 1), Köln, Wien 1992. Jacques Le Goff (Hrsg.), Der Mensch des Mittelalters, Frankfurt a. M./New York 1989. Ernst Schubert, Alltag im Mittelalter. Natürliches Lebensumfeld und menschliches Miteinander, Darmstadt 2002.
16. Fuhrmann (wie Anm. 3), S. 11.
17. Fuhrmann (wie Anm. 3).
18. Jacques Le Goff, A la recherche du Moyen Age, Paris 2003, S. 48.

[19] Hans-Werner Goetz, Das Problem der Epochengrenzen und die Epoche des Mittelalters, in: Peter Segl, (Hrsg.), Mittelalter und Moderne. Entdeckung und Rekonstruktion der mittelalterlichen Welt. Kongreßakten des 6. Symposiums des Mediävistenverbandes in Bayreuth 1995, Sigmaringen 1997, S. 163–172.

[20] Andrea Giardina, L'esplosione di tardoantico, in: Studi Storici 40 (1999), S. 157–180.

[21] Fuhrmann (wie Anm. 3), S. 15.

[22] Le Goff (wie Anm. 18), S. 42.

[23] Angenendt (wie Anm. 14), S. 24.

[24] Le Goff, Phantasie (wie Anm. 12), S. 9–13.

[25] Hans-Werner Goetz, Das Problem der Epochengrenzen und die Epoche des Mittelalters (wie Anm. 19).

[26] Lázló Várady, Epochenwechsel um 476. Odoaker, Theoderich der Große und die Umwandlungen, Budapest 1984.

[27] Alexander Demandt, die Spätantike, München 1989, S. 38f. Bruno Bleckmann, Konstantin der Große, Reinbek 1996, S. 23–25.

[28] Herwig Wolfram, Die Goten und ihre Geschichte, München 2001, S. 38.

[29] Gregor von Tours: Zehn Bücher Geschichten, 2 Bde, 4., durchgesehene und berichtigte Auflage, Darmstadt 1970 (Ausgewählte Quellen zur deutschen Geschichte des Mittelalters. Freiherr vom Stein-Gedächtnisausgabe, A, B 1 u. 2), hier Band I, S. 39f.

[30] Avril Cameron/Stuart G. Hall, Eusebius Life of Constantine, Oxford 1999.

[31] Bleckmann (wie Anm. 27), S. 58–69.

[32] Gaston H. Halsberghe, The Cult of Sol Invictus, Leiden 1972.

[33] Gregor von Tours: Zehn Bücher Geschichten, Band I., S. 117–121.

[34] Saul Nathaniel Brody, The Disease of the Soul. Leprosy in Medieval Literature, Ithaca/London 1974.

[35] Bleckmann (wie Anm. 27), S. 79–85.

[36] Herwig Wolfram, Die Goten und ihre Geschichte, München 2001, S. 36.

[37] Angenendt (2001), S. 82.

[38] Peregrine Horden, The Christian Hospital in Late Antiquity. Break or Bridge, in: Kay Peter Jankrift/Florian Steger (Hrsg.), Gesundheit – Krankheit. Kulturtransfer medizinischen Wissens von der Spätantike bis in die Frühe Neuzeit (= Beihefte zum Archiv für Kulturgeschichte 55), Köln, Wien, Weimar 2004.

[39] Friedrich Prinz, Von Konstantin zu Karl dem Großen, Düsseldorf 2000, S. 36.

[40] Gregor von Tours: Zehn Bücher Geschichten, Band I., S. 105–109.

[41] Walter Pohl, Die Völkerwanderung. Eroberung und Integration, Stuttgart 2002, S. 168.

[42] Siehe hierzu das folgende Kapitel »Auf dem Weg ins frühe Mittelalter. Die Zeit der Völkerwanderung«.

[43] Arens, S. 142.

[44] Herwig Wolfram, Die Goten und ihre Geschichte, München 2001, S. 44.

[45] Kay Peter Jankrift, Brände, Stürme, Hungersnöte. Katastrophen in der mittelalterlichen Lebenswelt, Ostfildern 2003. Prinz (wie Anm. 39), S. 185.

[46] Grundlegend hierzu Reinhard Wenskus, Stammesbildung und Verfassung. Das Werden der frühmittelalterlichen gentes, Köln/Graz 1961 [Neudruck: 1977]. Vgl. Herwig Wolfram, Das Reich und die Germanen (= Das Reich und die Deutschen 1), Berlin 1990. Magdalena Maczynska, Die Völkerwanderung. Geschichte einer ruhelosen Epoche im 4. und 5. Jahrhundert, Düsseldorf 1998. Walter Pohl, Die Völkerwanderung. Eroberung und Integration, Stuttgart 2002. Patrick J. Geary, Europäische Völker im frühen Mittelalter. Zur Legende vom Werden der Nationen, Frankfurt a. M. 2002.

[47] Geary (wie Anm. 46), S. 9–52.

[48] Walter Goffart, The Narrators of Barbarian History, A.D. 550–880. Jordanes, Gregory of Tours, Bede and Paull the Deacon, Princeton 1988.

[49] Walter Goffart, Barbarians and Romans. A.D. 418–584. The Techniques of Accomodation, Princeton 1980.

[50] Iordanes Romana et Getica, Hrsg. Theodor Mommsen (= MGH AA 5,1). Jordanes Gothengeschichte nebst Auszügen aus aus seiner römischen Geschichte. Übersetzt von Wilhelm Martens (= Die Geschichtsschreiber der deutschen Vorzeit 5), Berlin ^{2}1913 [Neudruck: New York 1970].

[51] Gregor von Tours: Zehn Bücher Geschichten, Band I., S. 81–93.

[52] Paulus Diaconus und die übrigen Geschichtsschreiber der Langobarden. Übersetzt von Otto Abel (= Die Geschichtsschreiber der deutschen Vorzeit 15), Leipzig 1939. Paulus Diaconus. Geschichte der Langobarden. Nach der Übersetzung von Otto Abel neu herausgegeben von Alexander Heine, Kettwig ^{2}1992. Origo gentis Langobardorum, Hrsg. Annalisa Braciotti, Rom 1998.

[53] Zur Bewertung Hans-Werner Goetz, Proseminar Geschichte: Mittelalter, Stuttgart 1993, S. 95. Susan Reynolds, Medieval Origines gentium and the community of the Realm, in: History 68 (1983), S. 375–390.

[54] Z.B. Jonathan Barlow, Gregory of Tours and the Myth of the Trojan Origins of the Franks, in: Frühmittelalterliche Studien 29 (1995), S. 86–95.

55 Alfred Czarnetzki, Christian Uhlig, Rotraut Wolf, Menschen des Frühen Mittelalters im Spiegel der Anthropologie und Medizin. Begleitheft zur Ausstellung des Württembergischen Landesmuseums Stuttgart, Stuttgart 1982.

56 Czarnetzki, Uhlig, Wolf (wie Anm. 55), S. 100. István Kiszely, The Origins of Artificial Cranial Formation in Eurasia, B. A. R. International Series. Supplementary 50 (1978). Joachim Werner, Beiträge zur Archäologie die Attila-Reiches, in: Abhandlungen der Byerischen Akademie der Wissenschaften, Neue Folge 38 (1956), S. 5–18.

57 Gerhard Wirth, Attila. Das Hunnenreich in Europa, Stuttgart, Berlin, Köln 1999. István Bóna, Das Hunnenreich, Budapest/Stuttgart 1991. Otto J. Maenchen-Helfer, Die Welt der Hunnen, Wien 1978.

58 Huns and Hsiung-nu, in: Byzantion 17 (1944/45), S. 222–243. Arens (2002), S. 156.

59 Wolfram (wie Anm. 28), S. 59. Michel Kazanski, Les Goths et les Huns. A propos des relations entre les Barbares sédentaires et les nomades, in: Archéologie Médiévale 22 (1992), S. 193–229.

60 R. C. Blockley, The fragmentary classicising historians of the later roman empire. Eunapius, Olympiodorus, Priscus and Malachus, 2 Bände, Liverpool 1981–83, hier Band II., S. 222–400. Vgl. Wolfram (wie Anm. 46) S. 192–198.

61 Wolfram (wie Anm. 46), S. 199.
62 Wolfram (wie Anm. 28), S. 52.
63 Jankrift (wie Anm. 45).
64 Siegfried Epperlein, Bäuerliches Leben im Mittelalter. Schriftquellen und Bildzeugnisse, Köln 2003, S. 116.
65 Sancti Isidorii episcopi hispalensis Historia Gothorum, Vandalorum et Suevorum. In: MGH. Auctores Antiquissimi 11. Hannover 1894, S. 279.
66 Sancti Isidorii episcopi hispalensis Historia Gothorum, Vandalorum et Suevorum. In: MGH. Auctores Antiquissimi 11. Hannover 1894, S. 295.
67 Offenbarung 6,8.
68 Reinhold Kaiser, Das römische Erbe und das Merowingerreich, 2. Aufl., München 1997 (Enzyklopädie Deutscher Geschichte 26), S. 17–20.
69 Geary (wie Anm. 47).
70 Geary (wie Anm. 47), S. 89f.
71 Gregor von Tours: Zehn Bücher Geschichten, Band I., S. 141.
72 Gregor von Tours: Zehn Bücher Geschichten, Band I., S. 117–121.
73 Geary (wie Anm. 47), S. 93f.

74 Patrick Geary, Europöische Völker im frühen Mittelalter. Zur Legende vom Werden der Nationen, Frankfurt am Main 2002, S. 47 u. S. 132–135.
75 Chiara Frugoni, Das Mittelalter auf der Nase. Brillen, Bücher, Bankgeschäfte und andere Erfindungen des Mittelalters, München 2003, S. 60f.
76 Hans Werner Goetz, Europa im frühen Mittelalter, Stuttgart 2003, S. 53.
77 Die Geschichte des Merowingerreiches hat zuletzt Martina Hartmann, Aufbruch ins Mittelalter. Die Zeit der Merowinger, Darmstadt 2003 dargestellt. Sie geht auch ausführlich auf die Sozialgeschichte dieser Epoche ein.
78 Goetz (wie Anm. 76), S. 53f.
79 Gregor von Tours: Zehn Bücher Geschichten, Band II., S. 205–207.
80 Willi Schaffner, Barbara Häfelfinger, Beat Ernst, Heilpflanzen-Kompendium. Vorkommen, Merkmale, Inhaltstoffe, Anwendung, Augsburg 1996, S. 43.
81 Verena Epp, Amicitia. Zur Geschichte personaler, sozialer, politischer und geistlicher Beziehungen im frühen Mittelalter, Stuttgart 1999 (Monographien zur Geschichte des Mittelalters 44), S. 85–88.
82 Jankrift (wie Anm. 45), S. 79.
83 Jankrift (wie Anm. 45), S. 83f.
84 Jankrift (wie Anm. 45).
85 Venanti Vita Germani episcopi Parisiaci. In MGH SrM
86 Quellen zur Alltagsgeschichte im Früh- und Hochmittelalter, Hg. U. Nonn, Darmstadt 2003, S. 180f.
87 Goetz (wie Anm. 76), S. 52.
88 Quellen (wie Anm. 86), S. 40f.
89 Angenendt (wie Anm. 14), S. 104.
90 Birgit Frohn, Klostermedizin, München 2001, S. 18f.
91 Gregorii Episcopi Turonensis Historiarum (1951), S. 138.
92 Fredegarii et aliorum Chronica. Vitae sanctorum (= MGH. Scriptores rerum Merovincicarum. Tomus II.) Hrsg. Bruno Krusch. Hannover 1888, Kapitel 65 u. 66.
93 Lawrence. I. Conrad, The Plague (…) in Pre-Islamic Times, in: Proceedings of the Symposium on Bilad al-Sham During the Byzantine Period, November 15–19, 1983, Bd.2, hg. von M. A. Bakhit u. M. Asfour, Amman 1986, S. 143–163. Ders., Epidemic Disease in Central Syria in the Late Sixth Century. Some New Insights from the Verse of Hassan ibn Thabit, BMGS 18 (1994), S. 12–58.
94 Ta'rih at-Tabari, Bd. 3, Kairo 1960–1969, S. 613 u. Bd. 4, S. 57–65, S. 96f, S. 101.
95 Vgl. zu diesen Theorien Michael. W. Dols, The Black Death in the Middle East, Princeton 1977, S. 13f. und Lawrence. I. Conrad, Die Pest und ihr soziales Umfeld

im Nahen Osten des frühen Mittelalters, Der Islam 73 (1996), S. 84.
96 Michael W. Dols, The black death in the Middle East. Princeton 1977, S. 21f.
97 Heinz Grotzfeld, Klimageschichte des Vorderen Orients 800–1800 A.D. nach arabischen Quellen, Würzburger Geographische Arbeiten 80 (1991), S. 21–44.
98 Lawrence I. Conrad, Umar at Sargh: the Evolution of an Umayyad Tradition on Flights from the Plague, in: Story-Telling in the Framework of Non-Fictional Arabic Literature, hg. Von S. Leder, Wiesbaden 1998, S. 489–528.
99 Dols (wie Anm. 96), S. 23 u. S. 109.
100 Lawrence I. Conrad, Medicine and Martyrdom. Some Discussions of Suffering and Divine Justice in Early Islamic Times, in: Religion, Health and Suffering, hg. von John. R. Hinnells u. Roy Porter, London 1999, S. 21–236.
101 Dols (wie Anm. 96), S. 22f.
102 Albert H. Hourani, Die Geschichte der arabischen Völker, Frankfurt am Main 1992.
103 Beda der Ehrwürdige, Kirchengeschichte des englischen Volkes. Hrsg. Günter Spitzbart, Darmstadt 1997, S. 76ff.
104 Angenendt (wie Anm. 14), S. 268.
105 Goetz (wie Anm. 76), S. 211.
106 Angenendt (wie Anm. 14), S. 270.
107 Die Reichsannalen. In: Quellen zur Karolingischen Reichsgeschichte I, hg. von Reinhold Rau, Darmstadt 1974 (Ausgewählte Quellen zur deutschen Geschichte des Mittelalters. Freiherr vom Stein-Gedächtnisausgabe, Band V), S. 1–154, hier S. 15.
108 Ulrich Knefelkamp, Das Mittelalter. Geschichte im Überblick, Paderborn 2002, S. 60.
109 Kaiser Karls Leben von Einhard. Übersetzt von Otto Abel. Vierte Auflage. Bearbeitet und erweitert von Michael Tangl (=Die Geschichtsschreiber der deutschen Vorzeit. Zweite Ausgabe. Band 16), Leipzig 1920, S. 35.
110 Rosamond McKitterick, Die karolingische Renovatio. Eine Einführung, in: 799 – Kunst und Kultur der Karolingerzeit. Karl der Große und Papst Leo III. in Paderborn. Katalog der Ausstellung, Hrsg. Christoph Stiegemann und Matthias Wemhoff, Paderborn 1999, Bd.2, S. 669.
111 Goetz (wie Anm. 76), S. 253.
112 Ulrich Stoll, Das »Lorscher Arzneibuch«. Ein medizinisches Kompendium des 8. Jahrhunderts (Codex Bambergensis Medicinalis 1). Text, Übersetzung und Fachglossar (= Sudhoffs Archiv. Zeitschrift für Wissenschaftsgeschichte, Beiheft 28), Stuttgart 1992, S. 49ff.
113 Kay Peter Jankrift, Krankheit und Heilkunde im Mittelalter, Darmstadt 2003, S. 23.
114 Dieter Jetter, Das europäische Hospital. Von der Spätantike bis 1800, Köln 1986, S. 39ff.
115 Karin Rathje, Bearbeitung der Skelettfunde aus dem karolingischen Gräberfeld Soest, St. Petri, Bd. 1, Institut für Anthropologie Georg-August-Universität zu Göttingen. Arbeitsgruppe »Prähistorische Anthropologie und Umweltgeschichte« unter Leitung von Prof. Dr. B. Herrmann, Masch.-Schrift, 1996. Thomas Finke, Bd. 2, Masch.-Schrift, 1997
116 Grundlagen der Ergebnisermittlung bei Bernd Herrmann/Gisela Grupe e.a., Prähistorische Anthropologie. Leitfaden der Feld- und Labormethoden, Berlin/Heidelberg/New York 1990
117 Rahtje (1996), S. 5. – Ich danke Herrn Dr. Walter Melzer, Soest, für die freundliche Einsichtgewährung in den Bericht zur paläopathologischen Auswertung.
118 Michael Borgolte, Der Gesandtenaustausch der Karolinger mit den Abbasiden und mit dem Patriarchen von Jerusalem (= Münchener Beiträge zur Mediävistik und Renaissanceforschung 25), München 1976.
119 Frugoni (wie Anm. 75), S. 88.
120 Goetz (wie Anm. 76), S. 73.
121 Zitiert nach Trevor Rowley, Die Normannen, Essen 2003, S. 17.
122 Annales Bertiniani, in: Monumenta Germaniae Historica. Scriptores rerum Germanicarum, Tomus. 5, Hrsg. Georg Waitz, Hannover 1883, S. 32.
123 Annales Xantenses, in: Monumenta Germaniae Historica. Scriptores rerum Germanicarum, Tomus 9, Hannover/Leipzig 1909, S. 15
124 Annales Bertiniani (1883), S. 80.
125 Kay Peter Jankrift, Leprose als Streiter Gottes. Institutionalisierung und Organisation des Ordens vom Heiligen Lazarus zu Jerusalem von seinen Anfängen bis zum Jahre 1350 (= Vita regularis. Ordnungen und Deutungen religiösen Lebens im Mittelalter 4), Münster 1996, S. 11f.
126 Jesus Sirach, 38,15.
127 Joachim Wollasch, Cluny – Licht der Welt, Zürich 1996, S. 19f.
128 Ebendort, S. 23.
129 Widukinds Sächsische Geschichten. Übersetzt von Reinhold Schottin. Zweite Auflage. Neu bearbeitet von Wilhelm Wattenbach (= Die Geschichtsschreiber der deutschen Vorzeit. 2. Ausgabe. Band 33) Leipzig 1891, S. 32.
130 Gerd Althoff, Die Ottonen. Königsherrschaft ohne Staat, Stuttgart 2000, S. 29ff.
131 Ludger Körntgen, Ottonen und Salier, Darmstadt 2002, S. 8.

[132] Adolf Hofmeister, Die Heilige Lanze, ein Abzeichen des alten Reiches, Breslau 1908.
[133] Gerd Althoff, Die Ottonen, Königsherrschaft ohne Staat, Stuttgart 2000. Ders., Otto III., Darmstadt 1997. Ders. (Hrsg.), Herrschaftsrepräsentation im ottonischen Sachsen (= Vorträge und Forschungen 46), Sigmaringen 1998. Bernd Schneidmüller/Stefan Weinfurter (Hrsg.), Otto III. – Heinrich II. – Eine Wende? (= Mittelalter-Forschungen 1), Sigmaringen 1997. Stefan Weinfurter, Heinrich II. (1002–1024). Herrscher am Ende der Zeiten, Regensburg 1999. Gunther Wolf (Hrsg.), Kaiserin Theophanu. Prinzessin aus der Fremde, des Westreichs große Kaiserin, Köln, Wien, Weimar 1991.
[134] Körntgen (wie Anm. 131), S. 31.
[135] Frugoni (wie Anm. 75), S. 57f.
[136] Gert Althoff, Die Ottonen. Königsherrschaft ohne Staat, Stuttgart 2000, S. 144.
[137] Jacques Le Goff, Das Hochmittelalter (= Fischer Weltgeschichte Bd. 11), Frankfurt am Main 1999, S. 154.
[138] Régine Pernoud, Heloise und Abaelard. Ein Frauenschicksal im Mittelalter, München 1995, S. 215.
[139] Thietmar von Merseburg, Chronicon (= Monumenta Germaniae Historica. Scriptores rerum Germanicarum, N.S., Bd. X), Hrsg. Robert Holtzmann, Berlin 1935, S. 92ff.
[140] Althoff (wie Anm. 133), S. 202.
[141] Goetz (wie Anm. 76), S. 80.
[142] Joachim Wollasch. Cluny – Licht der Welt. Aufstieg und Niedergang der klösterlichen Gemeinschaft, Zürich/Düsseldorf 1996, S. 13.
[143] Wollasch (wie Anm. 137), S. 103.
[144] Adalbert Mischlewski, Das Antoniusfeuer in Mittelalter und früher Neuzeit in Europa, in: Maladies et société (XIIe–XVIIIe siècles). Actes du colloque de Bielefeld, novembre 1986, Hrsg. Neithard Bulst und Robert Delort, Paris 1989, S. 251ff.
[145] Helmut Hundsbichler, Nahrung, in: Alltag im Spätmittelalter, Hrsg. Harry Kühnel, Graz/Wien/Köln 1986, S. 202. Klaus-E. Behre, Die Ernährung im Mittelalter, in: Mensch und Umwelt im Mittelalter, Hrsg. Bernd Herrmann, Stuttgart 1989, S. 76.
[146] Mischlewski (wie Anm. 144), S. 253.
[147] Harold Bauer, Das Antonius-Feuer in Kunst und Medizin, Berlin/Heidelberg/New York 1973, S. 8f.
[148] Jean Noël Biraben, Das medizinische Denken und die Krankheiten in Europa, in: Hrsg. Mirko Drazen Grmek, Die Geschichte des medizinischen Denkens. Antike und Mittelalter, München 1996, S. 391.
[149] Annales Hildesheimenses, Hrsg. Georg Waitz (= Monumenta Germaniae Historica. Scriptores rerum Germanicarum in usum scholarum 8), Hannover 1878, S. 25f. Thietmari Merseburgensis episcopi chronicon, Hrsg. Friederich Kurze (= Monumenta Germaniae Historica. Scriptores rerum Germanicarum 36), Hannover 1889, S. 75.
[150] Adalbert Mischlewski, Grundzüge der Geschichte des Antoniterordens bis zum Ausgang des 15. Jahrhunderts. Unter besonderer Berücksichtigung von Leben und Wirken des Petrus Mitte des Caprariis (= Bonner Beiträge zur Kirchengeschichte 8), Köln/Wien 1976. Henri Chaumartin, Le Mal des Ardents et le feu Saint-Antoine, Vienne 1946, S. 149–152.
[151] Rodolfo il Glabero, Cronache dell'anno Mille, Bd. II, Hrsg. G. Cavallo u. G. Orlandi, Milano 1991, S. 88.
[152] Papsturkunden 896–1046, Bd.2, Hrsg. v. Harald Zimmermann (= Österreichische Akademie der Wissenschaften, Denkschriften 177. Veröffentlichungen der Historischen Kommission 4), Wien 1986, Nr. 351.
[153] Annales Hildesheimenses (1878), S. 29.
[154] Rodolfo il Glabero, Cronache dell' anno Mille, Milano 2001, S. 88.
[155] Sigebert von Gembloux, Cronica cum omnibus auctoris, in: Sigeberti Gemblacensis Monachi Opera Omnia accedit Chronicon Polonorum (= Migne, Patrologia Latina CLX), Paris 1880, Sp.224.
[156] Wollasch (wie Anm. 127), S. 118.
[157] Ebendort, S. 122.
[158] Nikolas Jaspert, Die Kreuzzüge, Darmstadt 2003, S. 24.
[159] Trevor Rowley, Die Normannen, Essen 2003, S. 53f.
[160] Jacques Le Goff (wie Anm. 11), S. 91.
[161] Knefelkamp (wie Anm. 108), S. 178.
[162] Hans Hubschmid, Der Aufschwung Europas nach dem Jahr 1000, Zürich 1997, S. 225f.
[163] Wolfdieter Haas, Welt im Wandel. Das Hochmittelalter, Ostfildern 2002. Alfred Haverkamp, 12. Jahrhundert. 1125–1198 (= Gebhardt. Handbuch der deutschen Geschichte, Bd.5), Stuttgart 2003.
[164] Jonathan Riley Smith, The First Crusade and the Idea of Crusading, Philadelphia/London 1986.
[165] Nikolas Jaspert, Die Kreuzzüge, Darmstadt 2003, S. 27ff.
[166] F. Curschmann, Hungersnöte im Mittelalter. Ein Beitrag zur deutschen Wirtschaftsgeschichte des 8. bis 13. Jahrhunderts, Leipzig 1900 [Nachdruck: Aalen 1970], S. 13.
[167] Sabine Geldsetzer, Frauen auf Kreuzzügen. 1096–1291, Darmstadt 2003.
[168] Ernest o. Blake u. Collin Morris, A Hermit goes to War. Peter and the Origins of the First Crusade, in: Studies in Church History 22 (1985), S. 79–107.
[169] Shlomo Eidelberg (Hrsg), The Jews and the Crusaders. The Hebrew Chronicles of the First and Second Crusade,

London 1977. Robert Chazan, European Jewry and the First Crusade, Berkeley 1987.
[170] Alain Demurger, Die Templer. Aufstieg und Unterrgang. 118–1314, München 1992, S. 38–40.
[171] Cartulaire Général de l'ordre des Hospitaliers de S. Jean de Jérusalem 1100–1300, Hrsg. Joseph Delaville le Roulx, Paris 1894–1905.
[172] Gernot Rotter, Usama ibn Munqid. Ein Leben im Kampf gegen Kreuzritterheere, Tübingen 1978, S. 40.
[173] Joshua Prawer, The World of the Crusaders, Jerusalem 1972, S. 87f.
[174] Nikolaus Jaspert, Die Kreuzzüge, Darmstadt 2003, S. 51.
[175] Eva Sibylle und Gerhard Rösch, Kaiser Friedrich II. und sein Königreich Sizilien, Sigmaringen 1996, S. 134.
[176] Jean Gimpel, Die Kathedralenbauer, Holm 1996, S. 5.
[177] Ebenda, S. 33.
[178] Philippe Contamine, La guerre de cent ans, Paris ^{7}1994, S. 8.
[179] Nach Rüdiger Glaser, Klimageschichte Mitteleuropas. 1000 Jahre Wetter, Klima, Katastrophen, Darmstadt 2001, S. 64.
[180] Quelle nach F. Curschmann (wie Anm. 166), S. 214.
[181] Françoise Bériac, La persécution des lépreux dans la France méridionale en 1321, in: Moyen Age 93 (1987), S. 203.
[182] Klaus Bergdolt, Die Pest in Italien. 50 zeitgenössische Quellen. Mit einem Nachwort von Gundolf Keil, Heidelberg 1989, S. 20f. Heinrich Haeser, Geschichte der epidemischen Krankheiten (= Lehrbuch der Geschichte der Medizin und der epidemischen Krankheiten II), Jena 1865, S. 23f.
[183] Ebendort, S. 22.
[184] Jankrift, (wie Anm. 45), S. 181f.
[185] Zuletzt Manfred Vasold, Die Ausbreitung des Schwarzen Todes in Deutschland nach 1348. Zugleich ein Beitrag zur deutschen Bevölkerungsgeschichte, in: Historische Zeitschrift 277 (2003), S. 281–308.
[186] Hartmut Bookmann, Stauferzeit und spätes Mittelalter. Deutschland 1125–1517 (= Das Reich und die Deutschen Bd. 7), S. 267.
[187] Erich Meuthen, Das 15. Jahrhundert (= Oldenbourg Grundriß der Geschichte 9), München ^{2}1996, S. 21.
[188] Peter Schmidt, Der Genter Altar, Leuven o.J., S. 8.
[189] Meuthen (wie Anm. 187), S. 26.
[190] Manfred Groten, Köln, Mittelalterliche Stadt, in: Lexikon des Mittelalters, Bd. 5, München/Zürich 1991, Sp. 1255–1261.
[191] Martin Wilhelm Roelen, Studien zur Topographie und Bevölkerung Wesels im Spätmittelalter. Unter besonderer Berücksichtigung der Steuer- und Heerschaulisten 1373–1435, Bd. 1 (= Studien zur Geschichte Wesels 12), Wesel 1989, S. 84 und S. 201.
[192] Jankrift (wie Anm. 45), S. 147–180.
[193] Dortmunder Urkundenbuch (Hrsg. Karl Rübel), Bd. 2 1372–1400 Nachträge, Dortmund 1890 [ND: Osnabrück 1978), Nr. 324 a–c S. 349
[194] Roelen (wie Anm. 191), S. 49ff. Ein Abdruck des Schöffenwahlprivilegs vom 24. September 1359 ebd., Bd.2, S. 213. F. Reinhold, Verfassungs-Geschichte Wesels im Mittelalter (= Untersuchungen zur deutschen Staats- und Rechtsgeschichte 23), Breslau 1888.
[195] Stadtrechnungen von Wesel, Bearb. Friedrich Gorissen (= Regesten zur politischen Geschichte des Niederrheins 1. Publikationen der Gesellschaft für Rheinische Geschichtskunde 55), 5 Bde., Bonn 1963–1968, Bd.4, S. 185.
[196] Kirchenrechnungen der Weseler Stadtkirche St. Wilibrordi, Bd. 1: Die Kirchenrechnungen der Jahre 1401–1484, Bearb. H. Sowade, mit Verzeichnissen von M. W. Roelen, Wesel 1993, Sp.254–Sp.280.
[197] Gorissen (wie Anm. 195), S. 186.
[198] Gorissen (wie Anm. 195), Bd. 4, S. 186.
[199] Gorissen (wie Anm. 195), Bd. 4, S. 14.
[200] Stadtarchiv Wesel, A7 1439.
[201] Gorissen (wie Anm. 195), Bd. 4, S. 180.
[202] Gorissen (wie Anm. 195), Bd. 4, S. 186.
[203] Stadtarchiv Wesel, A7 1440ff.
[204] Ernst Schulin, Kaiser Karl V. Geschichte eines übergroßen Wirkungsbereichs, Stuttgart 1999, S. 5.

BIBLIOGRAPHIE

Um den Leserinnen und Lesern eine Vertiefung in einzelne Themenkreise zu ermöglichen, bietet diese Bibliographie eine systematische Auswahl an Quellen, neuer Literatur und Standardwerken. Dabei wurde bewußt auf eine Aufnahme von Aufsätzen verzichtet. Alle genannten Werke enthalten ihrerseits mehr oder weniger umfangreiche und spezialisierte Literaturverzeichnisse, die eine gezielte Beschäftigung mit einzelnen Fragestellungen erlauben.

Einführung:
Ariadnes Faden oder die Entwirrung des Gordischen Knotens. Annäherungsversuche an das Mittelalter

Quellensammlungen

Die bedeutendste Quellensammlung zur mittelalterlichen Geschichte ist die Monumenta Germaniae Historica (MGH), deren Editionen nach Sachgebieten geordnet in einzelnen Abteilungen, untergliedert in Reihen, erscheinen.
Abt. I, Scriptores (umfaßt die erzählenden Quellen)
Abt. II, Leges (umfaßt die mittelalterlichen Rechtsquellen)
Abt. III, Diplomata (Urkunden)
Abt. IV, Epistolae (Briefe und Briefsamlungen)
Abt. V, Antiquitates (verschiedene Quellen)

Nachschlage- und Übersichtswerke

Angenendt, A., Das Frühmittelalter. Die abendländische Christenheit von 400 bis 900, Stuttgart ²2001.
Dinzelbacher, P., Europa im Hochmittelalter. Eine Kultur- und Mentalitätsgeschichte 1050–1250, Darmstadt 2003.
A. Haverkamp/W. Reinhard/J. Kocka/W. Benz (Hrsg.), Handbuch der deutschen Geschichte (Gebhardt), 10 Bde., Stuttgart 2001ff. Bisher erschienen: 7 Bde.
Goetz, H.-W., Europa im frühen Mittelalter 500–1050 (= Handbuch der Geschichte Europas 2), Stuttgart 2003.
Grabmeyer, J., Europa im späten Mittelalter 1250–1500. Eine Kultur und Mentalitätsgeschichte, Darmstadt 2004.
Grant, M., Die Welt des frühen Mittelaltesr, Ostfildern 2003.
Heimann, H.-D., Einführung in die Geschichte des Mittelalters, Stuttgart 1997.
Knefelkamp, U., Das Mittelalter. Geschichte im Überblick, Paderborn 2002.
Lexikon des Mittelalters, 9 Bde., München 2002.

Übergreifende Literatur zu verschiedenen Themen

Althoff, G./Goetz, H.-W./Schubert, E., Menschen im Schatten der Kathedrale. Neuigkeiten aus dem Mittelalter, Darmstadt 1998.
Althoff, G., Spielregeln der Politik im Mittelalter. Kommunikation in Frieden und Fehde, Darmstadt 1997.
Althoff, G., Die Macht der Rituale. Symbolik und Herrschaft im Mittelalter, Darmstadt 2003.
Althoff, G., Inszenierte Herrschaft, Geschichtsschreibung und politisches Handeln im Mittelalter, Darmstadt 2003.
Angenendt, A., Geschichte der Religiosität im Mittelalter, Darmstadt ²2000.
Battenberg, F., Das europäische Zeitalter der Juden. Zur Entwicklung einer Minderheit in der nicht-jüdischen Umwelt Europas, Darmstadt ²2000.
Borgolte, M., Die mittelalterliche Kirche, München 1992.
Dülmen, R. van (Hrsg.), Die Entdeckung des Ich. Die Geschichte der Individualisierung vom Mittelalter bis heute, Köln 2001.
Eco, U., Kunst und Schönheit im Mittelalter, München 2002.
Frank, K. S., Geschichte des christlichen Mönchtums, Darmstadt ⁵1993.
Frugoni, C., Das Mittelalter auf der Nase. Brillen, Bücher, Bankgeschäfte und andere Erfindungen des Mittelalters, München 2003.

Gurjewitsch, A. J., Stumme Zeugen des Mittelalters. Weltbild und Kultur der einfachen Menschen, Köln 1997.

Irsigler, F./Lassotta, A., Bettler und Gaukler, Dirnen und Henker. Außenseiter in einer mittelalterlichen Stadt, München ⁷1996.

Jankrift, K. P., Brände, Stürme, Hungersnöte. Katastrophen in der mittelalterlichen Lebenswelt, Ostfildern 2003.

Kaufhold, M., Europas Norden im Mittelalter. Die Integration Skandinaviens in das christliche Europa (9.–13. Jahrhundert), Darmstadt 2001.

Lanzi, G. M./Lanzi, F., Das Buch der Heiligen. Kunst, Symbole und Geschichte, Stuttgart 2003.

Le Goff, J. (Hrsg.), Der Mensch des Mittelalters, München 1989.

Otis-Cour, L., Lust und Liebe. Geschichte der Paarbeziehungen im Mittelalter, Frankfurt am Main 2000.

Sarnowsky, J., England im Mittelalter, Darmstadt 2002.

Schimmelpfennig, B., Das Papsttum. Von der Antike bis zur Renaissance, Darmstadt ⁴1996.

Schubert, E., Alltag im Mittelalter. Natürliches Lebensumfeld und menschliches Miteinander, Darmstadt 2002.

Prolog:
Das spätantike römische Reich im 4. Jahrhundert

Quellen

Bibliothek der Kirchenväter. Eine Auswahl patristischer Werke in deutscher Übersetzung, Hrsg. O. Bardenhever u.a., Kempten/München 1911–1938.

Eusebius' Life of Constantine, Hrsg. A. Cameron/ S. G. Hall, Oxford 1999.

The Theodosian Code. Latin – English, Hrsg. C. Pharr, New York 1952.

Literatur

Barnes, T. D., The New Empire of Diocletian and Constantine, Cambridge, Mass./London 1982.

Bellen, H., Grundzüge der römischen Geschichte, Bd. 3: Die Spätantike von Constantin bis Justinian, Darmstadt 2003.

Bleicken, J., Constantin der Große und die Christen, München 1992.

Brigolo, G./Gauthier, N./Christie, N. (Hrsg.), Towns and their Territories between Late Antiquity and the Early Middle Ages, Leiden 2000.

Clauss, M. (Hrsg.), Die römischen Kaiser. 55 historische Portraits von Caesar bis Iustinian, München 2001.

Clauss, M., Konstantin der Große und seine Zeit, München 1996.

Chrysos, E./Wood, I. (Hrsg.), East and West. Modes of Communication, Leiden 1999.

Demandt, A., Der Fall Roms, München 1984.

Leppin, H., Theodosius der Große, Darmstadt 2003.

Miller, T. S., The Birth of the Hospital in the Byzantine Empire, London 1985.

Piepenbrink, K., Konstantin der Große und seine Zeit, Darmstadt 2002.

Prinz, F., Von Konstantin zu Karl dem Großen, Düsseldorf 2000.

Wanke, U., Die Gotenkriege des Valens. Studien zur Topographie und Chronologie im unteren Donauraum von 366 bis 378 nach Christus (= Europäische Hochschulschriften 3, 412), Frankfurt am Main 1990.

Webster, L./Brown, M. (Hrsg.), The Transformation of the Roman World. AD 400–900, Berkeley 1997.

Winkelmann, F., Euseb von Kaisareia. Der Vater der Kirchengeschichte, Berlin 1991.

Auf dem Weg ins frühe Mittelalter. Die Völkerwanderung im 5. Jahrhundert

Altes Germanien (= Freiherr-vom-Stein-Gedächtnisausgabe, A, 1a u. 1b), Hrsg. v. Goetz, H.-W./Welwei, K.-W. (Hrsg.), Darmstadt 1995. Bd.2: »Die Germanen in der Völkerwanderung« ist in Vorbereitung.

Isidors Geschichte der Gothen, Vandalen, Sueven (= Die Geschichtsschreiber der deutschen Vorzeit 2,3), Leipzig 1923.

Quellen zur Geschichte der Alamannen. Inschriften und Münzen. Mit einer Zeittafel von 213 bis etwa 530, zusammengestellt, übersetzt und erläutert von W. Kuhoff (= Heidelberger Akademie der Wissenschaften/Kommission für Alamannische Altertumskunde: Schriften/Quellen zur Geschichte der Alamannen 6), Sigmaringen 1984.

Literatur

Amory, P., People and Identity in Ostrogothic Italy 489–554, Cambridge 1997.

Ausbüttel, F. M., Theoderich der Große, Darmstadt 2003.

Campbell, J. (Hrsg.), The Anglo-Saxons, Oxford 1982.

Clover, F. M., The Late Roman West and the Vandals, Aldershot 1993.

Cusack, C. M., Conversion among the Germanic Peoples, London 1998.

Favrod, J., Histoire politique du royaume burgonde (443–534), Lausanne 1997.

Ferreiro, A. (Hrsg.), The Visigoths, Leiden 1999.

Fried, J., Der Weg in die Geschichte: die Ursprünge Deutschlands bis 1024, Berlin 1994.

Geary, P., Europäische Völker im frühen Mittelalter, Frankfurt am Main 2002.

Hodgkin, T., Huns, Vandals and the Fall of the Roman Empire, London 1996.

Jarnut, J., Geschichte der Langobarden, Stuttgart 1982.

Moorhead, J., The Roman Empire Divided, 400–700, Harlow 2001.

Pohl, W, Die Völkerwanderung. Eroberung und Integration.

Pohl, W. (Hrsg.), Kingdoms of the Empire 1997.

Pohl, W./Wood, I./Reimitz H. (Hrsg.), The Transformation of Frontiers, Leiden 2001.

Schmidt-Wiegand, R., Stammesrecht und Volkssprache. Ausgewählte Aufsätze zu den Leges barbarorum, Weinheim 1991.

Schneider, R., Das Frankenreich, München ^{2}2001.

Todd, M., Die Zeit der Völkerwanderung, Stuttgart 2002.

Todd, M., Die Germanen, Stuttgart 2000.

Wenskus, R., Stammesbildung und Verfassung. Das Werden der frühmittelalterlichen gentes, Köln 1961.

Werner, K. F., Histoire de France, Bd.1: Les origines, Paris 1984.

Werner, K. F., Vom Frankenreich zur Entfaltung Deutschlands und Frankreichs, Sigmaringen 1984.

Wolfram, H., Geschichte der Goten. Von den Anfängen bis zur Mitte des 6. Jahrhunderts, München 1990.

Kulturen im Übergang.
Einblicke in das 6. Jahrhundert

Quellen

Beda der Ehrwürdige, Kirchengeschichte des englischen Volkes. Lateinisch und deutsch. Hrsg. G. Spitzbart, Darmstadt ²1997.

Gregor von Tours, Zehn Bücher Geschichten, (Fränkische Geschichte), Hrsg. R. Buchner, 2 Bde. (= Freiherr-vom-Stein-Gedächtnisausgabe 2 u. 3), Darmstadt ⁴1970.

Jordanis Gothengeschichte nebst Auszügen aus seiner römischen Geschichte. Übersetzt von W. Martens (= Die Geschichtsschreiber der deutschen Vorzeit 2,5), Leipzig 1913 [Neudruck: New York 1970].

Quellen zur Alltagsgeschichte im Früh- und Hochmittelalter. Erster Teil (= Freiherr-vom-Stein-Gedächtnisausgabe 40a), Hrsg. U. Nonn, Darmstadt 2003.

Paulus Diaconus. Geschichte der Langobarden. Nach der Übersetzung von O. Abel neu herausgegeben von A. Heine, Kettwig ²1992.

Literatur

Arnold, B., Medieval Germany, 500–1300, Basingstoke 1997.

Capelle, T., Die Sachsen des frühen Mittelalters, Darmstadt 1998.

Epp, V., Amicitia. Zur Geschichte personaler, sozialer, politischer und geistlicher Beziehungen im frühen Mittelalter (= Monographien zur Geschichte des Mittelalters 44), Stuttgart 1999.

Ewig, E., Die Merowinger und das Frankenreich, Stuttgart ⁴2001.

Ewig, E., Die Merowinger und das Imperium, Opladen 1983.

Geary, P., Die Merowinger, München ²2003.

Geuenich, D. (Hrsg.), Die Franken und Alemannen bis zur »Schlacht bei Zülpich« (496/497), Berlin 1998.

Goffart, W., The Narrators of Barbarian History (AD 550–800). Jordanes, Gregory of Tours, Bede and Paul the Deacon, Princeton 1988.

Guyotjeannin, O. (Hrsg.), Clovis chez les historiens, Paris 1996.

Hartmann, M., Aufbruch ins Mittelalter. Die Zeit der Merowinger, Darmstadt 2003.

Jenal, G., Italia ascetica atque monastica. Die Asketen und das Mönchtum im Italien von den Anfängen bis zu den Langobarden (ca.150/250–604), 2 Bde., Stuttgart 1995.

Jones, M.E., The End of Roman Britain, Ithaca 1998.

Kaiser, R., Das römische Erbe und das Merowingerreich, München ²1997.

Kölzer, T., Merowingerstudien, 2 Bde., Hannover 1998/1999.

Lebecq, F., Les Origines franques. V^e–IXe siècle, Paris 1990.

Olsberg, G. von, Die Bezeichnungen für soziale Stände, Schichten und Gruppen in den Leges barbarorum, Berlin 1991.

Priester, K., Geschichte der Langobarden. Gesellschaft – Kultur – Alltagsleben, Darmstadt 2004.

Prinz, F., Grundlagen und Anfänge. Deutschland bis 1056, München 1985.

Prinz, F., Askese und Kultur. Vor- und frühbenediktinisches Mönchtum an der Wiege Europas, München 1980.

Roth, H., Kunst der Völkerwanderungszeit, Frankfurt am Main 1979.

Rouche, M., Clovis, Paris 1996.

Scheibelreiter, G., Die barabarische Gesellschaft. Mentalitätsgeschichte der europäischen Achsenzeit (5.–8. Jahrhundert), Darmstadt 1999.

Wallace-Hadrill, J., The Long-Haired Kings, London 1962 (Neudruck: Toronto 1982)

Welck, K. von/Wieczorek, A./Périn, P. (Hrsg.), Die Franken – Wegbereiter Europas, Mainz ²1997.

Wood, I., The Merovingian Kingdoms 450–571, London 1994.

Wood, I. (Hrsg.), Franks and Alamanni in the Merovingian Period, Woodbridge 1998.

Halbmond und Kreuz.
Die Ausbreitung des Islam und die Christianisierung im 7. Jahrhundert

Quellen

Baladhuri, A. I. al, The Origins of the Islamic State (Futuh al-Buldan), Engl. Übers. P. K. Hitti, London 1916.

The Irish Penitentials, Hrsg. L. Bieler, Dublin 1963.

Briefe des Bonifatius, Willibalds Leben des Bonifatius, Hrsg. R. Rau (= Freiherr-vom-Stein-Gedächtnisausgabe 4), ²1994.

Der Koran. Deutsche Übersetzung von R. Paret, Stuttgart ⁷1996.

Schmitz, H. J., Die Bußbücher und die Bußdisziplin der Kirche nach handschriftlichen Quellen dargestellt, Mainz 1883 [Neudruck: 1958].

Tabari, M., Annales regum atque legatorum dei, Französ. Übers. Zotenberg, Paris 1867–1874.

Literatur

Barton, P. F., Die Geschichte des Christentums in Österreich und Südostmitteleuropa, Wien 1995/1997

Brown, P., Die Entstehung des christlichen Europa, München 1996.

Cahen, C., Introduction à l'histoire du monde musulman médiéval, Paris 1982.

Charles-Edwards, T. M., Early Christian Ireland, Cambridge 2000.

Erichsen, J. (Hrsg.), Kilian. Mönch aus Irland, aller Franken Patron, München 1989.

Goetz, H.-W., Leben im Mittelalter vom 7. bis zum 13. Jahrhundert, München ⁷2002.

Hage, W., Das Christentum im frühen Mittelalter, Göttingen 1993.

Higham, N., The Convert Kings. Power and Religious Affiliation in Early Anglo-Saxon England, Manchester 1997.

Kiesel, G./Schroeder, J. (Hrsg.), Willibrord. Apostel der Niederlande. Gründer der Abtei Echternach, Luxemburg 1989.

Nagel, T., Die islamische Welt bis 1500, München 1998.

Nolte, C., Conversio und Christianitas. Frauen in der Christianisierung vom 5. bis 8. Jahrhundert, Stuttgart 1995.

Padberg, L. E. von, Die Christianisierung Europas im Mittelalter, Stuttgart 1998.

Padberg, L. E. von, Mission und Christianisierung, Stuttgart 1995.

Van Ess, J., Theologie und Gesellschaft im 2. und 3. Jahrhundert Hidschra, 6 Bde., Berlin 1991–1997.

Wickham, C., Early Medieval Italy, London 1981.

Wickham, C., Land and Power. Studies in Italian and European Social History, London 1994.

Wood, I., The Missionary Life. Saints and the Evangelisation of Europe, 400–1050, Harlow 2001.

Karl der Große und seine Nachfolger. Das karolingische Frankenreich im 8. und 9. Jahrhundert

Quellen

Briefe des Bonifatius. Willibalds Leben des Bonifatius nebst einigen zeitgenössischen Dokumenten, Hrsg. R. Rau (= Freiherr-vom-Stein-Gedächtnisausgabe Bd. 4b), Darmstadt ²1994.

Das Lorscher Arzneibuch, Ein medizinisches Kompendium des 8. Jahrhunderts (Codex Bambergensis Medicinalis 1). Text, Übersetzung und Fachglossar von U. Stoll, Stuttgart 1992.

Quellen zur karolingischen Reichsgeschichte, 3 Bde., Hrsg. R. Rau (= Freiherr-vom-Stein-Gedächtnisausgabe 5–7), Darmstadt 1992–1993.

Literatur

Albertoni, G., L'Italia carolingia, Rom 1997.

Bacharach, B., Early Carolingian Warfare, Philadelphia 2001.

Becher, M., Karl der Große, München 1999.

Borgolte, M., Der Gesandtenaustausch der Karolinger mit den Abbasiden und mit dem Patriarchen von Jerusalem, Münster 1976.

Borst, A., Die karolingische Kalenderreform, Hannover 1998.

Braunfels, W. (Hrsg.), Karl der Große. Lebenswerk und Nachleben, 5 Bde., Düsseldorf 1965–1968.

Bullough, D. A., Carolingian Renewal, Manchester 1991.

Collins, R., Charlemagne, Basingstoke 1998.

Contreni, J. J., Carolingian Learning, Masters and Manuscripts, Aldershot 1992.

Depreux, P., Prosopographie de l'entourage de Louis le Pieux (781–840), Sigmaringen 1997.

Fleckenstein, J., Karl der Große, Göttingen ²1990.

Fouracre, P., The Age of Charles Martel, London 2000.

Godman, P./Jarnut, J./Johanek, P. (Hrsg.), Am Vorabend der Kaiserkrönung. Das Epos Karolus Magnus et Leo papa und der Papstbesuch in Paderborn 799, Berlin 2002.

Hägermann, D., Karl der Große, Berlin 2000.

Hartmann, W., Ludwig der Deutsche, Darmstadt 2002.

Hildebrandt, M. M., The External School in Carolingian Society, Leiden 1992.

Kerner, M., Karl der Große. Entschleierung eines Mythos, Köln ²2001.

McKitterick, R. (Hrsg.), Carolingian Culture, Cambridge 1994.

McKitterick, R., Books, Scribes, and Learning in the Frankish Kingdoms: 6th–9th centuries, Aldershot 1994.

Nerlich, D., Diplomatische Gesandtschaften zwischen Ost- und Westkaisern 756–1002, Bern 1999.

Riché, P., Die Karolinger, Stuttgart 1987.

Schieffer, R., Die Karolinger, Stuttgart ²2000.

Stiegemann, C./Wemhoff, M., 799 – Kunst und Kultur der Karolingerzeit. Karl der Große und Papst Leo III. in Paderborn. Katalog der Ausstellung, 3 Bde., Paderborn 1999.

Ottonische Renaissance und Reform im Kloster. Neuordnungen im 10. Jahrhundert

Quellen

Die deutsche Königserhebung im 10.–12. Jahrhundert. Heft 1: Die Ergebungen von 911–1105, Hrsg. W. Boehme, in: Historische Texte/Mittelalter, Hrsg. A.Borst/J.Fleckenstein, Bd. 14,1, Göttingen 1970.

Papstregesten 911–1024 (= Regesta Imperii 2/5), Hrsg. J. F. Boehmer, Wien u.a. ²1988.

Quellen zur Geschichte der sächsischen Kaiserzeit. Widukinds Sachsengeschichte, Adalberts Fortsetzung der Chronik Reginos, Liudprands Werke, Hrsg. A. Bauer u. R. Rau (= Freiherr-vom-Stein-Gedächtnisausgabe, A, 8), Darmstadt ⁵2002.

Receuil des chartes de l'abbaye de Cluny (802–1310), Hrsg.A.Bernard/A.Bruel, 6 Bde., Paris 1876–1903 [Neudruck: Frankfurt am Main 1974].

Die Regesten des Kaiserreiches unter Heinrich I. und Otto I. (= Regesta Imperii 2/1), Hrsg. J. F. Boehmer/E. v. Ottenthal, Wien u. a. 1893, erg. Ndr. 1967

Die Regesten des Kaiserreiches unter Heinrich II. (= Regesta Imperii 2/4), Hrsg. J. F. Boehmer/Th. Graff, Wien u. a. 1971.

Die Regesten des Kaiserreiches unter Otto II. (= Regesta Imperii 2/2), Hrsg. J. F. Boehmer/E. v Ottenthal, Wien u. a. 1950.

Rodolfo il Glabro, Cronache dell'anno Mille, Hrsg. G. Cavallo/G.Orlandi, Milano ²1991.

Thietmar von Merseburg, Chronik, Hrsg. W. Trillmich (= Freiherr-vom-Stein-Gedächtnisausgabe A,9), Darmstadt ⁸2002.

Literatur

Althoff, G., Die Ottonen, Königsherrschaft ohne Staat, Stuttgart 2000.

Althoff, G., Amicitiae und Pacta. Bündnis, Einung, Politik und Gebetsgedenken im beginnenden 10. Jahrhundert, Hannover 1992.

Althoff, G., Otto III., Darmstadt 1996.

Althoff, G./Keller H., Heinrich I. und Otto I. Neubeginn auf karolingischem Erbe, Göttingen ²1994.

Becher, M., Rex, Dux und Gens. Untersuchungen zur Entstehung des sächsischen Herzogtums im 9. und 10. Jahrhundert, Husum 1996.

Bernward von Hildsheim und das Zeitalter der Ottonen. Katalog der Ausstellung Hildesheim 1993, 2 Bde., Hildesheim u.a. 1993.

Brühl, C., Deutschland – Frankreich. Die Geburt zweier Völker, Köln/Wien 1990.

Capelle, T., Kultur- und Kunstgeschichte der Wikinger, Darmstadt 1986.

Chibnall, M., The Normans, Oxford 2000.

Constable, G../Melville, G./Oberste, J. (Hrsg.), Die Cluniazenser in ihrem politisch-sozialen Umfeld (= Vita regularis. Ordnungen und Deutungen religiosen Lebens im Mittelalter 8), Münster 1998.

Dunbabin, J., France in the Making: 843–1180, Oxford 1985.

Ehlers, J., Die Kapetinger, Stuttgart 2000.

Eickhoff, E., Theophanu und der König. Otto III. und seine Welt, Stuttgart 1996.

Euw, A. von/Schreiner, P. (Hrsg.), Kaiserin Theophanu. Begegnung des Ostens und Westens um die Wende des ersten Jahrtausends, 2 Bde., Köln 1991.

Keller, H., Die Ottonen, München 2001.

Körntgen, L., Königsherrschaft und Gottes Gnade. Zu Kontext und Funktion sakraler Vorstellungen in Historiographie und Bildzeugnissen der ottonisch-frühsalischen Zeit, Berlin 2001.

Körntgen, L., Ottonen und Salier, Darmstadt 2002.

Kottje, R./Mauer, H., Monastische Reformen im 9. und 10. Jahrhundert, Sigmaringen 1989.

Laudage, J., Otto der Große (912–973). Eine Biographie, Regensburg 2001.

Puhle, M. (Hrsg.), Otto der Große, Magdeburg und Europa, 2 Bde, Mainz 2001.

Poeck, D., Cluniacensis Ecclesia. Der cluniazensische Klosterverband (10.–12. Jahrhundert), München 1998.

Rowley, T., The Normans, Stroud 1999.

Sawyer, P. H., Die Wikinger. Geschichte und Kultur eines Seefahrervolkes, Stuttgart 2000.

Simek, R., Die Wikinger, München ²2002.

Schieffer, R., Der geschichtliche Ort der ottonisch-salischen Reichskirchenpolitik, Opladen 1998.

Schneidmüller, B., Die Welfen. Herrschaft und Erinnerung (819–1252), Stuttgart 2000.

Vogtherr, T., Die Reichsabteien der Benediktiner und das Königtum im hohen Mittelalter, Sigmaringen 2000.

Wieczorek, A./Hinz, H. M. (Hrsg.): Europas Mitte um 1000. Beiträge zur Geschichte, Kunst und Archäologie, 2 Bde., Stuttgart 2000.

Wollasch, J., Cluny, »Licht der Welt«, Zürich 1996.

Wolter, H., Die Synoden im Reichsgebiet und in Reichsitalien von 916–1056, Paderborn 1988.

Wer hat die Macht?
Von Gottesfrieden und Investiturstreit im 11. Jahrhundert

Quellen

Frutolfs und Ekkehards Chroniken und die anonyme Kaiserchronik, Hrsg. F.-J. Schmale/ I. Schmale-Ott (= Freiherr-vom-Stein-Gedächtnisausgabe A, 15), Darmstadt 1972.

Der Investiturstreit. Quellen und Materialien, hrsg., übersetzt und mit einer Einleitung versehen von J. Laudage, Köln 1990.

Lampert von Hersfeld, Annalen, Hrsg. A. Schmidt/W.D. Fritz (= Freiherr-vom-Stein-Gedächtnisausgabe A, 13), Darmstadt ⁴2000.

Peter Abaelard, Theologia summi boni. Abhandlung über die göttliche Einheit und Dreieinigkeit, Hrsg. U. Niggli, Hamburg ²1991.

Quellen zum Investiturstreit, 2 Bde., Hrsg. F.-J. Schmale/ I. Schmale-Ott (= Freiherr-vom-Stein-Gedächtnisausgabe A, 12a u. 12b), Darmstadt 1978/1984.

Quellen zur Geschichte Kaiser Heinrichs IV., Hrsg. F.-J. Schmale/ I. Schmale-Ott (= Freiherr-vom-Stein-Gedächtnisausgabe A, 12), Darmstadt 42000.

Quellen zur deutschen Verfassungs- und Sozialgeschichte bis 1250, Hrsg. L. Weinrich (= Freiherr-vom-Stein-Gedächtnisausgabe 33), Darmstadt ²2000.

Wider allen den suhtin. Deutsche medizinische Texte des Hoch- und Spätmittelalters. Eine Anthologie, T. Bein (Hrsg.), Stuttgart 1989.

Literatur

Bartlett, R., England under the Norman and Angevin Kings 1075–1225, Oxford 2000.

Bergmann, W., Innovationen im Quadrivium des 10. und 11. Jahrhunderts, Wiesbaden 1985.

Blumenthal, U.-R., Gregor VII. Papst zwischen Canossa und Kirchenreform, Darmstadt 2001.

Boshof, E., Die Salier, Stuttgart ²1995.

Clanchy, M.T., Abaelard. Ein mittelalterliches Leben, Darmstadt 1998.

Erkens, F.-R., Konrad II. – Herrschaft und Reich des ersten Salierkaisers, Darmstadt 1998.

Fried, J. (Hrsg.), Schulen und Studium im sozialen Wandel des hohen und späten Mittelalters (= Vorträge und Forschungen 30), Sigmaringen 1986.

Golinelli, P., Mathilde und der Gang nach Canossa, Düsseldorf/Zürich 1998

Guth, K., Kaiser Heinrich II. und Kaiserin Kunigunde. Das heilige Herrscherpaar. Leben, Legende, Kult und Kunst, Petersberg ²2002.

Hartmann, W., Der Investiturstreit, München ²1996.

Jankrift, K. P., Krankheit und Heilkunde im Mittelalter, Darmstadt 2003.

Kintzinger, M., Wissen wird Macht, Bildung im Mittelalter, Ostfildern 2003.

Le Goff, J., Die Intellektuellen im Mittelalter, Stuttgart ⁴2001.

Pernoud, R., Heloise und Abaelard. Ein Frauenschicksal im Mittelalter, München ²1995.

Riché, P., Gerbert d'Aurillac. Le pape de l'an mil, Paris 1987.

Schipperges, H., Die Assimilation der arabischen Medizin durch das lateinische Mittelalter (= Sudhoffs Archiv, Beihefte 3), Wiesbaden 1964.

Weinfurter, S., Heinrich II. (1002–1024): Herrscher am Ende der Zeiten, Regensburg 2000.

Weinfurter, S., Herrschaft und Reich der Salier. Grundlinien einer Umbruchszeit, Sigmaringen 1991.

Weinfurter, S. (Hrsg.), Die Salier und das Reich 1024–1125. 3 Bde., Sigmaringen 1991.

Weinfurter, S./Siefarth, F. M. (Hrsg.), Macht und Ordnungsvorstellungen im Hohen Mittelalter, Neuried 1998.

Auf dem Weg nach Jerusalem. Die Kreuzzüge im 12. Jahrhundert

Quellen

Cartulaire général de l'Ordre de Temple (1119 ?–1150), Hrsg. Marquis d' Albon, Paris 1913.

Cartulaire général de l'Ordre des Hospitaliers de S. Jean de Jérusalem (1100–1310), Hrsg. J. Delaville le Roulx, 4 Bde., Paris 1894–1906.

Documents relatifs à l'histoire des croisades, 17 Bde., Paris 1946–1995.

Die Kreuzzüge aus arabischer Sicht, aus den arabischen Quellen ausgewählt und übersetzt von F. Gabrieli, Zürich/München 1973.

Epistulae et chartae ad historiam primi belli sacri spectantes. Die Kreuzzugsbriefe aus den Jahren 1088–1100, Hrsg. H. Hagenmeyer, Innsbruck 1901 (Neudruck: Hildesheim 1973).

Fulcher von Chartres, Historia Hierosolymitana (1095–1127), Hrsg. H. Hagenmeyer, Heidelberg 1913.

Guibert de Nogent, Dei gesta per Francos, et cinq autres textes, (= Corpus Christianorum Continuatio Medievalis 127A), Hrsg. Robert B. C. Huygens, Tournhout 1996.

Guillaume de Tyr, Chronicon, 2 Bde. (= Corpus Christianorum Continuatio Medievalis 63/63A), Hrsg. Robert B. C. Huygens, Tournhout 1986.

Receuil des historiens des croisades 16 Bde., Paris 1841–1906.

Usama ibn Munqid, Ein Leben im Kampf gegen Kreuzritterheere, Hrsg. und übersetzt von G. Rotter, Tübingen 1978.

Literatur

Akermann, M., Die Staufer. Ein europäisches Herrschergeschlecht, Darmstadt 2003.

Balard, M., Croisades et Orient Latin, XIe–XIVe siècle, Paris 2001.

Becker, A., Papst Urban II. (1088–1099), 2 Bde. (= Schriften der Monumenta Germaniae Historica 19/I–II), Stuttgart 1964–1988.

Barber, M. The New Knighthood. A History of the Order of the Temple, Cambridge 1994.

Boockmann, H., Der Deutsche Orden. Zwölf Kapitel aus seiner Geschichte, München ^{4}1994.

Cowdrey, J., Popes, Monks and Crusaders, London 1984.

Demurger, A., Chevaliers du Christ. Les ordres réligieux-militaires au Moyen Age, XIe–XVIe siècle, Paris 2002.

Dinzelbacher, P., Bernhard von Clairvaux, Darmstadt 1998.

Eberl, I., Die Zisterzienser. Geschichte eines europäischen Ordens, Ostfildern 2002.

Engels, O., Die Staufer, Stuttgart ^{7}1998.

Haverkamp, A., Das 12. Jahrhundert (= Handbuch der deutschen Geschichte 9 [Gebhardt]), Stuttgart 2003.

Hehl, E.D./Ringel, I. H./Seibert, H. (Hrsg.), Das Papsttum in der Welt des 12. Jahrhunderts (= Mittelalter-Studien 6), Ostfildern 2002.

Hillenbrand, C., The Crusades. Islamic Perspectives, Edinburgh 1999.

Jankrift, K. P., Leprose als Streiter Gottes. Institutionalisierung und Organisation des Ordens vom Heiligen Lazarus zu Jerusalem von seinen Anfängen bis zum Jahre 1350 (= Vita regularis. Ordnungen und Deutungen religiosen Lebens im Mittelalter 4), Münster 1996.

Jaspert, N., Die Kreuzzüge, Darmstadt 2003.

Mayer, H.-E., Geschichte der Kreuzzüge, Stuttgart ^{9}2000.

Mayer, H. E. (Hrsg.), Die Kreuzfahrerstaaten als multikulturelle Gesellschaft (= Schriften des Historischen Kollegs, Kolloquium 37), München 1997.

Oppl, F., Friedrich Barbarossa, Darmstadt ^{2}1998.

Philips, J./Hoch, M. (Hrsg.), The Second Crusade. Scope and Consequences, Manchester 2001.

Prawer, J., Crusader Institutions, Oxford 1980.

Richard, J., Histoire des croisades, Paris 1996.

Riley-Smith, J. (Hrsg.), Oxford Illustrated History of the Crusades, Oxford 1995.

Setton, K. M. (Hrsg.), A General History of the Crusades, 6 Bde., Philadelphia/Madison 1955–1989.

Grenzen des Glaubens, Grenzen der Welt. Häretiker und Hanseaten im 13. Jahrhundert

Quellen

Das Falkenbuch Friedrichs II. (= Glanzlichter der Buchkunst 9). Kommentar von D. Walz und C. A. Willemsen, Graz 2000.

Hanserecesse, 26 Bde., 1256–1537 in vier Abteilungen, Hamburg 1870–1970 (Nachdr. Hildesheim 1970ff).

Johannes von Plano Carpini, Kunde von den Mongolen 1245–1247, Übersetzt, erläutert und eingeleitet von F. Schmieder (= Fremde Kulturen in alten Berichten 3), Sigmaringen 1997.

Kaiser Friedrich II. – Leben und Persönlichkeit in Quellen des Mittelalters, Hrsg. K. van Eickels und T. Brüsch, Düsseldorf 2000.

Marco Polo, Von Venedig nach China. Die größte Reise des 13. Jahrhunderts, herausgegeben und kommentiert von T. A. Knust, Stuttgart 1983.

Literatur

Berg, D., Armut und Geschichte. Geschichte der Bettelorden im hohen und späten Mittelalter, 2001.

Binding, G., Baubetrieb im Mittelalter, Darmstadt 1993.

Bracker, J. (Hrsg.), Die Hanse. Lebenswirklichkeit und Mythos. Ausstellung im Museum für hamburgische Geschichte, Mainz 1989.

Duby, G., Die Zeit der Kathedralen. Kunst und Gesellschaft 980–1420, Frankfurt am Main ^{5}1999.

Friedland, K., Die Hanse, Stuttgart 1991.

Jäschke, K-U., Europa und das römisch-deutsche Reich um 1300, Stuttgart 1999.

Knefelkamp, U., Die Suche nach dem Reich des Priesterkönigs Johannes. Dargestellt anhand von Reiseberichten und anderen ethnographischen Quellen des 12. bis 17. Jahrhunderts, Gelsenkirchen 1986.

Lambert, M., Geschichte der Katharer. Aufstieg und Fall der großen Ketzerbewegung, Darmstadt 2001.

Lambert, M., Häresie im Mittelalter. Von den Katharern bis zu den Hussiten, Darmstadt 2001.

Lindgren, U. (Hrsg.), Europäische Technik im Mittelalter: 800 bis 1200, Berlin 1996.

Melville, G. (Hrsg.), In proposito paupertatis. Studien zum Armutsverständnis bei den mittelalterlichen Bettelorden, Münster 2001.

Oberste, J., Der »Kreuzzug« gegen die Albigenser. Ketzerei und Machtpolitik im Mittelalter, Darmstadt 2003.

Oster, Uwe A. (Hrsg.), Die großen Kathedralen. Gotische Baukunst in Europa, Darmstadt 2003.

Reichert, F., Begegnungen mit China. Europa und die Kenntnis Ostasiens im Mittelalter, Sigmaringen 1992.

Rösch, E. S. und G., Kaiser Friedrich II. und sein Königreich Sizilien, Sigmaringen ^{2}1996.

Schenkluhn, W., Architektur der Bettelorden. Die Baukunst der Dominikaner und Franziskaner in Europa, Darmstadt 2000.

Stürner, W., Friedrich II., 2 Bde., Darmstadt 2000.

Wagner, K., Debellare Albigenses. Darstellung und Deutung des Albigenserkreuzzugs in der europäischen Geschichtsschreibung von 1209 bis 1328.

Zettler, A., Geschichte des Herzogtums Schwaben. Ursprünge, Geschichte und Nachleben, Stuttgart 2000.

Dunkle Schatten über Europa.
Die großen Krisen des 14. Jahrhunderts

Quellen

Die Goldene Bulle Kaiser Karls IV. vom Jahre 1356. Bearb. W.D. Fritz, Weimar 1972.

Die Goldene Bulle. König Wenzels Handschrift. Codex Vindobonensis 338 (= Glanzlichter der Buchkunst 11), Kommentar von A. Wolf, Graz 2002.

Die Pest 1348 in Italien, fünfzig zeitgenössische Quellen, Hrsg. K. Bergdolt, Heidelberg 1989.

Vita Caroli Quarti. Die Autobiographie Karls IV., hrsg., übersetzt und kommentiert von E. Hillenbrand, Stuttgart 1979.

Literatur

Allmand, C., The Hundred Years War. England and France at War c.1300–c.1450, Cambridge [2]1991.

Bergdolt, K., Der Schwarze Tod in Europa. Die große Pest und das Ende des Mittelalters, München [4]2000.

Biraben, J. N., Les Hommes et la peste en France et dans les pays européens et mediterranéens (= Civilisations et Sociétes 35/36), 2 Bde. Paris/Den Haag 1975/1976.

Contamine, P., La Guerre au Moyen Age, Paris [2]1991.

Contamine, P., La Guerre de Cent Ans, Paris [6]1992.

Contamine, P. u.a. (Hrsg.), Guerre, État et Sociéte en France, en Angleterre et en Bourgogne, XIVe–XVe siècle, Lille 1991.

Demurger, A., Temps de crises, temps d'espoirs. XIVe–XVe siècle (= Nouvelle histoire de la France médiévale V), Paris 1990.

Graus, F., Pest, Geißler, Judenmorde. Das 14. Jahrhundert als Krisenzeit (= Veröffentlichungen des Max-Planck-Instituts für Geschichte 86), Göttingen [2]1994.

Hergemöller, B.-U., Fürsten, Herren und Städte zu Nürnberg 1355/1356. Die Entstehung der Goldenen Bulle Karls IV., Köln/Wien 1983.

Herlihy, D., Der Schwarze Tod und die Verwandlung Europas, Berlin 1997.

Hoensch, J. K., Die Luxemburger. Eine spätmittelalterliche Dynastie gesamteuropäischer Bedeutung 1308–1437, Stuttgart 2000.

Jordan, W.C., The Great Famine. Europe in the Early Fourteenth Century, Princeton 1996.

Leppin, V., Wilhelm von Ockham. Gelehrter, Streiter, Bettelmönch, Darmstadt [5]1995.

Matuz, J., Das Osmanische Reich. Grundlinien seiner Geschichte, Darmstadt [2]1994.

Pauler, R., Die deutschen Könige und Italien im 14. Jahrhundert. Von Heinrich VII. bis Karl IV., Darmstadt 1997.

Seibt, F./Eberhard, W. (Hrsg.), Europa 1400. Die Krise des Spätmittelalters, Stuttgart 1984.

Stoob, H., Kaiser Karl IV. und seine Zeit, Graz 1990.

Tuchman, B., Der ferne Spiegel. Das dramatische 14. Jahrhundert, München [14]1996.

Aufbruchstimmung im Herbst des Mittelalters. Das 15. Jahrhundert zwischen höfischem Glanz und städtischem Alltag

Quellen

Das Achtbuch der Könige Sigmund und Friedrich III., Hrsg. F. Battenberg, Wien 1986.

Der Briefwechsel Karls des Kühnen (1433–1477), Inventar I/II, Hrsg. W. Paravicini, Frabkfurt am Main 1995.

Die Chroniken der deutschen Städte vom 14. bis ins 16. Jahrhundert, 37 Bde., 1862–1968 (Neudruck: 1961ff.)

Procès de condamnation de Jeanne d'Arc, Hrsg. P. Tisset/Y. Lanhers, Bde.1–3, Paris 1960–1971.

Quellen zur Kirchenreform im Zeitalter der Konzilien des 15. Jahrhunderts, Hrsg. J.Miethke/L. Weinrich (= Freiherr-vom-Stein-Gedächtnisausgabe 38a u. 38b), Darmstadt 1995/2002.

Dokumente zur Geschichte der europäischen Expansion I: Die mittelalterlichen Ursprünge der europäischen Expansion. II: Die großen Entdeckungen, Hrsg. E. Schmitt, München 1984/1986.

Literatur

Boockmann, H., Die Stadt im späten Mittelalter, München ⁴1994.

Boockmann, H., Kirche und Gesellschaft im Heiligen Römischen Reich des 15. und 16. Jahrhunderts, Göttingen 1994.

Engel, E., Die deutsche Stadt im Mittelalter, München 1993.

Giesecke, M., Der Buchdruck in der frühen Neuzeit. Eine historische Fallstudie über die Durchsetzung neuer Informations- und Kommunikationstechnologien, Frankfurt 1991.

Heers, J., La Ruée vers l'Amérique. Le mirage et les fièvres, Paris 1992.

Huizinga, J., Herbst des Mittelalters, Stuttgart ¹¹1975.

Isenmann, E., Die deutsche Stadt im Spätmittelalter 1250–1500. Stadtgestalt, Recht, Stadtregiment, Kirche, Gesellschaft, Wirtschaft, Stuttgart 1988.

Meuthen, E., Das 15. Jahrhundert (= Oldenbourg Grundriß der der Geschichte 9), München ²1996.

Moraw, P., Über König und Reich. Aufsätze zur deutschen Verfassungsgeschichte des späten Mittelalters, Sigmaringen 1995.

Patze, H./Paravicini, W. (Hrsg.), Fürstliche Residenzen im spätmittelalterlichen Europa (= Vorträge und Forschungen 36), Sigmaringen 1991.

Paravicini, W., Karl der Kühne. Das Ende des Hauses Burgund, Göttingen 1976.

Pernoud, R./Clin, M.V., Johanna von Orlénas. Der Mensch und die Legende, Bergisch-Gladbach 1991.

Prevenier, W./Blockmans, W., Die burgundischen Niederlande, Weinheim 1986.

Seibt, F./Eberhard, W. (Hrsg.), Europa 1500. Integrationsprozesse im Widerstreit: Staaten, Regionen, Personenverbände, Christenheit, Stuttgart 1987.

Seibt, F. u. a. (Hrsg.), Jan Hus. Zwischen Zeiten, Völkern, Konfessionen, München 1997.

Šmahel, F., Die Hussitische Revolution, 3 Bde. (= Schriften der Monumenta Germaniae Historica 43), Hannover 2002.

Vones, L., Geschichte der Iberischen Halbinsel im Mittelalter (711–1480). Reiche – Kronen – Religionen, Sigmaringen 1993.

**Epilog:
Neue Welten**

Quellen

Martin Luther, Werke, 3 Bde., Hrsg. U. Köpf, H. Junghans und K. Stackmann, Darmstadt 2000–2002.
Quellen zur Geschichte Maximilians I. und seiner Zeit, Hrsg. I. Wiesflecker-Friedhuber (= Freiherr-vom-Stein-Gedächtnisausgabe B, 14), Darmstadt 1996.
Quellen zur Geschichte Karls V., Hrsg. A. Kohler (= Freiherr-vom-Stein-Gedächtnisausgabe B, 15), Darmstadt 1990.

Literatur

Beck, T./Menninger, A./Schleich, T., Kolumbus' Erben. Europäische Expansion und überseeische Ethnien im ersten Kolonialzeitalter 1415–1815, Darmstadt 1992.
Greyerz, Kaspar von, Religion und Kultur. Europa 1500–1800, Göttingen 2000.
Jung, M. H./Walter, P. (Hrsg.), Theologen des 16. Jahrhunderts. Humanismus – Reformation – katholische Erneuerung. Eine Einführung, Darmstadt 2002.
Schilling, H., Aufbruch und Krise. Deutschland 1517–1648, Berlin 1994.
Schulin, E., Kaiser Karl V. Geschichte eines übergroßen Wirkungsbereichs, Stuttgart 1999.

REGISTER

Sachregister

Architektur (Bauwesen) 35, 54, 89f., 115, 119, 122, 126, 146, 152, 172, 182, 203, 205f., 210, 258
Antoniusfeuer → Krankheiten
Armut 93, 126, 140, 166, 168, 193, 227, 251, 255
Astrologie 99, 232
Astronomie 118, 151, 205, 262
Bauern → Landwirtschaft
Bildung 49, 70, 78, 87, 117–119, 139, 145f., 152, 154f., 158f., 183, 187, 234, 258
Buchdruck → Schrift
Ernährung 57, 81f., 90, 162, 166, 174, 198, 234, 246
Gaukler 57, 246
Getränke → Ernährung
Handel 17, 85, 94, 130, 135–137, 151, 169, 193, 205ff., 215–219, 222, 242f., 250f., 258
Hanse → Handel
Häresie (Ketzer) 33, 38, 137, 202, 220, 222, 227, 243ff., 259f.
Heilige(nkult) 28, 59, 80, 83, 85, 95ff., 110f., 162, 166, 170, 193, 219, 243
Hospital 35, 139, 193ff., 252
Hungersnot 63, 67–70, 90, 101, 122, 150, 165f., 168f., 186, 214, 223f.
Investitur 11, 150, 171, 174–178
Juden 27, 84, 99, 131, 136, 155, 183, 187, 189, 214, 221, 225f., 235f., 258f.
Kaufleute → Handel
Klöster → Mönchtum
Königtum 50, 53, 117, 161, 169, 174, 178, 219f., 225, 238
Krankheiten 61, 79, 82, 90, 94ff., 100ff., 127, 130, 136, 160, 165f., 174, 191, 193f., 214, 230–237, 251, 254ff.
Kriegsführung 43, 54f., 63, 117, 158, 162, 174, 182f., 186f., 189f., 191–196, 229, 251f., 258
Kunst 35, 73, 84, 89, 91, 145, 246, 262
Landwirtschaft 67f., 72, 169, 173, 187
Lehenswesen 117f., 187
Lepra (Aussatz) 32, 76, 127, 137, 195, 214, 225f.
Literatur 33, 38, 61, 66, 87, 174
Märtyrer → Heilige(nkult)
Magie 82, 123, 155, 222
Mathematik → Wissenschaft
Medizin 17, 52, 54, 82, 85, 92, 94, 119, 123f., 128f., 137, 150, 155–160, 167, 192–196, 234f., 262
Memoria (Totengedenken) 169
Mode 51, 55, 57
Mönchtum 71, 87, 90f., 94, 105–108, 119, 122, 126, 135, 139ff., 145, 146, 154, 164ff., 169, 224
Musik 113, 119, 150, 246
Pest → Krankheiten
Pilger → Heilige(nkult)
Philosophie 37, 203
Recht (Verfassung) 63f., 67ff., 107, 113, 161, 169, 174f., 178, 198, 203, 205, 219, 222, 227, 237ff., 253f., 262
Reichskirche 79, 104, 115, 145ff.
Reliquien 111, 143f., 172, 190, 243
Ritter (-orden) → Kriegsführung
Schrift 42, 47, 87, 91, 118f., 122, 145f., 172, 242f., 246, 248, 261
Schiffsbau 135, 158, 172f., 215, 230f.
Schwangerschaft (Geburt) 54, 82, 85f.
Schule → Bildung
Seuchen → Krankheiten
Sprache 41ff., 57, 87, 103, 118, 131, 146, 150, 154ff., 174, 198, 203, 205, 211f., 243, 259
Technik 88f., 203, 205
Universität → Bildung
Urkundenwesen 80, 122, 145
Waffen → Kriegsführung
Wissenschaft 17f., 99, 118f., 122f., 150f., 152, 157ff., 203, 205, 262
Wunder 28, 32, 83f., 95ff., 187
Zeitrechnung 79, 87, 98

Personenregister

Das Register berücksichtigt nur die wichtigsten, mehrfach genannten Personen.

Aëtius, weström. Heermeister 55, 56, 66, 73
Alarich I., westgot. Kg. 44, 65f., 71

Alexios I., byzant. Baslieus 183, 189f.
Alkuin, Gelehrter 43, 118f., 122, 134
Aristoteles 156, 203
Arius, Begründer d. Arianismus 37f., 137
Attila, Hunnenkg. 45, 54f., 58–61, 73
Augustinus, Bf. v. Hippo Regius 70, 244
Augustinus, Missionar 103f.
Beda Venerabilis, Chronist 103f., 106
Benedikt von Aniane, Abt und Klosterreformer 122, 126
Benedikt von Nursia 79, 91ff.
Bernhard von Clairvaux, Zisterzienserabt 182, 192
Bonifatius (Winfried), Missionar, »Apostel d. Deutschen« 108f.
Bonifaz VIII., Papst 214, 216, 219f.
Cassiodor, Gelehrter, Kanzler Theoderichs d. Gr. 49f., 57, 87, 123
Childerich, fränk. Kg. 73, 80, 97
Chlodwig, merowingischer. Kg. 33, 45, 73–80, 86, 103
Clemens V., Papst 222f.
Clemens VI., Papst 235f.
Columban d. Jüngere, Missionar 79, 97, 106
Diokletian, röm. Kaiser 23, 25–28, 39
Eduard der Bekenner, engl. Kg. 171f.
Eduard I., engl. Kg. 215ff., 218
Eduard II., engl. Kg. 217, 228
Eduard III., engl. Kg. 217, 228f.
Einhard, Biograph Karls d. Großen 118f.
Eusebius von Caesarea, Bf. u. Geschichtsschreiber 31f., 37f., 42
Friedrich I. Barbarossa, Kaiser 191
Friedrich II., Kaiser 203, 204, 206
Galen, griech. Arzt 157, 230, 262
Geiserich, Kg. d. Vandalen 45, 59, 70ff.
Gerbert von Aurillac (Sylvester II.), Papst u. Gelehrter 133, 146, 150f. 152
Gregor I., d. Große, Papst 91, 93, 97, 103
Gregor VII., Papst 149, 170, 175–178, 185
Gregor von Tours, Bf. u. Geschichtsschreiber 28, 33, 38, 49, 74ff. 81ff., 84f., 95, 96, 137
Gutenberg, Johannes 18, 247ff., 259
Harald Godwinsson, Gf. Von Wessex 172–174.
Heinrich I., ostfränk.-dt. Kg. 133, 142f.
Heinrich II., ostfränk.-dt. Kg. 123, 144, 149, 161–163, 168, 170
Heinrich IV., dt. Kg. 149, 168, 175–178, 189
Hugo Capet, westfränk-frz. Kg. 143
Hugo I. von Semur, Abt von Cluny 164, 168, 178
Hus, Jan 244f.
Innozenz II., Papst 192
Innozenz III., Papst 182, 202, 210
Isidor von Sevilla, Bf. u. Gelehrter 54, 68f., 70, 78

Jordanes, Geschichtsschreiber 43, 49, 56f.
Justinian I., oström. Kaiser 78, 94, 96
Karl der Große 11, 43, 113, 115, 117–120, 122f., 130, 134f.
Karl IV., Kaiser 229, 236ff.
Karl IV., der Schöne, frz. Kg., 226, 228
Karl V., Kaiser 259–261
Karl Martell, fränk. Hausmeier 113, 130, 251
Konstantin I., der Große, röm. Kaiser 17. 19, 21f., 26, 29–41, 76, 143
Kopernikus, Nikolaus 17, 262
Leo I., Papst 44, 59, 61, 71
Ludwig IX., der Heilige, frz. Kg. 202, 214, 218f.
Ludwig der Bayer, Kaiser 227f.
Luther, Martin, Reformator 258–261
Maiolus, Abt von Cluny 164, 167
Maximilian I., Kaiser 237, 259
Martin von Tours, Heiliger 94, 111, 167
Mohammed 97, 98, 102, 131
Odilo, Abt von Cluny 164, 166ff., 170
Odoaker, Usurpator 45, 62, 86
Otto I., d. Große, ostfränk.-dt. Kg. 133, 143, 146, 151, 161, 168
Otto II., ostfränk.-dt. Kg. 133, 147, 151
Otto III., ostfränk.-dt. Kg. 123, 149, 151, 160ff.
Paracelsus (Theophrastus Bombastus von Hohenheim) 17, 262
Paulus Diaconus, langobard. Geschichtsschreiber 50, 90, 122
Philipp IV. der Schöne, frz. Kg., 214–223, 225, 228
Philipp VI. von Valois, frz. Kg. 230, 233
Philipp der Gute, Herzog von Burgund 242, 246f.
Pippin d. Mittlere, fränk. Hausmeier 107f.
Richard I. Löwenherz, engl. Kg. 181f., 191
Rodulf Glaber, Chronist 167ff.
Romulus Augustulus, weström. Kaiser 22, 45, 62
Theoderich der Große, ostgot. Kg. 21, 45, 49, 61–64, 77f., 80, 86–90, 115
Theodosius, röm. Kaiser 21f., 38f., 46
Thietmar von Merseburg, Chronist 160ff.
Ulrich von Augsburg, Bf., Heiliger 143, 162, 167
Urban II., Papst 149, 164, 183, 185f.
van der Weyden Rogier 246f.
van Eyck, Jan 7, 246f.
Widukind von Corvey, Chronist 142, 146
Wilfried von York, Missionar 107
Wilhelm der Eroberer, Herzog d. Normandie, Kg. v. England 138, 149, 171–174
Wilibrord, Missionar 107f.
Wulfila, Bf. der Goten 41f.
Zenon, oström. Kaiser 62, 71

Bildnachweis: Augsburg, Römisches Museum: 24; Bern, Burgerbibliothek: 189; K.P. Jankrift: 30, 141, 165; La Ville de Bayeux: 136, 172, 173, 177; Landesdenkmalamt Baden-Württemberg: 49, 53 o., 53 u.; München, Staatsbibliothek: 144, 148; Paris, Bibliotheque Nationale de France: 68, 76, 81, 121 u., 124, 188 u., 205, 217, 225; Paris, Musee Cluny: 132; St. Gallen, Stiftsarchiv: 117; St. Gallen, Stiftsbibliothek: 108, 109, 125; Stuttgart, Württembergisches Landesmuseum: 52, 53 l., 60, 89; Soest, Stadtarchiv: 252; Stuttgart, Württembergische Landesbibliothek: 13; Trier, Stadtbibliothek: 33, 121; Martin Uhrmacher, Trier: 48; Uppsala, Universitätsbibliothek: 40. Alle übrigen Abbildungen: Verlagsarchiv.

Wir danken allen Rechteinhabern für die freundliche Genehmigung zum Nachdruck. Trotz nachdrücklicher Bemühungen ist es uns nicht gelungen, alle Rechteinhaber zu ermitteln. Wir bitten diese daher um Verständnis, wenn wir gegebenenfalls erst nachträglich eine Abdruckhonorierung vornehmen können.

© 2004 by Jan Thorbecke Verlag der Schwabenverlag AG, Ostfildern

www.thorbecke.de · info@thorbecke.de

Alle Rechte vorbehalten. Ohne schriftliche Genehmigung des Verlages ist es nicht gestattet, das Werk unter Verwendung mechanischer, elektronischer und anderer Systeme in irgendeiner Weise zu verarbeiten und zu verbreiten. Insbesondere vorbehalten sind die Rechte der Vervielfältigung – auch von Teilen des Werkes – auf photomechanischem oder ähnlichem Wege, der tontechnischen Wiedergabe, des Vortrags, der Funk- und Fernsehsendung, der Speicherung in Datenverarbeitungsanlagen, der Übersetzung und der literarischen oder anderweitigen Bearbeitung.

Dieses Buch ist aus alterungsbeständigem Papier nach DIN-ISO 9706 hergestellt.

Gestaltung: Finken & Bumiller, Stuttgart
Gesamtherstellung: Jan Thorbecke Verlag der Schwabenverlag AG, Ostfildern

Printed in Germany · ISBN 3-7995-0133-9

LEBENDIGES MITTELALTER BEI **THORBECKE**

Dirk Meier
Bauer, Bürger, Edelmann
Stadt und Land im Mittelalter
ISBN 3-7995-0115-0

Martin Kintzinger
Wissen wird Macht
Bildung im Mittelalter
ISBN 3-7995-0116-9

Arnaud de la Croix
Liebeskunst und Lebenslust
Sinnlichkeit im Mittelalter
ISBN 3-7995-0112-6

Klaus Arnold
In Liebe und Zorn
Briefe aus dem Mittelalter
ISBN 3-7995-0113-4

JAN THORBECKE VERLAG

LEBENDIGES MITTELALTER BEI **THORBECKE**

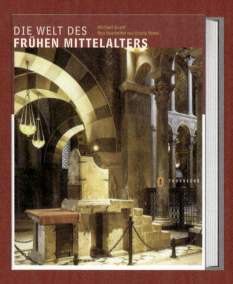

Michael Grant
Die Welt des frühen Mittelalters
ISBN 3-7995-0114-2

Kaum eine Epoche war von solcher Dynamik und Mannigfaltigkeit geprägt, so bunt, faszinierend und schöpferisch wie diese ersten Jahrhunderte des Mittelalters.

JAN THORBECKE VERLAG